芜湖市第三批教育高层次人才资助项目《新课标下小学科学“点拨—探究”课堂建构与教学具创新的实证研究》系列成果

有滋有味教科学

程　斌◎著

YOUZI-YOUWEI
JIAO KEXUE

安徽师范大学出版社
ANHUI NORMAL UNIVERSITY PRESS
·芜湖·

图书在版编目(CIP)数据

有滋有味教科学 / 程斌著. -- 芜湖 : 安徽师范大学出版社, 2024. 9. -- ISBN 978-7-5676-6804-1

Ⅰ. G623.62

中国国家版本馆CIP数据核字第2024CU8733号

YOUZI-YOUWEI JIAO KEXUE

有滋有味教科学

程　斌◎著

责任编辑: 潘　安
装帧设计: 张　玲
责任印制: 桑国磊
出版发行: 安徽师范大学出版社
　　　　　芜湖市北京中路2号安徽师范大学赭山校区　　邮政编码: 241000
网　　址: http://www.ahnupress.com/
发 行 部: 0553-3883578　　5910327　　5910310(传真)
印　　刷: 江苏凤凰数码印务有限公司
版　　次: 2024年9月第1版
印　　次: 2024年9月第1次印刷
规　　格: 700 mm × 1000 mm　　1/16
印　　张: 20.5
字　　数: 300千字
书　　号: 978-7-5676-6804-1
定　　价: 78.00元

序　一

冬日的第一场瑞雪飘飘而下，我用了近一个月的时间，终于读完了程斌校长的这本书稿。瑞雪兆丰年，厚厚的一部书稿也真实地记录了程斌校长与其名师工作室成员不忘初心、砥砺前行的历程。

与程斌校长相识还是在我退休之后。程校长一直从事小学科学教学，我一直在市一中工作，工作上本无交结。当时，我刚退休，程校长来我家，向我请教点拨教学的相关事宜。我一是不解，二是感动。不解的是他研究的领域是小学科学，而点拨教学的研究一直侧重于中学语文学科。感动的是一个年轻人对学术的钻研精神和对一个退休教师的敬重。经过交谈，我才得知程斌校长已经阅读了很多点拨教学方面的书，对点拨教学已经有了深入的研究。程校长的构想是：将点拨教学的思想引进小学科学教学领域，并提出了“点拨—探究”教学法的策略，已经在课堂教学中进行了初步的实验与探索。对此，我不仅认同，而且非常赞赏。点拨教学既是一种教学思想，也是一种教学方法。它传承了中国传统教学思想的精髓，融入了现代教学中倡导学生自主学习，启发探究的精神。它不仅适用语文学科，也适用其他学科，尤其是培养学生实践能力的科学学科。任何的教育教学思想与教学模式必须来自丰富的教学实践与实验。程斌校长这样的研究态度是切实可行、求真务实的。

后来，陆陆续续地在报纸上知道了程斌校长的一些情况，比如评上了特级教师，获得了全国课堂教学一等奖，担任芜湖市名校长工作室主持人、芜湖市名师工作室主持人，等等。我为他的成长与进步高兴！

这次系统地阅读了程斌校长这本书稿，方知他作为芜湖市小学科学名师工作室主持人，已经带领他的团队取得了优异的成绩：三载研修，阅读分享，聚焦课堂，点拨—探究，基于项目的课外拓展，立足课题研究的引领辐射与理论探微，硕果累累，成绩斐然。尤其是在书稿中，我读到了很多从未谋面的一些年轻老师在工作室中的学习感悟与教学心得，我为教育教学新生代的进步感到由衷的高兴，更为芜湖市程斌名师工作室这个团队的团结协作的精神，认真踏实的学风而感到欣慰！芜湖市委市政府一直致力于打造教育名城，教育名城就需要更多的像程斌这样的名校长工作室、名师工作室的引领，教育名城的内核是应该拥有众多道德高尚、教学精良的名师。

我期待着繁花似锦的教育春天早日到来！

2018年12月20日

（作者系“中学语文点拨教学法”创始人，安徽省首批中学语文特级教师，安徽省有突出贡献专家，享受国务院特殊津贴，荣获“全国中语会成立三十周年终身成就奖”。）

序　二

我和程斌校长认识已经二十个年头了，是因为小学科学课和科学普及教育使我们有缘成为朋友。2000年春天，由时任芜湖市科协科普部部长梁立军同志的引荐，我协助指导芜湖市范罗山小学刚刚成立的少年科学院。我当时为范罗山小学科学兴趣小组的学生们选择的研究性学习项目是"芜湖市范罗山植物物种调查及物候观察"，主要基于校园在范罗山下，学生课外调查活动安全便利；同时范罗山古树林立、种类繁多，是植物物种观察和调查的理想场所。程斌不仅是这个项目的辅导教师，还任该校的副校长。在程老师的带领下，20多名四年级和五年级学生，利用课外活动和节假日时间，调查了范罗山（当时是芜湖市委所在地）的所有树木，并按照古树名木、外引树种和乡土树种进行分类；准确鉴定了所有树种的科学学名；确定了6种范罗山标志性树种作为物候观察对象，观察调查持续近2年时间。这期间，程斌老师多次带着学生们制作的植物标本或植物照片让我协助鉴定。他当时对小学科学教育的满腔热情和执着精神直到今天我记忆犹新。

2012年6月至2013年9月，我挂任芜湖市镜湖区人民政府分管教育的副区长，因工作关系，程斌校长邀请我为杂志《实验通讯》写一篇卷首语。这是镜湖区教育系统申请下来的一项省级立项课题，他是课题组的副组长兼《实验通讯》的执行编委。在他的带领下，课题研究多形式、多角度、多层面地呈现了镜湖区小学校长群体境况，他们探讨校长群体思想，努力唤起校长对教育的真切关注、探索与作为。同时，学校发展风生水起，教学实践成果辈出。在聚焦校长领导力的同时，我发现程校长依然初心不改，致力于小学科学教学的实践。后来我又多次受邀参与他主持的芜湖市名师工作室、名校长工作室的一些研修活动，也见证了程斌从普通老师成为芜湖市小学科学名师、名校长的成长过程。

源于自然的教育充满泥土气息，能激发孩子们对未知世界的好奇与探究，传递的是淳朴和善良的情感。小学科学课程对小学生科学意识的养成具有十分重要的作用，为学生今后的学习、生活以及终身发展奠定了良好的基础。我认为小学科学教师他们承载着童年科学启蒙教育的重任，使命光荣，这也是设立名师工作室的意义所在。希望芜湖市程斌名师工作室继续坚持求真务实的研修风格，直面小学科学教育存在的问题，不断创新小学科学教育的技术方法和教学策略，让每位科学课教师都在这个研修团队中得到锻炼、收获成长，真正成为一名启蒙小学生科学意识的好老师；也期待名师程斌和他的研修团队能够取得更多更好的教学研究成果，推广出更多更好的小学科学课精品教学示范案例，为芜湖市乃至安徽省的小学科学课教育教学做出应有的贡献。

以上是我了解的名师程斌、芜湖市程斌名师工作室和阅读书稿的心境和感受，是为序。

2019年3月12日植树节

于安徽师大文津花园

（作者系安徽师范大学环境科学与工程学院院长，教授、博士生导师。）

名师工作室简介

工作室LOGO

工作室LOGO，以原子核式结构模型图、三瓣变形夸张的绿芽、远方的太阳、上善若水的细流为设计元素，营造一种“拜自然为师，为儿童开蒙，架点拨—探究桥梁，为科学星火燎原”的意蕴。这是本工作室的信条，也是一群草根教师对小学科学启蒙教育的坚持、奋斗与梦想。核心造型的外围，蓝色的圆环镶嵌着白色的“程斌小学科学名师工作室”文字以及“程斌小学科学”拼音第一个大写字母，上下环绕，呼之欲出。整个标识色彩鲜明，构图简约，富有隐喻。

原子核式结构图是20世纪80年代末科学启蒙教育的标志性符号之一。核心造型植入了《科学启蒙教育》（《科学课》的源头）1985年6月创刊号刊标。这既是对该刊物的追忆，更是对以刘默耕先生为代表的那一代小学科学教育人的致敬。他们对小学科学教育的执着与痴迷，将永远鼓舞我们这些后来者一路前行。标识由三瓣变形夸张的绿芽（隐喻儿童科学教育）、远方的太阳（国家教育政策）、上善若水的细流（小学科学教师的爱心和辛劳付出）组成，代表在科学启蒙教学的百花园中实现天水人合一，同时谨记“拜自然为师，为儿童开蒙”的宗旨，祈盼小学科学启蒙教育能沐浴教育政策的阳光，健康发展。因为我们深信：我们的工作行虽微而旨趣远，出虽浅而寓意深。科学开蒙责任重大，使命光荣，我们愿意为之全身心地付出。

研修理念

从师徒结对走向团队合作研修，透视小学科学课堂，构建基于“点拨—探究”为核心的小学科学课堂教学方法与策略，为芜湖市小学科学教师的发展提供专业支持和服务。

研修路径

“一慢三磨”，坚信教育是“慢”的艺术。

慢读：阅读是最好的成长。

磨课：在课堂中遇到最好的自己。

磨文：在打磨文字中讲好科学教师自己的故事。

磨器（研究教具学具）：支架与方法蕴藏其中。

研修必读书目：

兰本达、P.E.布莱克伍德、P.F.布兰德温著《小学科学教育的“探究—研讨”教学法》（人民教育出版社2008年第2版）。

蔡澄清著《中学语文点拨教学法》（人民教育出版社2004年版）。

程斌著《且行且思——我的教育生活》（安徽师范大学出版社2012年版）。

研修延伸书目：

陶行知著《陶行知教育论著选》(人民教育出版社 2015 年版)。

维果茨基著《维果茨基教育论著选》(人民教育出版社出版 2005 年版)。

北京桂馨慈善基金会主编《刘默耕小学自然课改革探索》(崇文书局 2015 年版)。

目　录

第一章

建室八载　幸福相伴

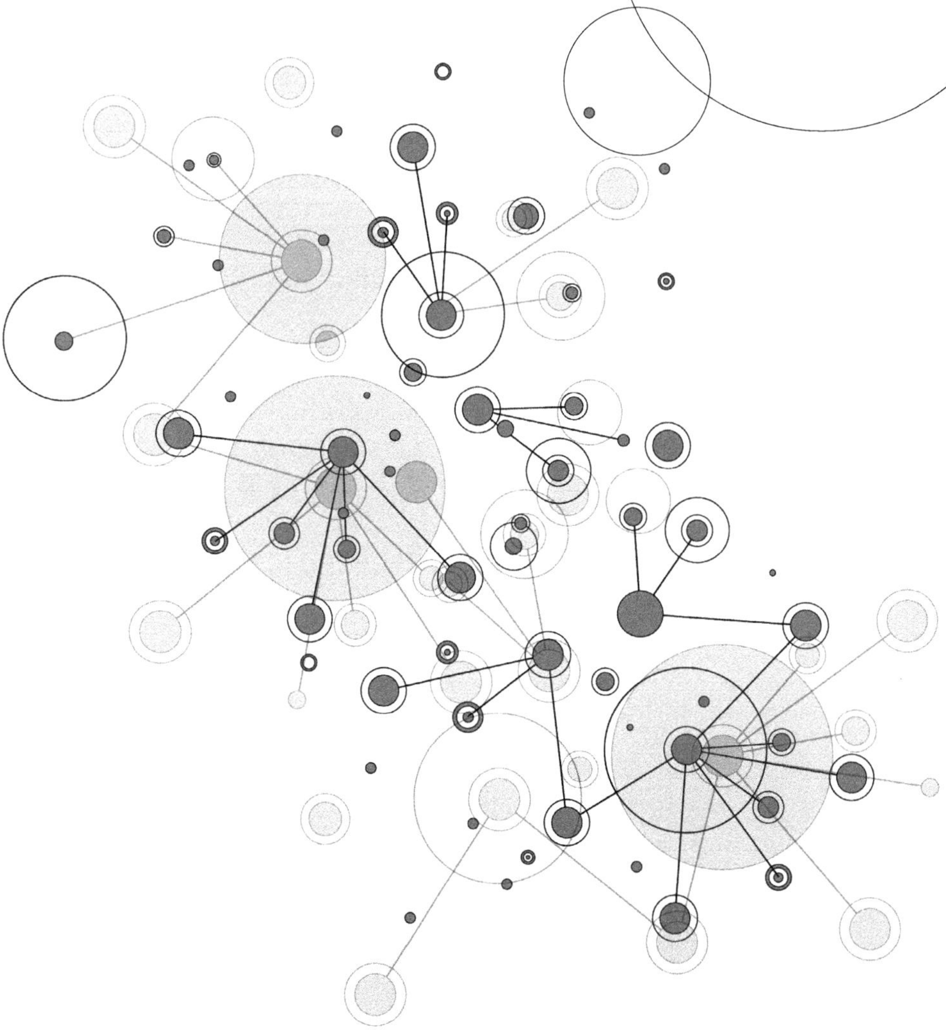

第一节　关于我们

芜湖市程斌名师工作室第一期研修学员和专家支持团队

芜湖市程斌名师工作室第二期研修学员

程 斌

芜湖市北塘小学校长，安徽省特级教师、安徽省“教坛新星”、教育部“国培计划”专家库专家、全国教育科研先进工作者、安徽省模范教师、安徽省师德先进个人、芜湖市劳动模范、芜湖市首届“优秀校长”、芜湖市名校长工作室主持人、芜湖市名师工作室主持人，多次担任安徽省教科研规划课题咨询专家和省督导评估专家。不求闻达，唯愿用心生活，能在校园里实践自己的教育理想，走特色办学之路，曾把一所薄弱学校发展成为安徽省特色示范小学，将平凡的教育做得不平凡。

教学感悟：坚持草根视角和民间表达，立志用思想捍卫小学科学教师的学术尊严，用行动提升小学科学教育的品质，用爱和智慧引领学生快乐成长，和孩子们一起享受充满生命活力的科学课堂。

李 震

芜湖市育红小学总务主任，中小学高级教师，“国培计划”授课教师，计算机网络高级管理员、安徽省基础教育资源审查专家，民盟盟员。先后被评为全国优秀科技辅导员、全国科学教育先进个人、中国教师研修网年度人物、安徽省电教工作先进个人、芜湖市学科带头人、芜湖市骨干教师、芜湖市小学科学教研组副组长、镜湖区小学科学教研组组长、芜湖市科学课程课题研究先进个人。

教学感悟：学而时习，教学相长。从教多年参加许多次比赛，深感教无定法，仍须保持学习姿态。此外，为师之道不论所学深浅，都需落实在平时的课堂，方可令学生受益。

芜湖市王家巷小学德育主任，中小学一级教师，市级骨干教师、教育科研优秀教师、镜湖区首届名师指导团成员。先后参与心理教材《创造心理》以及《小学自然训练》《中小学环境教育读本》《环保教辅材料》《科学同步训练》等多部教学参考材料的编写工作。

教学感悟：教学是一项充满挑战的工作，热爱，才能发挥我们的能力，不断探索和创新；学生是独立的个体，尊重，才能激发他们的潜力，获得解决问题的能力；科学是一段充满乐趣的旅程，发掘才能体会它的魅力。

彭秀芳

芜湖市凤鸣实验小学副校长，鸠江区小学科学兼职教研员、中小学高级教师、鸠江区骨干教师。曾荣获全国优秀科技辅导员、安徽省科技体育模型优秀辅导员、芜湖市优秀科技辅导员等称号。

教学感悟：“学高为师，身正为范”，言传虽重要，身教更有效。我们要约束自己的言行举止，宽待学生的幼稚见解，也许幼稚里正蕴含着“雪融化后是春天的精巧”。

杨正安

王　兵

芜湖市赵桥小学副校长，中小学高级教师。曾荣获全国普法教育先进个人、安徽省文教卫系统师德先进个人、安徽省优秀科技辅导员、芜湖市优秀少先队辅导员、芜湖市学科带头人、芜湖市骨干教师、湾沚区优秀教育工作者、湾沚区优秀科技辅导员、湾沚区优秀科学教师、湾沚区第一届劳动模范等光荣称号。拥有全国实用新型发明专利1项。主持并完成2项市级重点教育规划课题研究，参与完成1项国家级和1项省级教育科研课题研究。

教学感悟：科学不是纸上谈兵，而是需要孩子们亲手去操作、去体验。帮助孩子们保持对科学的热情和好奇心。我相信，科学教育不仅仅是向孩子们传授知识，更重要的是培养他们的科学思维能力和探索精神。

钱　芳

芜湖市育瑞实验小学科学教师，中小学一级教师，市级骨干教师、芜湖市经开区最美教师。曾荣获安徽省青少年科技创新大赛科技辅导员科技教育创新成果竞赛项目一等奖。

教学感悟：用实际行动带动学生探索奇妙的科技世界，热爱、理解、尊重他们，培养良好的科学学习习惯，充分体现教师高尚的师德、完美的人格和高度的责任心，才能赢得学生的信任与尊重。

芜湖市南瑞实验学校党办主任，中小学一级教师，弋江区骨干教师。曾荣获弋江区优秀科技辅导员、芜湖市十佳少先队辅导员、弋江区优秀党务工作者等称号，在芜湖市优质课评选中荣获初中物理学科一等奖，在安徽省中小学优秀自制教具评选中荣获二等奖。

教学感悟：在科学教学的道路上，我深刻体会到育人的责任之重，教育的真谛不在于知识的灌输，而在于培养学生的独立思考能力和创新精神。教学相长，我在与学生的互动中不断成长，不断收获。

杜文明

芜湖市繁昌区繁阳镇城关二小兼职科学教师，中小学高级教师，曾荣获繁昌县教坛新星、繁昌县骨干教师、芜湖市师德先进个人、江城最美教师提名奖、芜湖市优秀教师等称号。

教学感悟：立足课堂，借助材料，基于新的课程标准，以科学探究精神引领学生构建对于科学领域的认知，培养学生学科学、用科学的兴趣，扎扎实实做好小学阶段学生的科学启蒙教学。

孙彩云

芜湖市三山中心小学工会主席，中小学一级教师。曾荣获芜湖市优秀工会工作者、芜湖市少先队事业热心支持者、三山区师德先进个人、繁昌县优秀教师、繁昌县教学能手等称号。

教学感悟：作为一线科学教师，要以锲而不舍的精神全身心投入科学课教学工作的探究，不断充实自我、提高自我、完善自我。

杨家祥

陈沐阳

芜湖市繁昌区繁阳镇城关一小教科室主任、教务处主任、中小学一级教师。曾荣获芜湖市骨干教师、繁昌区骨干教师、繁昌区学科带头人等称号。

教学感悟：科学是认识宇宙的实践方法，要怀着敬畏之心去探索，同时要永远敢于尝试未知的事物。“让每一位学生在我的课堂上都有收获”是我对课堂教学的不懈追求，我愿用科研的力量不断提升自己，抵达有品质的课堂。在未来的岁月里，我将秉承求真务实的科学精神，在小学科学的课堂里砥砺前行，用心智、汗水和热情在孩子们的心田播撒科学的种子，静待花开。

杨国强

芜湖市鸠江区褐山小学副校长、中小学高级教师。多篇论文在省级获奖，并发表在相关杂志上。

教学感悟：教育的本质在于挖掘和提升学生的潜能。教学过程中，重要的不仅仅是传授知识，更重要的是培养学生的思维和创新能力。每个学生都是独特的个体，他们在不同方面有着不同的潜能和兴趣。希望每个学生都能散发出自己的光芒，并用自己的才华和智慧为社会的进步贡献力量。

芜湖市镜湖新城实验学校科学教师，中小学二级教师、芜湖市教坛新星。曾荣获安徽省小学科学优质课比赛一等奖、安徽省教育教学论文评选一等奖、安徽省优秀自制教具二等奖、安徽省中小学实验说课二等奖等。

教学感悟："纸上得来终觉浅，绝知此事要躬行。"以探究和实践为主的多样化学习方式，让学生主动参与，将课堂还给学生。教师作为组织者和引导者，促进学生自主学习和合作学习，是我的教学宗旨。

周　维

芜湖市北塘小学总务副主任，中小学二级教师、芜湖市优秀教师、镜湖区优秀教师、镜湖区教坛新星，曾荣获安徽省小学科学优质课比赛一等奖、安徽省教育教学论文评选一等奖、安徽省优秀自制教具二等奖、安徽省中小学实验说课二等奖等。

教学感悟：小学科学课程是以培养科学素养为宗旨的科学启蒙课程。学生科学素养的形成是一项长期而又艰巨的工作，作为科学课教师的我们，应当全身心地投入对科学课教学工作的探究，与学生们共学习、共成长。

翁　桔

文　娟

芜湖市中江小学工会主席、办公室主任，中小学一级教师。曾荣获安徽省小学科学实验教学基本功竞赛一等奖、安徽省小学科学优质课评比一等奖、安徽省青少年科技创新大赛辅导员创新成果竞赛一等奖、安徽省中小学优秀自制教具评比一等奖、安徽省首届中小学作业设计大赛一等奖等。

教学感悟：教天地人事，育生命自觉！

朱时骏

安徽师范大学附属小学（文昌西路校区）科学教研组长。曾荣获安徽省实验教学说课一等奖、全国信息技术整合课（白板组）一等奖等。

教学感悟：科学带给我们的不只是书本上的文字知识，更宝贵的是探索世界的方法、实事求是的态度以及对大自然的敬畏之心。

丁永刚

芜湖市利民路小学科学教师，中小学一级教师、弋江区骨干教师，现任弋江区小学科学工作站副站长。

教学感悟：科学课是一门重要的基础学科。它不仅是要教会学生科学知识，更重要的是在孩子们心中埋下好奇和追寻的种子，在今后的人生道路上更从容地寻找生命的意义。

芜湖市湾沚区易太学校大队辅导员、国家三级心理咨询师、小学科学教师。曾荣获芜湖市优秀教师、江城最美教师、芜湖市巾帼建功标兵等称号。

教学感悟：在科学教学中，保持和发展学生对周围世界的好奇心与求知欲，注重养成他们胆大心细、敢于质疑的科学态度和爱科学的情感。

殷　花

芜湖市经开区龙山小学科学教师，中小学一级教师、芜湖市骨干教师、芜湖市教坛新星、经开区优秀教师。曾荣获安徽省优秀自制教具二等奖、安徽省中小学作业设计大赛二等奖、芜湖市小学科学优质课比赛一等奖等。

教学感悟：设计上求简洁，教学上求实效。适当松开紧握的手，弯下腰来倾听学生内心的褶皱，突围难点，过滤繁杂。

张晶晶

芜湖市高安中心小学副校长，中小学高级教师，芜湖市骨干教师，三山经开区骨干教师。

教学感悟：教学是严肃的，课堂是宽松的，尤其是科学的课堂。

江松柏

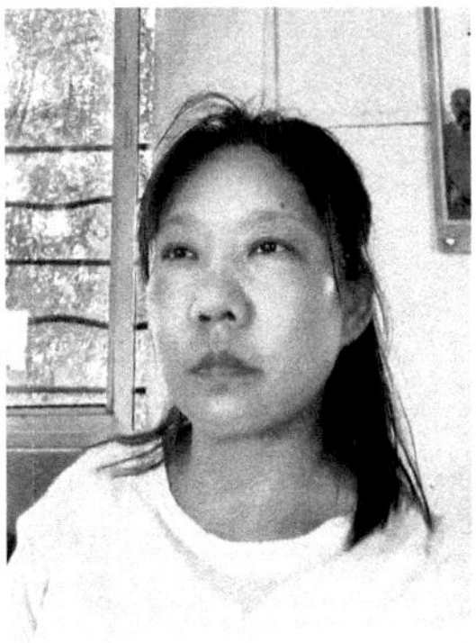

叶春玉

芜湖市南陵县许镇镇奎湖完全小学科学教师，中小学一级教师。曾荣获芜湖市南陵县优秀班主任、南陵县优秀少先队辅导员、南陵县送教下乡先进个人等称号。

教学感悟：教育是一方期望的田野，最忌讳根浮叶衰，揠苗助长。

张智磊

芜湖市镜湖区育红小学旭日天都校区科学教师、中小学二级教师、镜湖区科学教研组副组长、镜湖区教坛新星。曾荣获安徽省一师一优课省级优课、安徽省自制教具比赛二等奖等。

教学感悟：学高为师，身正为范。科学课是一门非常重要的基础学科，上好科学课不是件容易之事。我们除了有渊博的知识外，更应有与时俱进的教学理念，真正做到“学科学，用科学”，坚定自信地走“学习—反思—研究—实践”相结合的发展路线。永葆初心，践行理想，以对教育的热爱为自己的科学教育理想而砥砺前行。

方　宇

华东师范大学芜湖外国语学校科学教师、科学教研组组长，曾荣获安徽省自制教具比赛二等奖、芜湖市第四届中小学生科普剧剧本创作比赛三等奖等。

教学感悟：激发兴趣，获得可塑未来！

第二节　成长自述

芜湖市程斌名师工作室研修工作，从孕育、萌芽、抽枝长叶已到开花结果，不知不觉岁月的年轮已悄无声息地走过了八个春秋。风花秋月，花开花落，每一次蜕变都让人欢欣鼓舞。我带教两期学员，和二十几位志同道合的研修小伙伴朝夕相处，伴随着时光的脚步，在课堂和教学双重滋养下慢慢地成长。

主持人自述：凝心聚力打造小学科学研修团队

芜湖市程斌名师工作室于2014年12月1日由芜湖市教育局命名，一路走来，至今已八年有余。回望我们稚嫩而又快乐的步履，我颇感欣慰：机遇与挑战同在，奋斗与成就共生，我们在清晰的目标指引下一路前行，不断开拓属于自己的路。我们提出了小学科学基于“点拨—探究”为核心的教学主张，以工作室课题为抓手，指导研修学员发展与成长，在全市形成了一定的影响。其主要特色如下：从师徒结对走向团队合作研修，透视小学科学课堂，构建基于“点拨—探究”为核心的小学科学课堂教学方法与策略，为芜湖市小学科学教师的发展提供专业支持和服务，在上升期里远航。

八年来，我们探寻芜湖市小学科学“点拨—探究”教学的生成过程，梳理小学科学“点拨—探究”教学在芜湖的实践，为小学科学“点拨—探究”教学模式的完善而求索。我们用“调查研究”说明事实，用“个案研究”分析典型，用“观察研究”探究真相，用“反思提炼”观照自我。

我们致力于建立终身学习的共同愿景。主持人带头榜样示范，倡导每一个研修人员坚持用“日志”积累有意义的教学生活，用“叙事”讲述身边的教学故事，用真诚的文字记录工作室成长与研究的历程，不断生成有价值的小学科学教师研修资源，努力践行“成就他人、丰富自己”的专业发展宗旨。

我们采取“1+N”混合式团队合作研修模式，主持人专业引领、研修人员自主研修和同伴互助合作有机结合，以日常教学问题为出发点，以资源学习为基础，聚焦课题研究，推动教师专业成长和可持续发展。我们分别制定了工作室两个三年研修规划和学员个人专业发展计划，确定工作室研修团体目标和个人研修目标。我们编制了工作室研修手册，制定了工作室常规研修制度及成果奖励办法，逐步形成富有个性的工作室研修文化。

我们搭建平台，专注于工作室必读书研读，分阶段撰写一定数量的读书笔记和学习心得，定期召开专家讲学、主持人讲读、研修成员读书心得分享会等，推动专题研读走深走实，择优编辑了工作室专辑《幸福阅读——分享精神的成长》。

我们立足课堂实践，两期工作室成员每学期每人举行不少于1次工作室内的公开教学，择优推荐面向全市的公开课观摩、研讨和展示，择优编辑了工作室专辑《幸福课堂——基于“点拨—探究”的教学主张》。

我们教、学、研、评一体，积极开展工作室的课后研讨活动，积极组织工作室成员开展跨区校教研活动，积极参与听评课，每次发言均要有记录，择优编辑了工作室专辑《课堂观察——行走在专业听评课的路上》。我们以课题搭建研修平台，分层培养研修梯队。工作室成员必须参与主持人领衔的课题研究，在主持人的引领下，完成相应的研究任务，积累一定的课题研究经验，形成一定的课题研究成果。

我们持续开展了“基于‘点拨—探究’为核心的小学科学课堂教学研究”和“小学科学自制教具及其应用的实践研究”两个课题的研究。

我们利用网络开展课堂教学研讨，工作室成员必须参与专题论坛互动，和主持人一起参与解决教学中遇到的疑难问题。

我们通过项目与兄弟省市名师工作室开展互动交流活动，广泛联动，提升工作室的区域影响力。我们结合自身特色，立足课堂，钻研理论，形成论文，改进教学具和实验设计，服务于教学。

我们通过开设公开课、示范课、专题讲座等形式示范辐射，推动所在区县乃至芜湖市的小学科学学科建设，重点打造“点拨—探究教学乡村行”品牌活动。

回望两轮研修路，那些令人感动的人和事仍然历历在目。

第一期研修，我们在步履蹒跚中走出了自己幸福的模样

清楚地记得，2015年4月28日下午，芜湖市程斌名师工作室筹备工作会议在芜湖市大官山小学顺利召开。2015年5月19日下午，芜湖市程斌名师工作室正式启动。我先后给两期学员每人赠送了必读书：美国兰本达等著的《小学科学教育的“探究—研讨”教学法》，蔡澄清著的《中学语文点拨教学法》和我自己著的《且行且思——我的教育生活》。《且行且思——我的教育生活》是我教育人生的一个阶段盘点，分别阐述了我的成长经历、我的办学理念和对教育教学的草根思考。由于研修时间有限，我希望成员能通过书来了解我，我也希望能通过我的亲身经历启发他们，做一个幸福、快乐、有尊严的小学科学老师。同时，与其他两部经典书对话更是不可或缺的。我的课堂教学思想有两个源头：“点拨”思想源于中学语文点拨教学法，“探究”思想源于兰本达等的《小学科学教育的“探究—研讨”教学法》。蔡澄清先生的《中学语文点拨教学法》，其卓越丰硕的教育教学思想有着旺盛的生命力，枝繁叶茂，灼灼其华。点拨法致力于建构一个体现启发式教育精神的开放式教学法系统，从而引发教与学双方的不断衍生与创造。从这个意义来讲，“点拨法”不仅具有多种教法的通用性，而且更具有多种方法的孵化功能——“点拨法”能孵化更多的“点拨”方法。我是国内较早接触兰本达等的《小学科学教育的“探究—研讨”教学法》的一线科学老师，当时是小学自然老师，时间是1989年的初春，我工作的第二年。在中国小学自然教学改革的先行者刘默耕、路培琦老师言传身教下，我通过对“探究—研讨”教学法中所蕴含的“珍宝”的潜心研究，从而奠定了我小学科学教育教学的哲学基础。在我的许多课堂教学里都可以找到“探

究—研讨法”的踪迹和理论渊源。基于我这样的成长经历，这三本书也成了我们八年来一以贯之的研修宝典。

我们像春天里的一粒粒种子，有钻出泥土的憧憬，有呈现绿意的喜悦

教育的梦想如同肥沃的田野，生命里一旦有了田野，整个人就有了滋养，有了阳光，有了活力和气象。我们加强教育教学理论学习和研究，组织工作室人员听课、评课，就“幼小衔接”“同课异构”“小学科学‘点拨—探究’课堂”“立足核心素养 磨课点拨—探究”“‘点拨—探究’乡村行活动”“小学科学STEM课例研讨”“基于问题解决的小学科学一平方米绿色生态种植”“聚焦核心素养返璞课堂本真”等专题，进行了一系列研讨，对切实提高课堂教学效益和学员的教育教学能力起到了显著的促进作用。

我们积极参与弋江区海峡两岸科学教育交流活动，就《昼夜交替现象》和《杠杆》两课展开了深入的讨论与交流。两岸教师共话小学科学教育，这是工作室教师们的一件幸事，也是全市小学科学教师的一件乐事。大家在愉快友好的氛围中，共话小学科学的教与学，成为芜湖小学科学教学史上的一段佳话。我们在工作室成立之初就制定了一系列较为完善的工作室成员学员培养计划，并按照“成员带学员”的方式分组，建成“主持人—成员—学员”三级网络，有效地保障了主持人对成员、学员的指导引领，以及成员、学员间的互动交流。我们制订了《芜湖市程斌名师工作室成员、学员年度考核办法》和《三年发展规划》，并从开设公开课、讲座、指导青年教师、课题研究等10个方面进行考核，对促进和规范工作室的日常及研究工作，尤其是对成员、学员的专业成长，起到了有力的保障作用。实践证明：第一期研修，工作室每一个成员、学员都在一次次的活动中得到了锻炼和提升，每一次听评课，每一次担任公开课任务，每一次聆听专家讲座，都是一次学习锻炼的机会，每一个成员、学员都深感进步巨大。

我们在互助共研中体悟小学科学教育的真谛

2020 年，一个不同寻常的新年，疫情犹如阴霾笼罩大地，它迅速蔓延，让全国人民经历了新中国成立以来的一次大考。作为教育工作者，疫情是危机，也是德育和生命教育的契机。芜湖市程斌名师工作室响应上级领导的号召，充分利用网络平台和现代教育技术与手段，分学段录制小学科学微课和阳光云课，坚守本职岗位，以实际行动展现立德树人的初心。这期间，有研修学员周维、文娟、朱时骏、陈沐阳、殷花、丁永刚六名教师参与了安徽省中小学新冠肺炎疫情防控线上教学视频录制，共录课 6 节，助力全省小学科学线上教学，展示了良好的专业素养和精神风貌。我们多次通过工作室 QQ 群对六位授课老师的课进行在线研讨，不断提升工作室的录课质量。一次次研讨，字斟句酌地试讲，反反复复地修改，只为能有完美的线上课堂。为了加强工作室内部的交流研究，促进教学资源共研共享，我们刻录了 6 节阳光云课光盘，汇编了相关的线上教学设计和感悟，基于执教者各自的教学实践与思考，共同实现疫情之下的有效教学。

第二期研修，我们承担了市级立项课题，喜结硕果

因为疫情，第二期研修我们大大减少了校际活动次数。我们以“小学科学自制教具及其应用的实践研究”课题为抓手，凝聚工作室成员的集体力量，潜心研究，静待花开。我们的课题研究从自制教具开始，全体老师铆足干劲，在实践中不断改进，在省、市自制教具比赛中取得了不俗的成绩：文娟老师“光学多功能教具”、江松柏老师“颜色与吸热能力实验演示器”、方宇老师“环氧树脂标本”获得省一等奖；周阳老师“彩虹成因及影子变化规律演示仪”、翁桔老师“声音的产生及放大可视装置”、张晶晶老师“光影演示器”、杨国强老师“呼吸以后氧气含量变化演示器”、张智磊老师“月相模拟及四季成因演示仪”、周维老师“泡沫块浸入水中的体积与浮力大小测量装置”等获得省二等奖；丁利霞老师“傅科摆”获得省三等奖。课题研究，培育了参研教师科学教育的职业情感，提升了参研教师的教学技能。教师要制作出好的教具，就需要认真地研究教科书、课程标准、分析教材的重难点，还需要深入地了解每一个学生的学习情况、学生的实际知识水平，调查已有教学仪器的教学效果。只有全面了解这些情况之后，教师才能进行教具的设计、制作和改进，提高自制教具的质量和水平。

我们从封闭研修走向引领辐射，提升研修团队的整体水平

思无界，行无疆。我们研修形式多样，研修内容丰富，不仅有教具制作，还有教材分析、课堂教学、实践操作等，每一次富有成效的研修实践都让参与者受益匪浅。数年来，老师们在教具制作能力、论文撰写以及课堂教学等方面都有了巨大的进步。工作室成员张智磊、文娟、朱时骏、翁桔、周维、丁永刚等老师先后用课堂来验证教具能否突破教学重难点。自制教具的新颖性、趣味性以及贴近生活的特点赢得了学生的喜爱，并激发学生利用身边材料制作一些简易的学具去探究科学的奥秘。在2021年度芜湖市小学科学优质课比赛中，工作室成员有5人参赛，全部获奖，其中3人获市级一等奖、2人获市级二等奖，1人代表芜湖市参加安徽省优质课评比，最终获安徽省优质课一等奖。实验说课也是我们参加的一项重要实践应用赛事，我们以赛促训，利用自制教具对实验教学进行创新，有效突破教学重难点，提升课堂教学效率。制作了教具，经过课堂教学中实践应用，就有了很多反思。我们把教具制作的灵感、实验的数据分析以及教具应用后的反思提炼总结，就生成了一篇篇含金量高的论文。专家的引领指导和工作室内部分享，不仅提升了老师们的写作水平，也让老师们体验到了论文获奖带来的喜悦。江松柏老师论文《自制颜色与吸热能力实验演示器及引发的思考》获得安徽省中小学教育教学论文评比一等奖，翁桔老师论文《自制教具“声音的放大可视装置”对小学科学教学实践的影响》获得省二等奖，周维老师论文《小学科学“浮力”一课的创新与思考》获得省三等奖。此外，周阳老师的论文《开发与优化小学科学自制教具的实施策略》发表在《实验教学与仪器》杂志2022年第9期。

聚是一团火，散是满天星。八年研修之旅，我们在新课标的指引下，越来越关注充满生命和活力的小学科学课堂，优化科学课堂教学，推进科学课堂教学改革，建构与之相匹配的小学科学课堂教学策略并赋予其新的内容，越来越清晰地呈现在我们的面前。我们将具有芜湖地域特色的中学语文点拨教学法引入小学科学课堂，将它和新课标所倡导的“科学探究”有机整合，让“点拨—探究”架起科学素养目标和小学科学课堂实践的桥梁，成了我们课堂教学研究的主要视阈。八年来，我们聚拢一批好教师，试图将20多年芜湖小学科学教学的经历和经验提炼成芜湖小学科学教学特色，其中的智慧与路径需要不断发扬光大，先进理念与广泛共识需要长期坚守，并以此为契机让所有怀揣教育理想的芜湖小学科学教师均能一起来接力创造。今后我们将不断吸收与输出“正能量”，让小学科学梦成真，硕果飘香。

李震自述：向名师学习，沿着名师走过的路前进

2015年4月，我加入了芜湖市程斌名师工作室，三年所学，受益匪浅。三年中，在工作室主持人程斌老师的带领下，我们确定了“点拨—探究”教学法为中心的研究。我们研读了蔡澄清老师的《中学语文点拨教学法》和程斌老师撰写的《且行且思——我的教育生活》等多部专业著作，边读边走，边走边想，边想边做。在程斌老师的指导下，我尝试着用不同的教学风格、教学模式和教学思路，开设工作室公开课4节。在《食物在身体里的旅行》中，我尝试用点拨的思路引导教学，把课堂交给学生，把教学变成愉快体验；在《拱形的力量》中，我和彭秀芳老师尝试从不同的角度出发，引导学生走过一条自行探究的学习之路。在程斌老师的指导下，我撰写了《例谈基于课堂的教师培训》等4篇教学论文，其中两篇得以发表。三年来，我得到了市、区教研管理部门的肯定，成为芜湖市小学科学教研组副组长。这一切，跟名师程斌的指导密切相关。程斌老师是一个敦厚慈爱的兄长，而我有时是一个“身上有刺”的人。三年中，我把身上的小刺一根一根拔掉，不让它们伤害到别人。有时候，遇到

一些事情，我从程斌老师身上看到的是“走走停停，停停看看，看看想想，想想再走”。从程斌老师的叙事作品《且行且思——我的教育生活》中，我感受到他的深远。看待事物，要从多个角度，多个方面去思考，不要着急下结论，这是我从程斌老师身上学到的。我的爱人评价很客观：在程斌老师那里，你学到的东西很多，成长了不少。为人处世多思考，多观察，不盲动，不妄为，这是我在芜湖市程斌名师工作室学习三年的第二大收获。三年来，我获得了芜湖市“骨干教师”等多项荣誉，撰写论文获得全国一等奖，主持和参与多项课题研究，教学成果申报省级评比，辅导学生竞赛获奖甚多。这一切，其实与名师程斌的影响力有很大关系。在名师的庇荫下，我收获颇丰，也获得了同事同行的肯定和赞许。成绩无须赘述，但感谢之词溢于言表。感谢程斌老师的鼎力相助，让我获得很多成功。

彭秀芳自述：研究“点拨—探究”的小学科学课堂是我们的日常

不知不觉已是春夏交季，三年的芜湖市程斌名师工作室研修也将告一段落。这期间，大家试着沿“探究—研讨”的教学之路走出一条属于自己特色的科学教学之路，我们把这称为“点拨—探究”教学法。立足课堂，我们在每次上课之后都进行开诚布公的研讨，只为能让我们的教学有一些进步。

听完《测量力的大小》，大家对科学活动中数据的处理产生浓厚兴趣——

李震：本节课有几个值得探讨的问题——

学生的预估是建立在什么基础上的？

（对物体质量的认知和多次训练，李老师认为，对学生预测的培养应该多一些匠心的设计，执教老师在物体的选择上有独到的想法。）

两次测量数据不一样的原因？

（建议——在时间的允许下，是否可以探讨一下其中的原因？）

预估和实测差距产生的原因？

（应该在误差栏设计“正负号”，以直观显示实测和预估的数据是多了还是少了？多，多了多少？少，少了多少？）

李老师提出的三个问题中，问题2和问题3都涉及数据的处理，由此引发到场老师的热烈讨论：

有老师对陈艳（执教老师）的表格中两次测量提出疑问："这样的设计是否有问题？"

当即有老师反驳："多次测量是为了保证数据的准确性，这在六年级体现得更为明显，这里的设计没有太大问题，只是建议在两次测量数据的后面增设'平均值'一栏。"

也有老师对实测数据和预估数据的误差值是怎样得出的提出问题：究竟是和第一次测量数据的比较还是和第二次测量数据的比较？又或者是两者的平均值比较？陈老师在学生汇报的过程中没有进行明确的指导，学生也显得很茫然。

还有老师对陈老师"首先选择两种测量范围的测力计给学生进行实验，以此培养学生在测量物体前对测力计的最大测量范围有一个清楚的认识，然后根据自己对所测物体重量的预估选择合适的测量工具"的做法给予肯定，同时也指出：有些组的学生在填写数据时，第一次测量的数据和第二次测量的数据用的是不同的测力计，由此产生了一些不可控和无法比较的问题，教师在学生实验的过程中应当给予关注，要让学生明白，比较中不应该有多个变量因素干扰！

…………

面对即将到来的科学课教学改革，如何在一年级开展科学课的教学，做好幼小衔接？我们与环城南路幼儿园开展科学领域幼小衔接专题研讨活动。该次活动我有幸承担了一节课的教学任务，以自编教材《桔子》为内容，对幼儿的科学教学内容如何做到"生活化""游戏化"和"可被幼儿接受"进行了尝试，同时也将关注的另外一个重点放在了幼儿科学学习习惯的养成上，为幼小科学领域的无缝对接提供参考的课例。在研讨的基础上，我们提出了一些自己的想法：

幼儿园和小学是相互衔接的两个学段，不仅在教育性质、课程设置、教学方式上有所不同，而且在对孩子的学习、生活、行为等方面的要求上也有所不同。幼儿园以游戏为主，注重将教学内容渗透到游戏中，而小学是以班级授课为主，孩子大多通过例题来学习知识，知识的迁移能力需要很强。幼儿园的课是游戏、兴趣加群体，小学科学课是合作、探究加自主。我们的教学应当以幼儿生活中常见的物体为研究对象，从生活出发，引导学生在游戏中学习、探究，教学内容的选择要有利于幼儿接受。所以，选择合适的教学内容，做好充分的实验材料准备，注重孩子自主探究能力和动手实验操作能力的培养，这才是符合幼儿学习特点的科学课。两个不同学段如果都以此为依据开展教学，科学课的衔接才有可能。

《拱形的力量》原本是我的一节公开课，课后研讨中就该课向大家提出自己的问题：学生最终会观察到纸拱在硬币数量达到一定程度时会发生变形。我们需要考虑的是：当学生观察到拱形在承受硬币重量后产生变形后，他们的关注点会是什么？

第一种回答是：硬币的重量超过了纸拱的承受范围，所以纸拱塌了。

第二种回答是：纸拱的形状变了，没有办法承受硬币，所以塌了。

…………

再让我们来研究一下，这两种回答反映了学生的首要关注点是什么？

第一种回答的关注点是：纸拱的承重能力。

第二种回答的关注点是：纸拱的形状变化。

在设计这节课的教学时，我把关注点放在了“纸拱的承重能力”上，李震老师则将教学的关注点放在“纸拱的形状变化”上。我给学生提供了很多硬币，让他们尽量增加纸拱的负载，而李震老师限定他们的硬币数量，让他们尽量保持纸拱形状不变。关注点不同、思路不同，甚至于教学的方式也不完全一样，但学生们最后都能够理解：“拱形可以向下和向外传递承受的压力，所以能够承受很大的压力。”

没有人要求，但就是这样，我们用自己的方式在不同时间、不同的空间实现了同课异构。

这就是我们工作室的老师，我为成为其中一员而庆幸。正因为大家志同道合，诚心做事，我们必将会有所收获！

杨正安自述：一路并肩享受探究的快乐

时间飞逝，在繁忙和有序中三年悄然而过，回顾参加芜湖市程斌名师工作室的历程，我既感到集体给我带来了很多的欢乐与收获，又让我看到了研修小伙伴好学上进、乐于创新、勇于开拓的精神。三年来，在工作室主持人程斌的带领下，我们学习了《中学语文点拨教学法》《小学科学教育的“探究—研讨”教学法》和程斌校长的《且行且思——我的教育生活》等书。此外，我们在网络平台上交流、学习，专业理论水平也得到了极大的提升。在程校长的精心安排下，我有幸参加了各级各类培训活动。

印象最深的是2016年11月赴东莞参加全国小学科学教育研讨交流活动，聆听了专家的指导，观摩了最前沿的STEM课程，领略到了教学大家的风采，受益匪浅。回芜后，程校长立刻组织了相关的教研活动，让我谈谈赴广东培训的收获，并着手开展STEM课程的设计。我通过培训学习，用心感悟，提升了自身的理论修养，为拓宽专业化发展道路进行了知识储备。三年来，工作室植根课堂，以课堂教学为主阵地，多渠道、多平台开展教科研活动。2016年10月，我执教了《物质在水中是怎样溶解的》一课。在程校长和工作室成员共同帮助下，我对教材进行了深入的研究，并将自己对“点拨—探究”教学的认识贯穿到教学中。功夫不负有心人，在大家的帮助下，本节课教学得到了听课老师的好评，并获得了芜湖市优课、安徽省优课、全国优课。这也是我们芜湖市2017年小学科学唯一获此殊荣的课！名师引领，发挥特长。程校长让工作室成员各尽其能，发挥自己的兴趣特长，提升科学素养。我组织学生参加了各级各类科技竞赛活动：如“芜湖市一平方米生态种植评比”“芜湖市建高塔评比”“芜湖市科技体育竞赛”“安徽省车辆模型和建筑模型竞赛”等，培养学生创新、探究能力。2017年的暑期，天气虽然异常炎热，但是我还是组织了芜湖市凤鸣实验小学近40名学生参加了“安徽省车辆模型和建筑模型竞赛”。我冒着高温酷暑，与孩子们一起克服了困难，坚持训练，积极参赛，最终获得了安徽省团体第三名，并勇夺6个单项冠军和若干单项一二三等奖。三年来，我们一路相伴，一路探究，在程校长的引领下，专业素养得到了快速发展。但我深感距离优秀科学教师的要求还有一段距离。今后，我将继续以程校长和身边的优秀科学老师为榜样，始终保持积极向上的精神状态，继续潜心研修！

王兵自述：亦师亦友走好每一步

一人快，众行远。程斌是芜湖市小学科学领头人，于2015年被芜湖市教育局授命设立“芜湖市程斌名师工作室”。我当时有幸作为芜湖县（2020年改为湾沚区）唯一候选人，入选“芜湖市程斌名师工作室”参与研修。我从教十余载，一直在农村学校从事科学教育。我希望通过自己的教学培养学生的探究能力，提升学生的科学素养，但由于身边缺乏专家的引领和团队的协助，一直效果平平，毫无起色。自从加入“芜湖市程斌名师工作室”后，感受到名师程斌深厚的学术功底和高尚的情操。在研修启动仪式上，程斌老师就为我们每个成员量身打造发展方向，并送上了团队的温暖。工作室为我们提供了蔡澄清著的《中学语文点拨教学法》、兰本达等的《小学科学教育的“探究—研讨”教学法》和程斌著的《且行且思——我的教育生活》三本理论书。三年的快乐研修，使我对小学科学教学方法有了更深一步的认识，也更加感受到程斌老师对我春风化雨般的关心与培养。在这快乐研修中，我先后上了五年级科学《液体的热胀冷缩》和STEM课例《纸火箭》2节研讨课，得到了与会教师的高度评价。同时在我县开展了6次以科技活动为主题的专题讲座，并带动县内学校师生积极参与到科技创新活动中来，取得了较好的效果。我主持开展的“青少年科学调查体验活动”喜获全国、省“优秀示范活动”。我先后荣获“普法教育全国先进个人”“安徽省文教卫师德先进个人”等荣誉称号。

钱芳自述：点拨三载，砥砺前行

2015年4月，我有幸加入了芜湖市程斌名师工作室，三年来所学习的一切让我终生难忘。当时在原单位专职科学教师不多，教研力量相对薄弱，加入工作室时我感觉到自身的专业能力明显不足。原本我大学学习的是化学专业，可是小学科学内容多、范围广，虽然我在不断学习，但工作室成员在讨论时，我发现自己学习的深度远远不够。在大家的帮助下，我努力学习，力争做一名优秀的科学教师。三年中，在工作室主持人程斌老师的带领下，我们确定了“点拨—探究”教学法为中心的研究。我研读了蔡澄清著的《中学语文点拨教学法》和程斌著的《且行且思——我的教育生活》等多部专业书。在认真阅读了这些著作后，我对科学课有了新认识，对“点拨—探究”教学法有了全新的了解，并在课堂中积极应用，取得了较好的课堂教学效果，我感觉这样的研修学习非常管用高效。为了帮助我们尽快成长，工作室主持人程斌老师费尽心思安排了很多学习活动，这些活动都很贴近我们实际教学，一些方法和模式可以直接用在自己的课堂上。通过这些活动的积累，让我在实际教学中有了明显的进步。

做好一件事，最重要的是态度。有了端正的态度，工作室成员获得了很多荣誉。这些荣誉的取得让我明白，只要我们端正态度，就一定可以做到最好。我们尝试线上线下混合式研修，拓展了研修视角，破除了区域和时间的壁垒。我们学习STEM教学方式，在芜湖小学科学课堂教学中不断试水。在工作室的帮助下，我和工作室成员杨正安老师上了一节市级同课异构课《物质在水中是怎样溶解的》。大家帮我磨课研课，程斌老师说：“细节决定成败，细节也决定高度。”评价一节好课主要关注的就是细节，其中包括学生的参与兴趣，教师的语言，还有教学环节和效果等。杨老师上课的时候，细节处理得好，让学生和听课的老师都觉得很顺畅，功到自然成。和他们相比，我还有很长的路要走，课上不好，就不是一个称职的老师。在参与工作室学习以来，我也取得了很多成绩：在芜湖市小学科学优质课比赛中获得二等奖，在芜湖市实验教学说课中获二等奖，撰写的案例在芜湖市经济技术开发区安全教育案例评比中获一等奖；指导学生在芜湖市第三届中小学生科普剧创作表演比赛（剧本创作）中获二等奖，指导学生在芜湖市科技创新大赛中获二等奖并被推荐参加省级比赛；组织本校师生参加经开区中小学科技节获优秀组织奖。本人也获得了经济技术开发区骨干教师称号。感谢芜湖市程斌名师工作室团队里的每一个人！

杜文明自述：在点滴成长中感受研修团队的力量

我在芜湖市弋江区一所九年一贯制的学校担任初中物理兼小学科学教学，因一次偶然的机会，2015年春，我成为芜湖市程斌名师工作室的一员。初生牛犊不怕虎，在工作室里，我积极投身研修当中，切实做到了三个“自觉”：自觉参加工作室组织的网络学习培训，自觉参加讨论，自觉上交作业。我通过深入学习，明确了作为一名教师必须不断地提高自己，充实自己，要具备丰富的知识含量，扎实的教学基本功，否则就要被时代所淘汰。我增强了自身学习的紧迫性，危机感和责任感。依据计划，开展理论学习。在工作室主持人程斌校长的带领下，我学习了《中学语文点拨教学法》《小学科学教育的“探究—研讨”教学法》和《且行且思——我的教育生活》等书。在程校长的精心安排下，我有幸参加了各类培训活动。在这期间，我通过研修，学了不少知识，工作室为我营造了一个广阔的学习天地，使我掌握了先进的教育理念、知识和方法，尤其是在教学理论上我觉得有大幅度提高。在工作室研修中，我学习了大量的教学案例，这些案例演示了具体理论，让我如沐春风。研修中，专家的真知灼见，同行的精彩点评、交流与感悟，让我不时有意想不到的收获。特别是名师、专家的讲座，每一专题呈现的观点和案例，均能很好地解决我在教学过程中感到束手无策的一些问题，对我起到了很好的借鉴和启迪作用，让我对自己过去的教学有了一次彻底反思。在工作室研修中，我还阅读了大量的国外文献，记录了一些我闻所未闻的理论与方法，并把这些理论与方法应用于教学实践中，取得较好的教学效果。在工作室研修不但要学有所获，更重要的是一定要做到学有所用。在教学中，我不断思量自己在工作中的不足之处，努力提高自己的业务水平，向优秀骨干教师学习，向有经验的教师请教。印象最深的是2016年11月赴东莞参加全国小学科学教育研讨交流活动，聆听了专家的指导，观摩了最前沿的STEM课程，领略到了教学大家的风采，受益匪浅。

今后的教学中，我将努力将所学的新课程理念应用到课堂教学实践中，立足“用活新老教材，实践新理念”，力求让我的科学教学更具特色，形成独具风格的教学模式，将来也能成为像程校长那样的名师。

孙彩云自述：心有所属，行之所归

作为一名兼职科学教师能参加芜湖市程斌名师工作室是幸运的，幸运的是拥有与大家共同成长的机会，幸运的是拥有了让自己更进一步的机会。刚刚加入工作室的我，心情是忐忑的。虽然大学所学专业是化学生物专业，可从教18年来，我主教的一直是小学语文。况且化学生物专业和小学科学也有不小的差别，更不要说我已经很多年没有接触自己的专业知识，在行家如云的工作室里我到底要将自己定位在哪里？我苦苦思索。幸运的是我拥有一位好的引领者，拥有一群好的团队成员。在程斌校长和其他成员的帮助下，我慢慢走出困惑，将自己定位在跨学科实践者。工作室一共需要研读的是三本书：兰本达等的《小学科学教育的“探究—研讨”教学法》、蔡澄清著的《中学语文点拨教学法》和程斌著的《且行且思——我的教育生活》。在潜心阅读的过程中，我接触到了许多之前一无所知的专业概念，理论知识在飞跃式积累。在此基础上，我将理论知识融合到课堂教学中，一边教学，一边写教学心得、教学故事，在这样反思的过程中，理论基础又得到进一步的夯实。工作室研修内容丰富，形式多样。课堂教学实践活动又给我搭建了另一个成长的平台。从李震老师的第一节《食物在身体里的旅行》开始，我陆续听过很多课，如《拱形的力量》《物质在水中是怎样溶解的》《种桔子》《液体的热胀冷缩》《物质的磁性》

《在观察中比较》以及STEM课程《火灾与消防》等，在这样一节节课的听与评的过程中，我将自己的思考和名师们的思考进行对比，看看自己还薄弱在哪里，不断地进行着艰难的反思。因为“名师工作室”这个平台，我有了一年“县科学教研员”的经历。一年中，我主持过“县小学科学微课评选活动”和“小学科学优质课比赛活动”，还应邀担任过乡镇学校的公开课评委并点评课例。在不断的经历中，我思索着，成长着，收获着。为期三年的研修，作为一名主教语文的兼职科学教师，我不仅在科学课堂上应用“点拨—探究”教学法，也将之运用到语文课堂教学中，取得了良好的课堂教学效果。教学方法是相通的，无论是科学素养还是语文素养，目标是一致的。从这个层面来说，我比别人收获得更多。因为工作室研修这样一个机缘，我结识了一大群爱好科学的老师们，他们专业的知识，敬业的态度，勤奋好学的品质，敢于直言的精神，无一不给我留下深刻的印象。在汲取新知识的同时，我的眼界也得到了开阔，尝试线上线下混合式研修，领略STEM教学方法，了解前沿的科学知识。

三年来，我小有成绩：2015年9月在繁昌县小学科学教师实验教学基本功竞赛中获一等奖，芜湖市实验教师说课比赛中获三等奖；指导学生在芜湖市小学生“一平方米绿色生态农业种植”活动中获三等奖；2018年1月，在繁昌县小学科学学科期末检测试卷命题评比活动中获一等奖；2015年11月，我在繁昌县做了“小学科学实验室布置及资料整理”专题培训；2016年10月，我给全县小学科学教师做了“小学科学教师实验技能培训”，深受培训教师好评。三年的研修即将结束，但学习没有停止，工作室研修的经历对我来说是一笔宝贵的财富。在以后的教学中，我将用所学努力带动全校、全镇乃至全县的科学教学工作，芜湖市程斌名师工作室永远是我成长的后盾，给予我成长的动力。

江松柏自述：在研修悟道中成长

在过去的三年里，我有幸参加了芜湖市程斌名师工作室的研修活动。这段研修学习让我收获颇丰。拜师学艺，领悟真谛。在程斌老师的指导下，我深入学习了有关教育理论的前沿知识，了解了当前教育改革的方向和重点，对不同科学课课型进行了详细的教学方法学习和教学实例分析。理论的支撑和教学案例的分析，对我的课堂教学非常有意义。通过学习，我对教育的本质、教育的目的和教育的价值有了深刻认识。程斌老师以他丰富的教学经验，引导我们理解科学教育的内在联系，掌握科学思维方法，提高我们的科学素养。立足课堂，共研共享。研修过程中，我们多次观摩程斌老师指导的课堂教学，他的教学风格和人格魅力给我们留下了深刻的印象。在实践中，我尝试运用所学的教育理论指导教学，不断改进教学方法，提高教学效果。此外，我还参与了工作室组织的各种教研活动，如集体备课、教学研讨、课题研究等。通过这些活动，我体会到团队合作的重要性，学会了如何与同事们相互学习、共同进步。芜湖市程斌名师工作室的研修活动为我们提供了一个良好的交流平台。在这里，我结识了许多优秀的同行，我们一起探讨教育问题，分享教学心得。通过交流，我拓宽了自己的视野，也激发了更多的思考。在这次研修中，我还收获了珍贵的友谊。与各位同行的交流让我更加明白，教育不仅是传授知识，更是点燃希望、激发潜能。感谢芜湖市程斌名师工作室为我们提供了这个学习与成长的舞台。通过芜湖市程斌名师工作室的研修活动，我认识到教师的责任和使命。教育需要我们用心去投入，用爱去浇灌。在今后的工作中，我将继续努力提高自己的专业素养和教育能力。为了更好地完成今后的工作，我也为自己确定以下努力目标：继续深入学习教育理论，关注教育改革动态，不断提升自己的教育理念；加强教学实践，总结教学经验，形成自己的教学风格；积极参与各类研修活动，不断拓宽视野，提高自己的综合素质；发挥辐射作用，将所学到的知识和经验传递给更多的同行们。

小学科学教师为什么而教？这是一个哲学命题，也是一种自我内驱力的不断扩张，我仿佛看到了小学科学的未来和希望。我要再次感谢芜湖市程斌名师工作室的全体成员和指导老师们的悉心指导和热情帮助。在未来的教育道路上，我将带着这份感激和责任，不断进步，为教育事业贡献自己的力量。

杨国强自述：成长，在研修路上

时光匆匆，转眼间，三年的研修即将结束。三年来在芜湖市程斌名师工作室里，在程校长的带领下，在工作室同仁的共同学习中，我收获了很多。自己在这三年研修过程中，既有收获成绩的喜悦，也有引以为戒的懊恼。阅读、研修、实践，在快乐中实现自我。小学科学是涵盖了物理、化学、生物、天文等八个学科的综合性学科，小学科学教师需要有广阔的知识储备和各种实验技能，同时在教学上要有与之配套的教学方法和手段。在工作室的安排下，我接受了实验教师十项基本技能的培训，在培训中积极动手操作，掌握了这十项技能。在工作室的组织下去湾沚的航空小镇参观学习，现场听专家讲解飞机的构造和飞行的原理，动手操作无人机，参观飞机各部件的实物和图片。在教学理论方面，工作室给每位成员都配发了兰本达等的《小学科学教育的“探究—研讨”教学法》、蔡澄清著的《中学语文点拨教学法》和程斌著的《且行且思——我的教育生活》三本书。通过这三本书的学习，我的教学理论水平有了很大提高。评课、议课，知行路上，共同成长。研修期间，工作室多次组织成员开展相互听评课活动，集思广益、互学所长。听评课是一种最直接、最具体，也是最有效提高课堂教学质量的方法和手段。在这个过程中，来自不同学校的研修成员互相学习，切磋教艺，研究教学。芜湖市程斌名师工作室既是我们的舞台又是我们的学堂，在这个快乐的大家庭中，在名师程斌的带领下，我们有滋有味教科学，有滋有味做研究，执着地为小学科学启蒙教育贡献着自己微薄的力量。三年来，工作室细选精挑，多次组织成员观摩各级各类小学科学示范课活动。课后，学员们同各级名师、专家及时开展沟通与交流。“行万里路，不如名师指路。”在与名师、专家的互动中，我们不仅获得了丰富的教学启迪，领略了多元化的教学智慧，还切准了自己在课堂教学中存在的不足。认识到差距，才能明确今后努力的方向。我们重于实践，努力在实践活动中提高学生科学素养。提升素养、提高教育教学质量是我参加名师工作室的初衷。在名师的引领、推动下，我逐步形成了“专注研究品质课堂”的内驱力。这也让我深刻地认识到：作为一名小学科学教师，不仅要在课堂上培养学生探究、创新的能力，激发学生爱科学、学科学、用科学的能力，唤醒学生对科学无穷的兴趣，还要带领学生将课堂延伸到自然空间里去。

三年来，学习很多，领悟很深。做了许多事，也遇到过很多困难。虽然积累了一点成果，但我知道，这些成果的取得离不开工作室程斌老师的指导和众成员的帮助、鼓励。如果说“理论与教学水平的提高”是我在工作室业务能力上的最大收获，那么“团结协作，共同努力”则是我思想上的最深觉悟。在今后的工作学习中，我将针对以上不足之处，努力改进，用心付出。

周维自述：执着与追求

转眼间，三年的研修学习画上了句号。这三年，我们在“芜湖市程斌名师工作室”的研修以听讲座、听报告、观摩课堂教学、实地考察、自学文献、撰写论文、课题研究为主要方式，程校长坚持以促进学员的专业成为核心，引导学员在实践中掌握并运用知识，提升素养。工作室的学习活动内容精彩务实、形式多样，通过这些活动，我无论是教育教学技能还是教育理念均有所提高。依稀记得“小学科学自制教具及其应用的实践研究”课题研究，以及相关课例学习、安徽省自制教具比赛、实验说课大赛、教学论文比赛，让我痛并快乐着，也收获了累累硕果：2019 年小学科学优质课评比活动中获得安徽省一等奖、芜湖市一等奖第一名；2021 年全省中小学优秀自制教具展评活动中，获得安徽省二等奖、芜湖市二等奖；2021 年安徽省教育教学论文评选中，获得安徽省三等奖、芜湖市一等奖等。三年的研修，在程斌校长的引领和点拨下，结合课题研究、课堂观摩、课例研究、同课异构、上研讨课、听评课、集体备课、技能培训等活动，我对提升小学生的科学素养、实验探究能力等有了全新的认识和提高。三年的研修，我始终以程斌校长提出的基于“点拨—探究”的小学科学教学为研修主线，不断破解课堂教学遇到的问题和障碍。我逐字逐句地阅读了《小学科学教育的“探究—研讨”教学法》，并进行了读书笔记的交流分享，结合书中提出的理念进行了一系列的课例研讨、研讨课试教等活动。工作室的各种研讨活动始终基于课程标准进行，《义务教育科学课程标准(2022年版》颁布后，程校长就及时地带领大家进行了学习。在我的课堂中，我也逐步学会把课堂还给学生，发挥学生学习的积极性和主动性，让孩子们多动手、多讨论、多思考，在实验与讨论中获得知识。通过记录、整理自己在教学工作中的点滴体验和心路历程，养成了总结和反思的习惯，这种习惯已经成为我不断成长的源泉。工作室日常积极研修的氛围深深熏陶着我，不断激发我的工作热情和敬业精神，并对自己从事的小学科学教学有了深刻的理解和认识。对学校日复一日的工作也多了些主动、稳重和平常心。我坚定地站在学生成长和认知的角度，去思考我的教育教学，努力为学生的终身发展奠基。作为名师工作室的一员，因为工作室潜移默化的影响，我在学校工作中，能有意识地注重自身形象和修养，传递工作室老师们的敬业精神和良好的职业态度。作为学校小学科学学科负责人，我在学科教研活动的组织开展中，坚持借鉴工作室的研修理念和方式，立足专题研讨，从小问题入手，营造务实求真的教研氛围，促进了我校学科教研的蓬勃发展。我不断探索课堂教学模式，认真钻研教材，潜心研究教法，认真备好每一堂课，让自主课堂越走越成熟。在长期的教学探索与实践中，我积累了一定的教学经验，逐步形成了自己的教学风格。工作室研修虽然结束了，但我会继续学习教育教学理论，不断总结自己有效教学实践，提高自己的课堂教学效率、效果。我会坚持每年读一本书、上一节示范课、设计和改进一件教具、撰写一篇高质量的教学论文。我坚信年复一年地坚持，幸福地行走在小学科学教育的路上，我会走得更稳、更远。

翁桔自述：不随俗·不满足·不懈怠

“教育是心灵的沟通，用心付出定会得到真情和快乐。”这是我参加“芜湖市程斌名师工作室”的最深感悟。研修时光转瞬即逝，这三年来，我一直着力于培养学生的创新能力，既教书又育人。在工作中，不怕困难，敢于创新，在教育教学以及教科研方面都取得了一定的成绩。三年来工作室要求全体成员共读一本书，这对于不能坚持阅读的我来说，是一个非常实用的学习过程，认真地研读后大家交流分享学习的心得，从中体会阅读的快乐。在基于“点拨—探究”的一系列活动中，我的课堂教育教学质量有所提高。我结合学生实际情况，认真钻研教材教法，重视获取知识的过程和科学探究能力的培养，密切联系社会生活实际，抓好知识的应用，深化课堂教学改革，强化教学过程中的相互学习、研讨，培养学生自主探究学习的兴趣和应用科学知识解决实际问题的能力。在各类比赛来临的时候，工作室总能第一时间将大家聚集在一起，积极地引导大家参赛，并且在必要时组织全体成员出谋划策，讨论该如何去突破自己的能力，展现出专业的科学素养，赛出好成绩。2021年的优质课比赛，我积极地备赛，工作室主持人及全体成员都给了我很大的支持，一起出谋划策，我从区赛、市赛到省赛，最终获得安徽省小学科学优质课评比一等奖，这都离不开大家的辛劳付出。在“小学科学自制教具及其应用的实践研究”课题研究中，我也主动要求提高自己，担任收集整理资料的任务，同时积极参与教具的制作，工作室主持人程斌给了我很多的建议，最终在安徽省自制教具比赛中获得了二等奖。工作室研修即将进入尾声，但我的研修之旅不会停止。学海无涯苦作舟，没有触不可及的远方，也没有无可抵达的彼岸。我将一如既往地努力，逐渐形成自己的教学特色，无愧于芜湖市程斌名师工作室团队曾经对我的真情付出。路漫漫其修远兮，吾将上下而求索。

文娟自述：平平淡淡才是真

岁月如梭，时光荏苒，芜湖市程斌名师工作室第二期的研修接近尾声。能够成为工作室的一员，我深感荣幸。研修期间，在程斌校长的带领下，我与工作室的伙伴们共成长。三年来，我按照工作室的要求认真地学习教育理论，在理性认识中丰富自我的认知。我深入钻研教材，课程标准，研究教法，体会

"新课标"的性质、价值、理念，提高自己的业务能力。我还细读了《小学科学教师入门十课》一书，该书一共有十一章：第一章是小学科学教育与科学课课程，主要结合小学科学教育的意义和价值给小学科学的教学模式进行了课型的分类；第一章之后的十章内容，是对不同科学课课型进行了详细的教学方法介绍和教学实例分析。理论的支撑加教学案例的分析，对我的课堂教学非常有意义，我尝试着在科学课堂中实践这些理念，用教学理论指导自己的教学。三年来，我通过项目实践探索，锻炼自己的教育教学能力。我积极参加芜湖市程斌名师工作室的各项研修活动，力求做到以提高自身素质为准绳，以提升课程教学理念为基准。在研修中自身能力得到了锻炼，专业素养也得到了提高。我积极参加听课、评课等活动。研修期间，我承担了一节《设计制作小车（一）》的研讨课教学，采用了"同课异构"的方式上了两次，与工作室其他成员一起在QQ群或者集中学习时积极探讨该节课的不同教法，就课堂教学、教材教法及教学实际问题进行切磋交流，从而促使自己在实践中不断感悟，在感悟中不断提升。

陈沐阳自述：知行合一，勠力前行

2020年至今我参加了芜湖市程斌名师工作室，最好的年华，最美的遇见。作为一名普通的小学科学教师，我深知自己在教学中的不足和存在的问题，经过三年的研修，我受益匪浅。工作室浓浓的学习氛围深深感染了我，为我营造了一个广阔的学习天地，使我掌握了先进的教育理念和方法。在每次听课或研修中，同行的精彩点评与交流让我有一种醍醐灌顶的感觉。研修期间，我阅读了大量前沿理论，把一些实用的教学方法应用于教学实践，取得令人满意的教学效果。研修学习不但要学有所获，更重要的是一定要做到学有所用。课堂是教师体现自身价值的主阵地，本着"一切为了学生，为了一切学生，为了学生的一切"的理念，我全身心地融入教学。通过芜湖市程斌名师工作室的研修学习，我获得的不仅是知识，更重要的是一种痴迷小学科学教育的信念，也逐渐明白了名师是如何炼成的。

朱时骏自述：一起追梦，在路上

有幸成为芜湖市程斌名师工作室其中一员，能有机会得到程斌老师的指导，能够与优秀的科学教师们互相学习、共同提高，是我科学教育生涯中的幸事，也是我人生道路上的幸事。自工作以来我一直从事科学教学工作。近几年来，在工作室研修期内，我努力完成工作室安排的任务，在课堂教学改革中敢于创新、锐意进取，多次参加公开课、观摩课。课堂教学扎实严谨，精益求精，勇于创新。在“点拨—探究”教学法的理念下，我大胆地开拓与创新，以课堂教学为突破口和主阵地，创新教学方法，指导、培养了许多能独立思考的优秀“小老师”，他们在科学概念、科学思维、探究实践、态度责任上都有了很好的应用与迁移，这有利于做好校内科学教育，为学生“埋下”科学种子。在程斌校长的带领下，我参与了很多次研修活动，不管是在北塘小学，还是在三山高安中心小学，还有在芜湖易太学校……每一次活动都让我有所提高，也是一次精神上的洗礼。回首参加研修以来走过的道路，我深感充实与快乐。我内心充满感激，感谢名师工作室给我提供了这个平台，在压力中产生动力；感谢这个有思想、有凝聚力、有生命活力的团队，在交流中取长补短、分享智慧与快乐，在进取奋斗中幸福成长。时光荏苒，我对科学教学研究的脚步不会停歇，定下目标与方向，豪情满怀，学习、反思、实践，相信前进的道路一定会洒满阳光！

丁永刚自述：学思行，互融共生

我从2019年1月申请加入芜湖市程斌名师工作室以来，已历经三年。工作室让我在从平庸走向卓越的过程中，少走了很多弯路。令人印象深刻的记忆有：2019年4月，我参与了杨勉老师执教的《各种各样的花》教学研讨，最让我大吃一惊的是关于油菜花的解剖，老师在材料、做法、分工、学生展示各方面做到了像钟表一样的精确。在课堂氛围的营造上，每组一盆花和播放各种花开放的视频，给课堂学习者提供了多样的探究素材。2019年10月，我随同工作室同仁前往淮北市第三实验小学听安徽省优质课，大开眼界。面对《身体的结构》《地球表面及其变化》《电和磁》《土壤中有什么》四选一的赛课模式，要求参赛选手在24小时内做好展示的准备。无论输赢，这既考验了选手的“板凳深度”，又考验了团队的力量。它给我带来了两点启示：一是要下笨功夫，要善于循序渐进地对教材的每一环节下工夫，从教学目标、设计课件、微课、教具到作业，在广泛实践调查的基础上寻找规律，做出亮点。二是在教学研究中，借鉴和交流是必不可少的。既要向前辈、优秀者学习请教，又要乐于培养后来者。帮助别人也是帮助自己，只有置身于优秀团队，个体的收获才会更多。2020年，疫情来了，工作室的殷花老师以《物质的变化与我们》开启了工作室录课历程。我以《月相变化》《我们的生活》两个课题主持了两次录课和远程授课。从亲身的经历来看，教师录制阳光云课，它一方面会为大规模在线学习的学生提供丰富的可操作的资源，同时，对提高教师信息素养有促进作用。2020年下半年，工作室的朱时俊老师执教《我们来做个热气球》一课取得了令人印象深刻的成功。我在这一过程中感受到：教师在组织学习的过程中放下了学科本位的身段，从学生的学习出发，将教学环节处置得十分简明。重视学生在学习中的生成和参与，为此教师将热气球教具做了两处改动，提高了气球升空的参与率和成功率，同体积的热空气比冷空气轻这一结论由抽象变为形象。这给了我三点启发：一是教学组织环节必须简明。一节课时间不长，面面俱到不现实。突出重点，重视学生的参与，加强学情的研究是课堂设计应该重点考虑的。二是教具的细节是实验课成败的关键。作为执教者，对于教具的改进和研究是一个连续不断的过程。三是展示课的各个环节中必须有亮点，使得课堂实录有推广和学习的价值，不能为展示而展示。2021年1月，周阳老师带着课题“小学科学自制教具及其应用的实践研究”来到我们中间，课题被工作室采用为执行项目。随着课题研究的展开，我选择了三年级科学教材中的“过山车模型”这一内容加以研究，在全市评比中获市级二等奖。转眼间，三载已过，名师工作室的生活让我开始主动将自己的经验与他人分享。感谢工作室团队的导师和同伴，在这里，我接触到了主持人的浓浓的教育情怀，感受到了小学科学教学的美妙和乐趣。

殷花自述：感恩有你，一路同行

时间在忙碌有序的工作中悄然而过，一次偶然的机会，我有幸加入“程斌小学科学名师工作室”。回顾在名师工作室的学习经历，使我感受到这个团队带给我的成长与收获。在这三年中，工作室的所有同仁好学上进、乐于创新、勇于开拓的精神给予我很大的鼓励，同时使我开阔了视野、增长了见识，在汲取现代教育理念以及新的教育教学信息的同时，加深了对科学学科的认识和理解，更重要的是让我站在一个新的高度，从一个新的视角去理解和诠释科学教学。回首研修过程，既有观念上的洗礼，也有理论上的提高，既有知识上的积淀，也有教学技艺的增长。加入名师工作室，促进自身素质的提高。我在明确工作室的工作任务与成长方向后，让自己投入更多的时间进行广泛的读书和学习，坚持阅读了《小学科学教育的“探究—研讨”教学法》《中学语文点拨教学法》《且行且思——我的教育生活》《小学科学教师入门十课》等教育理论书，撰写了读书笔记和读书心得，从中获取了与时俱进的教学理念和实用的教学信息。通过对高质量文章的认真研读，我明白了课堂教学中的一些常用策略，摆脱了以前说教的教学模式，力争做到课堂教学中以探究为主，形式多样化，更加注重教学的有趣性和有效性，为我的课堂教学提供了理论支撑。三年来我除了定时的理论学习外，还参加了多种形式的教学研讨活动。在工作室的组织下，我有幸听了许多让人耳目一新的优质课，这些老师对驾驭课堂教学的能力让我大开眼界，使我深深感到自己在课堂教学中存在的不足。名师工作室为我们搭建了一个交流、学习的平台。通过彼此间听课、线上QQ群研讨等形式，加强了同仁之间的沟通，大家相互启发、相互促进、共同进步。在工作室程斌校长和其他研修老师的指导与帮助下，我于2019年和2022年成功执教了

《土壤中有什么》和《太阳系》市级公开课，取得了理想的成效。三年来，我深刻体会了科研的重要性。自制教具是小学科学教师的基本功，能更直观地将实验现象和实验结果呈现在课堂中。为此，我积极参加工作室教具资源的研发，还参加了市级课题“小学科学自制教具及其应用的实践研究”的研究，并取得了一些初步的成果。我坚持写课后反思，及时反思自己在教学中的得与失，在活动中不断磨炼自己、提高自己。我以为，在教师的众多专业品质中，最重要的是勤于实践和反思的品质。因此，我积极地强化教育理论学习，大胆地在教育中进行创新实践，勤于反思与总结。我非常感谢芜湖市程斌名师工作室这个平台，感谢所有给我启迪和帮助的专家和同仁，使我更好地对“我是谁”“我要到哪里”以及“如何去”这些关键性问题作出思考，让我有机会遇见更好的自己。我把这里作为起点，加强学习、不断探索，努力提高教育教学水平，力争成为一名优秀的小学科学教师。感恩你们，一路同行。

张晶晶自述：感恩·成长·花开心田

“人间四月芳菲尽，山寺桃花始盛开。”走在各色花海里，我们总会在不知不觉中放慢脚步，试图留住这一片片纯粹的繁花。时间从来不言不语，却总能在恰当的时机给出最美的风景。关于时间，每个人内心都有不同的解读，在物理学家眼里，时间即运动；在我的眼中，时间既是成长的标签，更是蜕变的代言。将时光轴定格在2020年4月份，我很幸运地成为芜湖市程斌名师工作室的一员，激动和感谢的心情此起彼伏。自参加工作室启动仪式后，我第一次清楚地认识到自身的不足。那一刻，“努力”和“改变”两个词成功地镌刻在我的脑海里，直至今日仍挥之不去。为了尽快缩小与同行之间的差距，我坚定地把参加教科研活动当成我职业生涯中不可缺席的盛宴。为此，备课、听课、评课、研讨、磨课、参赛早已成为近几年来的工作常态。从观摩研讨课开始，到执教被评课，再到参加各类比赛，各种曲折常伴左右，过程并非一帆风顺，这种曲线般的体验感让我逐步学会如何听公开课，也帮助我慢慢听懂专家们的评课。值得回味的是，我偶尔还会因为和点评专家有共同的看法而暗自欣喜。一路走来，我用实际行动兑现了当初的誓言，而同行们认可与鼓励的话语给足了我前行的勇气。由于仍对初中化学的教学模式存有念想，我甚至并未深入思考过科学探索活动的价值与意图，设计的教学活动多半只停留在简单的师生对话层面，更未曾考虑过教学具的使用与改进。一段时间以后，越来越多的困惑接踵而至。尴尬的师生对话、低效的实验活动、空洞的自我反思、浅薄的教学论文等，一路红灯警报扑面而来，我再一次陷入了新一轮的自卑与恐慌当中。正因为深知动手能力的欠缺，我珍惜工作室开展的小学科学教师十项基本功系列培训活动。在程斌校长和周阳老师的带领下，我开始跟着工作室的同事们共同学习基本的教具制作方法。从第一次参加安徽省教具制作比赛开始，我坚信已经勇敢迈出了自我改变的一大步。手脑并用才能事半功倍，这是我常和学生唠叨的一句话。如今看来，把它放在自己身上一点儿也不牵强。面对年龄和认知上的差异，仅局限于“动手”的科学教师是略显单薄的。毕竟，面面俱到的课堂活动和相对严谨的科学思维之间还隔着很远的距离，这段学习上的空白需要教师用语言引导来填补，于是说课便自然而然地成了我关注的另一个问题。在这件事情上，我很感谢工作室提供的多次研讨机会，让我在短时间内听到各种不同的精彩论点。除此之外，工作室也给足了我们自我表达的时间和空间，一次次的交流碰撞出了无数的火花，成长也在不知不觉中悄然发生。事实上，每朵花都有属于自己的花期，或早或晚。在这个工作室里，我慢慢拓宽了自己的视野，于是，努力开出自己的花，热切编织着绚烂的梦想。心有热爱，奔赴山海，不管未来有多远。

叶春玉自述：精进是卓越的理由

2019年3月，我有幸成为芜湖市程斌名师工作室的研修人员。2019年4月28日，工作室开展了第一次研修活动，我见到了工作室的灵魂人物——芜湖市北塘小学的程斌校长，同时也结识了其他九位优秀的同行。时光荏苒，三年时间一晃而过，在这里，让我明白教育教学思想是习得和修炼的结果。有一种成长，叫大量阅读。工作室成立伊始，就明确了阅读的重要性，指定了必读书目：《小学科学教育的“探究—研讨”教学法》《中学语文点拨教学法》《且行且思——我的教育生活》，近两年工作室又陆续购置了《小学科学教师入门十课》《深度学习：走向核心素养》等多本书，大家认真阅读，撰写读书笔记，交流心得体会。从《小学科学教师入门十课》这本书中，我看到了精彩的课堂，教学的巧思，从优秀的科学名师的文字中领会到了科学课堂的缤纷色彩，对如何上好小学科学有了别样的认识。《且行且思——我的教育生活》，是程斌校长的个人成长史，也是一部小学科学教师的纪录片。它描述了江城芜湖一位刚刚走上工作岗位的年轻人如何一步步成长，成为业内名师，让我看到了那个时代一位普通师范生的成长路径，岁月留痕，那一串串前行的脚印，对我来说是那么清晰而富有启迪。作为一线教师，离不开学生，离不开课堂，如何上好一节课，使学生有效学习，是教师安身立命的基础。为此，工作室在每一个学期都安排了上课、听课、磨课。执教者和听课的成员共同磨课，共同成长。功夫不负有心人，工作室先后有多名成员在安徽省小学科学优质课评选大赛中获奖：2019年周维老师的《电与磁》获得了安徽省小学科学优质课大赛一等奖。2021年翁桔老师的《食物在身体里的旅行》获得安徽省小学科学优质课大赛一等奖。有一种匠心，叫苦练内功。三人行，必有我师焉！工作室作为一个大家庭，大家各展所长，共同成长！为此，工作室安排了小学科学教师的十项基本功培训，如环氧树脂标本制作、锯割、挫削、胶接、焊接、钻孔、铆接、镶嵌、热割等实践操作培训，进一步夯实了科学教师的基本功。为了成员的共同成长，工作室还和安徽师大、市教科所、省市课题组和其他兄弟工作室合作交流，开阔了我们的眼界，也学到了很多新知识。特别是在市课题组负责人周阳副校长的指导下，在小学科学教学具制作方面获益良多。在省市级教育主管部门举办的教具制作大赛中，工作室多人次获得省市级大奖。作品《彩虹成因及影子变化规律演示器》获得省二等奖，我作为作者之一倍感自豪。虽然我不奢望成为程斌老师这样的业内名师，但是我会不忘初心，将继续向专家前辈们学习，和同行们交流合作，在小学科学教学实践中增进自己的专教学教研能力。

张智磊自述：从懵懂走向自我实现的幸福

2020年初，刚入职不久的我在周阳副校长的推荐下加入了“芜湖市程斌名师工作室”。回顾三年来在名师工作室的学习，感受到这个集体带给我的欢乐与收获。这份收获得益于名师的指引，工作室成员好学上进、乐于创新、勇于开拓的精神。成长是一个过程，也是一份快乐。三年来，我积极参与“小学科学自制教具及其应用的实践研究”课题研究，在研究中参与了课例展示、自制教具、论文撰写等一系列活动。在参与过程中，我深感自己与其他老师的差距，仍需继续学习。三年来，我认真完成工作室分配的工作任务，收集并整理相关材料，这让我在活动之余，温故而知新，锻炼了自己。当然，我在整理资料和编辑文案方面还要多学习，在语言组织和内容编排上可以更加优化。三年来，我学而后知不足。在这里，我第一次接触到“新课标”是何物，了解到许多关于“新课标”与自制教具的相关内容，老师们上课也都以“新课标”为依据，根据核心素养确定具体的教学目标，注重把理论知识应用到实际生活中，在为老师们的优秀课例喝彩之时，也深感自己在日常教学中可以多研读“课程标准”，发现更多生活中可以利用的教学资源，从而提升自己的教学水平。从一棵树的挺拔到一片林的舞蹈，在大家的帮助与鼓励之下，我也小有收获：2021年、2023年小学科学优质课评比活动中获得芜湖市一等奖、镜湖区一等奖；2021年、2023年全省中小学优秀自制教具展评活动中，获得安徽省二等奖、芜湖市二等奖；2022年安徽省实验教学说课评选中，获得芜湖市二等奖、镜湖区一等奖。三年的研修虽已结束，但是学习和研究永不停驻。破茧成蝶，心中有爱，教育何处不春天？经历一场场春雨的浸润，我这棵初苗已蠢蠢欲动，拔节生长。今后我将蹲下身子和孩子一起探究科学，带着芜湖市程斌名师工作室勤学好问的精神，不断学习，丰富自我，提高研究能力，提升专业素养，在小学科学教育教学的道路上坚定自信，心怀梦想，素履以往。

第三节　研修故事

教育写作，是一种纯粹而又理性的教育情怀。我们用新闻报道的视角记录我们的研修足迹，讲好芜湖市程斌名师工作室自己的成长故事。这既是微观自己，审视当下，也让读者看到了工作室的过往与未来。

第一期学员的研修故事：潜心研修促成长

万事开头难，人勤春来早

2015年4月28日下午，芜湖市程斌名师工作室筹备工作会议在大官山小学顺利召开。名师工作室主持人程斌校长和来自芜湖市各区（县）的工作室研修人员及镜湖区小学科学教研员高茂干老师参加了会议。会议主要就程斌名师工作室的启动仪式、工作室研修规划和本年度的研修工作计划进行了充分的协商和研讨。此外，程斌还带领研修团队成员学习了《芜湖市名师工作室管理办法》及相关要求，公布了工作室研修的管理考核方案。他对研修人员提出了两点殷切期望：一是要扎实而主动地完成自己的研修任务；二是要积极富有创造性地参加工作室的研修活动。学员们纷纷表示要珍惜这次宝贵的三年研修机会，拓宽视野，互助共进，努力将芜湖市程斌名师工作室建设成为一个追求专业品质和精神成长的地方。

扬帆起航，快乐出发

2015年5月19日下午，芜湖市程斌名师工作室在芜湖市大官山小学如期启动。启动仪式邀请了安徽师范大学教育科学学院院长葛明贵、安徽师范大学环境科学与工程学院院长周守标、安徽师范大学化学与材料科学院副教授孙影、芜湖市教育科学研究所科学教研员肖玲、芜湖市教育科学研究所教研员孔立新、芜湖市镜湖区教研室主任沈清以及各区（县）教研室的教研员、芜湖市小学科学教研大组的正副组长、芜湖市从事一线小学科学教学的资深教师共30人参加。中学语文教育改革专家，中学语文点拨教学法创始人，芜湖一中原副校长蔡澄清先生由于已81岁高龄，虽没有亲自到校，但仍坚持担任本工作室的支持专家，并委托赠书，推动“适时点拨”教学思想在小学科学课堂“探究”教学中生根、发芽。芜湖市南瑞实验学校杜文明老师主持会议并介绍莅临会议的专家和嘉宾，举行了简短的芜湖市程斌名师工作室启动仪式。全体与会人员饶有兴趣地观摩了工作室研修老师李震的一节“点拨—探究”教学现场展示课——《食物在人体中的旅行》。课后，专家、嘉宾及研修成员在大官山小学教学楼前合影留念。稍事休息之后，大家来到学校行政楼的三楼开始了精彩纷呈的学术沙龙研讨活动。工作室主持人对工作室的目标定位、研修架构、研修文化进行了阐释，并结合李震老师的课堂现场进行了点评。工作室的研修老师分别从课堂观察评价、教师的“点拨—探究”、教学具的准备、活动的安排等各自研究的视角对观摩课进行了观点的分享。沙龙活动中，程斌为工作室的每位研修老师赠送了三本书，分别是蔡澄清先生著的《中学语文点拨教学法》、美国兰本达等著的《小学科学教育的“探究—研讨”教学法》和程斌著的《且行且思——我的教育生活》，希望每位参修教师都能明白：工作室研究方向是什么？提出的“点拨—探究”教学理论根源和实践基础在哪儿？我们为什么要专注于基于“点拨—探究”为核心的小学科学课堂教学研究？这三本书也是芜湖市程斌名师工作室基础阅读中的必读书。为了表达对各位专家和协作嘉宾的感谢，主持人还以工作室的名义给“专家支持团队”的专家和“研修协作团队”的嘉宾颁发了聘书，希望能够一如既往地得到专家与嘉宾的指导与支持，借助芜湖市程斌名师工作室这个平台，为小学科学教学的研究增加交流的机会，更好地推进芜湖市小学科学教学的发展。工作室将致力于团队合作，透视小学科学课堂，构建基于“点拨—探究”为核心的方法与策略，为芜湖市小学科学教师的发展提供专业支持和服务。与会专家和嘉宾们也对工作室的核心架构、工作思路、工作内容等进行了深入的探讨和悉心的指导。大家一致认为，芜湖市程斌名师工作室要用“调查研究”说明事实，用“个案研究”分析典型，用“观察研究”探究真相，用“经验总结”提炼工作。倡导每一个研修员坚持用“日志”积累有意义的教育生活，用“叙事”讲述身边的教育故事，用真实的文字记录工作室成长与研究的历程，不断生成有价值的小学科学教师研修资源，为培养更多有一定专业品质、较高专业技能和敬业精神的小学科学教师助力。大家共同祝愿工作室的每位研修成员能在主持人的带领下将“点拨”归于教师、“探究”还给学生，把“概念”包裹起来，带着学生在收获的旅程中，实现师生的共同成长。下午六点，历时三个小时的芜湖市程斌名师工作室启动仪式和学术沙龙活动终于在轻松愉快的气氛中落下了帷幕。沐浴在初夏的晚霞中，工作室研修人员心中荡漾的是一种精神的充盈。

文化浸润，运筹于始

2015年10月10日上午，芜湖市程斌名师工作室全体研修人员应邀参加了由市委宣传部、市教育局主办，市文化委、市文联等多家单位承办的“送文化情暖园丁”活动。慰问演出活动在芜湖师范学校露天体育场举行。当天虽艳阳高照，可十月的天气已渐有寒意，百余名文化艺术工作者带着温暖与祝福，为现场来自全市的五百位园丁送去了一份精美的文化综合盛宴。会后，工作室全体成员带着这份浓浓的暖意，又齐聚芜湖师范学校六楼小会议室，对新学年名师工作室研修工作进行再部署。活动由工作室主持人程斌召集并主持，就全学年的研修活动进行了热烈的讨论。活动中，程斌对所有成员提出了具体的要求，并集体商讨了学年活动的具体时间和内容。全年度，工作室将开展一系列公开研讨课、工作室中期资料汇总、外出研究学习、专著初稿整理、学员工作调研、主题专项培训等活动。会议就各类活动开展的时间节点也做了意向性的说明，为学员的全年度学习做到了“量身定制”。全体学员也表示，能够在芜湖市程斌名师工作室进行研究性学习，既是一种荣誉，又是一种使命。简短有效的活动，彰显了芜湖市程斌名师工作室“文化浸润运筹于始”的工作思想，为全学年的研究活动开了一个好头。

从概念调查入手，优化小学科学课堂

2015 年 10 月 15 日，芜湖市程斌名师工作室在芜湖市王家巷小学开展了专题研修。研修主题是“探查在相同教学内容，不同的教学过程影响下，学生概念形成是否有差别”，试图通过实实在在的概念探查，促进小学科学课堂教学的优化。整个研修活动围绕学员彭秀芳的研究课展开，课前整个工作室的研修人员进行了深入的探讨和思考。大家设计了调查问卷，对学生学前学后的概念形成进行探查。大家利用摄像机和照相机来记录教学过程，再现教学过程。彭老师按照事先设计两个不同的教学思路对同一教学内容进行施教，然后大家根据两个样本班级的问卷数据来进行分析，为优化教学过程提供重要的参考。新颖有趣的研修内容和形式也吸引了全市各区县的科学老师蜂拥而至，起到了很好的示范辐射效果。

关注幼小衔接，感受幼儿探究

幼儿进入小学后直到三年级才接触到科学学科的学习，这期间怎样填补其中的空白？做好幼儿园与小学科学学科之间的衔接工作势在必行。2015 年 12 月 22 日上午，芜湖市程斌名师工作室的全体成员在

程斌校长的带领下，共同参加了在育红幼儿园举办的“镜湖区科学学科幼小衔接课堂教学研讨活动”。活动第一环节，由实验幼儿园的陈璐老师和建设路小学的邓金莉校长分别从各自的角度执教了《探秘磁悬浮》和《有趣的磁铁》两节课，不同的思维方式在与学生的交流中碰撞出不同的火花，课堂上笑声不断、惊喜连连。在第二环节的执教教师反思中，两位老师都对自己的教学思路等进行了阐述，也对遇到的问题提出自己的想法。特别是邓金莉校长，作为小学教师初次执教幼儿园小朋友，遇到了很多从未经历过的问题，她就此和幼儿教师们进行了真挚而深入的探讨。在第三环节的自主交流中，程斌校长就小学科学教学和幼儿园的科学教学谈了自己的一些见解，认为，二者既不同也相同。不同点在于，幼儿的科学更多的是一种参与，小朋友在参与的过程中获得情感的体验，小学的科学更多关注的是学生概念的发展；相同点在于，二者都关注孩子的心理需求，要求在活动的设计和材料的准备上，一定要符合孩子们探究的年龄特点，要以学生的全面成长为教学目的。活动中，幼儿的天马行空给工作室成员们极大的触动，也引发了我们的广泛思考“为什么这种天马行空在幼儿进入小学后会慢慢消失”，对“如何蹲下身子和孩子们交流”我们也有了更多感悟。

让活动继续，让精彩继续

团队协作，幼小联动，一起设计执教一节适合幼儿的科学课，这是2016年春天，我们对科学教学幼小衔接的再次试水。我们联合芜湖市陈东菊名园长工作室开展幼小衔接科学领域专题研讨活动，试图近距离观察了解幼儿园教师与小学教师在科学教学形态方面有何差异？教学内容与教学理念上有何不同？幼儿教师与小学教师能否在幼小衔接阶段，在科学课程的设计、活动形式的呈现、探究材料的选择、探究环境的创设上，能考虑幼儿身心发展的特质，提供相互观摩、协调与沟通的机会。我们的提议一拍即合，得到了两个工作室的热烈响应。全体研修人员从教学内容到教学方法，从教学准备到学情预测，都进行了深入细致的研究。针对幼儿园孩子与小学生在生理和心理发展上的差异，努力降低教学难度，在内容选择与教学设计上均考虑到每位幼儿在现有发展水平上的适宜发展。大家集思广益，创编了《种桔子》一课。正式活动通过两个半天完成。2016年3月30日下午，我们在北塘小学南四楼录播室进行了“设计一节适合幼儿的科学课”试水教学和室内诊断研讨，达成基本共识：主张整节课应结合学习区角理念与多元智力理论进行班级环境的创设，依照儿童的特质从事分组教学，参加学习的幼儿以15人为宜，并对教学流程进行了精准的规划。2016年3月31日上午，芜湖市程斌名师工作室联合陈东菊名园长工作室，在芜湖市环城南路幼儿园开展科学领域幼小衔接专题研讨活动，有三十多名小学科学教师和三十多名幼儿园老师参加了此次活动。沐浴在春天特有的春光澹宕、花香氤氲之中，参加研讨活动的老师们饶有兴趣地观摩了2节展示课。她们分别是芜湖市沿河小区幼儿园严薇老师执教的幼儿园大班科学领域自编教材《隐形保护盾》和王家巷小学彭秀芳老师执教的幼儿园大班科学领域自编教材《种桔子》。两节观摩课结束以后，执教教师进行了说课和课后反思，两个工作室的研修教师对这两节课的设计思路、教学流程和学情反馈进行了深度的研讨，应邀参加活动的听课教师也畅谈了自己的观课感受，对幼儿在科学探究中表现的质朴和纯真不时发出会心的微笑。针对执教老师课堂生成的问题和听课教师提出的疑惑，两位工作室的主持人逐一进行了观点分享，并就幼儿在科学领域探究的内容和形式以及材料准备进行了分析和阐述，提出了“生活化”“游戏化”和“幼儿的可接受性”是今后共同研究关注的重点。特约嘉宾芜湖市小学科学教研员肖玲、芜湖市幼教教研员戴炜、镜湖区小学科学教研员高茂干进行了专业的点评，他们幽默风趣的话语和直面问题的求真精神，也深深地感染着每一位参与的教师。科学领域幼小衔接需要衔接什么？是一个具有连续性又具有阶段性的问题，对儿童的可持续发展和科学素养的形成具有重大意义，对儿童能否实现从幼儿园到小学的顺利过渡有重要影响。幼儿园科学活动和小学科学教育有诸多差异，目前科学领域幼小衔接的状况也是众说纷纭，仁者见仁、智者见智，喜忧参半。幼儿园和小学应共同承担幼小衔接的责任，共同实现幼小科学领域的无缝对接。专题研讨之后，程斌名师工作室和陈东菊名园长工作室达成了“科学领域幼小衔接共同研究备忘录”，芜湖教育电视台“教育360”栏目对此次活动也进行了跟踪报道。。

观察研究小学科学课堂不同的样态是幸福的

2016年4月7日上午，芜湖市小学科学骨干教师示范课暨芜湖市程斌名师工作室“点拨—探究”课堂教学研讨活动在芜湖市镜湖区荆山小学举行。本次活动采取“同课异构”的方式，由赵桥中心学校王兵和芜湖市镜湖区狮子山小学赵永强两位教师分别执教同一课题，内容选自五年级下册“热”单元《液体的热胀冷缩》一课。教学中，两位老师都非常注意对学生已有知识的探查，并以此为基础确定自己的教学脉络：赵老师的课顺应学生思维发展的特点，始终以“我要怎么做”和“为什么这样做”为抓手，层层递进、自然展开，通过细润无声地点拨，让学生的科学概念得以建构，最后的“简易温度计制作”则将课堂所学延伸至课后，成功拓展了学生的学习，整节课始终指向对学生如何更清晰地观察液体热胀冷缩的实验修正；而王老师在课的一开始，就从学生熟悉的温度计入手，通过对温度计液柱的变化分析，逆向推理、引出学生对“热胀冷缩”这一概念的前期认识，通过对“水的热胀冷缩”现象研究将这一概念清晰化，通过“其他液体的热胀冷缩”现象研究强化这一概念，进而使其科学化，整节课关注的重点始终是对液体热胀冷缩现象的收集和整理。你之终点、我之起点，两位老师不经意间在“同课异构”的研究中实现教学理念的“圆满”，也在呈现形式上实现了教学设计的“一元复始、循环往复”，通过思维的碰撞，殊途同归地实现了预设的教学目标。荆山小学的小学科学课堂是灵动的，执教老师执教理念更值得与会者细细咀嚼，一上午的观摩研讨在指针指向12点时，不得不落下帷幕，但小学科学教学理念的多元化引发教学思想、教学策略的研讨还在继续。作为芜湖市小学科学学科首次的网上教研，本次活动的现场视频将被上传到芜湖市智慧教育云平台，在全市科学教师中进行更大范围的研讨，由此溅起的涟漪还将持续扩展、激荡。“国培计划”安徽师大小学科学国培班的全体学员也参加了此次观摩研讨活动。

读书丰厚底蕴，交流启迪智慧

2016年4月21日上午，芜湖市程斌名师工作室全体成员相约北塘小学二楼会议室，开展了热烈而又高效的读书交流展示活动，并就近期工作室的重点工作做了相关部署。活动中，工作室成员在主持人程斌校长的带领下，交流、汇报了近期阅读的《小学科学教育的“探究—研讨”教学法》《中学语文点拨教学法》等几本书之后的心得体会。大家结合自己的教学及学习实践，畅谈了由阅读而产生的对遵循儿童身心特点和教育规律开展的“探究法”与“点拨法”的思考与认知，以及就近期拟起草的工作室专辑《幸福阅读——分享精神的成长》建言献策。研讨中，主持人程斌校长鼓励大家要坚持不懈地开展阅读学习及交流活动，努力将阅读中真实的感受及时记录下来，不断提升理论水平。程斌强调并指出：各研修成员需进一步强化工作室及个人的三年研修规划、研修目标，加大工作推进力度，确保研修任务顺利按计划开展。同时，工作室成员需考虑并着手开展各类研修资料的梳理、归类及全面整理，以形成有价值的文献。另外，从工作室发展的长远规划，要谋划推出有特色的精品优质课，并与发达地区小学科学教科研团队对接，以提升本工作室的综合实力。这次活动的开展，老师们感觉收获颇丰，纷纷表示要把交流活动中的经验分享与自己实际工作结合起来，让读书成为一种习惯，在读书中提升自我，不断改进自己的教育教学状态，做一名幸福的读书人。

2016年6月16日上午，“教育新世纪”两岸基础教育创新论坛在利民路小学开幕。本次论坛由弋江区教育局与安徽省教师教育协同创新中心联合举办，邀请了台湾高雄三所小学校长和教师共10人代表团，来弋江区举办为期两天共四个场次的论坛活动。此次交流活动先后在利民路小学、延安小学、马塘小学举行了两岸小学校长高端论坛、两岸小学班级管理专题研讨会、两岸小学语文、科学教学专题研讨会、两岸小学美术教学专题研讨会。芜湖市程斌名师工作室成员应邀参加了这次活动，与参会的老师一起，就《昼夜交替现象》和《杠杆》一课展开了深入的讨论与交流。两岸教师共话小学科学教育，这是工作室教师们的一件幸事，也是全市小学科学教师的一件乐事。大家在愉快的氛围中，共商小学科学教学，这也成为芜湖小学科学教育历史上难忘的记忆。

研修静好，厚积薄发

2016年9月14日下午，冒着暑热，芜湖市程斌名师工作室成员在北塘小学集结，再次开展研修。程斌带领大家回顾了上一学年的研修情况，展望了新学年的研修任务。程斌反复强调，研修学习是一项漫长而艰辛的过程，需要学员们静心踏实地去逐项完成；研修成果虽丰硕诱人，但需要学员们辛勤汗水的浇灌。在上一学年里，工作室参研人员完成了公开教学5次，集体阅读研修书两本，撰写读书心得10余篇，参与各级各类学科竞赛8人次，获得各级各类奖项10余次，成绩可圈可点。学员们纷纷表示，将积极参加活动，认真完成研修任务。新学年也意味着重新出发，走进课堂，让“点拨—探究”之花在小学科学的百花园中盛开绽放。

混合式研修是面对面研修和在线研修的结合，它是混合学习模式在工作室研修和教师培训中的应用。2016年9月22日上午，芜湖市程斌名师工作室一行来到南瑞实验学校网络教室，开展了一场小学科学“点拨—探究”教学线上线下混合式研修活动。活动分为三个环节进行。首先工作室全体成员通过网络视频集中观摩学习了由国家教育资源公共服务平台发布的国家级优质课《植物的叶》。通过在线观看，尝试与芜湖市小学科学教师共同进行网络研修，工作室全体成员在芜湖市教育科研网程斌名师工作室和“芜湖智慧云”平台同步发布了各自的评课意见并进行了互动交流。在网络对话互动中，充盈着同行们对小学科学课堂的深度探究，弥漫着对课堂教学本质的追问。近2个小时的网络研修之后，研修活动转入线下。工作室主持人重点查验了上一学年学员研修成果上传研修平台存档情况。大家共同研究了研修资料的收集与上传要求及工作分工，程斌鼓励大家要进一步加强各类资料的分类整理，群策群力充实研修资料，尽快扎实有效地完成第一阶段的工作目标和任务。与此同时，全体成员还讨论了近期将在凤鸣实验小学开展“同课异构”的相关事宜，确定了执教者钱芳、杨正安两位教师执教，课题是四年级上册《溶解》单元第二课《物质在水中是怎样溶解的》，规定了教学设计上交时间和集体试教时间。混合式研修活动是工作室对基于网络平台研修的一次大胆尝试，依托全市小学科学教研大组大范围辐射，取得了较好的效果，得到了全市小学科学教师的认可和点赞。混合式研修活动，为网络教研提供了可能，也为小学科学教学研究提供了新的路径。

立足“核心素养”，磨课“点拨—探究”

2016年10月8日上午，芜湖市程斌名师工作室的老师们在芜湖市鸠江区凤鸣实验小学开展了一次以“点拨—探究”为核心的磨课研讨活动。活动中，杨正安和钱芳两位老师以“同课异构”的方式执教了《物质在水中是怎样溶解的》一课。两位老师的年龄、性别不同，执教理念上各具特色，在教学中碰撞出精彩的火花：钱芳老师在承接前一节课的知识基础上，引入本节课观察的重点物质——高锰酸钾，引导学生观察、描述高锰酸钾在水中的变化过程，并与食盐、沙子、面粉进行比较，通过研究性点拨和迁移性点拨，帮助学生构建“溶解是指物质均匀、稳定地分散在水中，且不能用过滤或沉降的方法分离出来”这一科学概念，较好地完成了本节课的教学任务。不管是教学环节的设计还是细节的处理，这节课都体现了女性细腻、温婉的特点。整堂课的教学朴实稳健、顺畅合理，展现了教师扎实的基本功。杨正安老师的课则独辟蹊径：从生活中常见的糖水入手展开教学，通过用舌头尝的方式观察未曾搅拌过的糖水中不同层段甜味不同，引导学生猜想糖在水中的分布。接着引入“可以看见的高锰酸钾”，通过眼睛看高锰酸钾在水中的溶解过程，再次观察物质在水中溶解时会发生怎样的变化；味觉与视觉的共同参与，让学生多角度、多层次地认识物质在水中是怎样溶解的，巧妙地实现了本课的教学目标，体现了教师着眼大局、善于把控的教学特点。由于两位教师对教材都进行了较为深入的研究，教学中又都希望能将自己对“点拨—探究”教学的认识贯穿到教学中，更好地实现教学“初心”。两节课时间上都稍显紧张，不过瑕不掩瑜，这是两节值得品味和学习的好课，让本次的研讨活动言而有物、品而有味、学而有得！

这是对小学科学“点拨—探究”课堂的又一次超越

2016年10月13日上午，芜湖市程斌名师工作室的杨正安和钱芳在芜湖市鸠江区凤鸣实验小学开展了一次以“点拨—探究”为核心的全市公开课研讨活动。两位老师继续秉承小学科学“点拨—探究”的教学理念，以“同课异构”的方式，执教了《物质在水中是怎样溶解的》一课。两位老师在课堂上努力为学生搭建自主探究的平台，老师通过对疑难处的点拨，使学生在探究上变得轻松，继而使探究得以深入。杨正安老师用图表搭桥，借助有结构的材料引路，在润物无声中让学生探究的思路清晰，主题明确，教学环环相扣。这种教学流程对于学生知识体系的构建提供了支撑，方法独特。当杨老师有条不紊地在孩子与探究材料中灵活穿行时，教学目标也在不知不觉中得以实现。钱芳老师以魔术开场，极大地调动了学生的好奇心，同时也引出了本节课重点观察的物质——高锰酸钾，可谓一箭双雕，一石激起千层浪。整节课始终围绕“溶解”的概念，引导学生观察、描述高锰酸钾在水中的变化过程，并与食盐、沙子、面粉进行比较，通过研究性点拨和迁移性点拨，帮助学生构建“溶解是指物质均匀、稳定地分散在水中，且不能用过滤或沉降的方法分离出来”这一科学概念。孩子们沉浸在探究的快乐之中，通过发现问题、提出假设、设计实验、自主探究、分享交流，初步总结出了物质在水中是怎样溶解的。两位老师在课前做了精心的准备，对教材都进行了较为深入的研究，教学中体现了自己对“点拨—探究”教学的理解，并将“点拨—探究”思想贯穿于教学的始终，更好地实现教学“初心”。每当“欣于所遇，暂得于己”的时候，便会感到“快然自足”，所以，观摩之后的议课说课是水到渠成的事情。大家畅所欲言，各抒己见。讨论交流中，程斌着重解读了这两节课是如何落实“点拨—探究”的，以及课堂教学实施“点拨—探究”的一些基本策略。芜湖市小学科学教研员肖老师则从单元框架中强调教学的有效性及课堂探究的持续性。通过听课、议课、研课，大家受益匪浅，一致认为这是一次值得细细品味的研修活动，小学科学深度课改，我们还在路上。

冬雨无阻研学路，“点拨—探究”乡村行

2016年11月10日上午，冬雨绵绵。芜湖市程斌名师工作室一行10人，冒着初冬的严寒，驱车前往赵桥中心学校，开展“点拨—探究”乡村行活动。活动主题是由芜湖市程斌名师工作室成员赵桥中心学校王兵老师展示研讨一节科技活动课——《玩转“空气火箭”》，这是五年级上册第四单元第3课《像火箭那样驱动小车》的延伸和扩展。两节课的内容，一节课完成，是一个大胆的尝试。活动前一天，所有工作室研修人员通过QQ群，从核心议题“点拨—探究”的角度对活动进行了多维度的分析，提出了一些中肯的意见。正式活动从上午开始，激趣导入，探问原理、制作火箭、发射火箭、分享心得，原汁原味，浑然天成，在不知不觉中师生互动了近一个小时。学生在活动中感受到科学学习的快乐，与会教师也在活动中体验了科学探究的实施过程。不一样的视角，同样精彩。授课活动结束以后，老师们进行了深入的讨论，大家畅所欲言，各抒己见。活动指导者王兵老师对活动进行了深度反思。名师工作室主持人程斌对活动的背景进行了说明，他认为“点拨—探究”乡村行应倡导学科学、玩科学、秀科学，以玩具实验为载体，让科学探究在乡村校园流行起来。倡导三个结合：科学性和趣味性相结合，生活性和实验性相结合，可接受性和引领性相结合。坚持“拜自然为师，为儿童开蒙，架‘点拨—探究’桥梁，为科学星火燎原”的信条，扎实推进乡村科学启蒙教育的稳步发展。芜湖市小学

科学教研员肖玲老师、芜湖县（今湾沚区）小学科学教研员施益鸿老师、安徽师大孙影老师分别从不同的角度阐述了自己的观点，整个讨论过程理论有高度、剖析有深度、点评有力度、感情有温度。三个多小时的教研活动，也让我们领略到了小学科学教研活动的热情、真诚和务实。当我们依依不舍地走出赵桥中心学校的科学实验室，不知何时，初来时的冬雨绵绵，也在不经意间变成了初冬里的一轮暖阳，让我们的心中充满了暖意。这次研修活动第一次尝试在芜湖教研论坛进行了全程图文直播。工作室还将加大与其他地域共享联动的力度，让现代教育技术助力小学科学教学研修。另外，从本次活动开始，工作室将正式邀请安徽师大化材学院孙影副教授及其研究团队加盟参与，扩大研修队伍，提升工作室的研修质量，并探索一条高校与小学一线教学深度融合，立足小学科学课堂对在校研究生进行联合培养的可行路径。

快乐研修，共同成长

新春伊始，万象更新，科学教学又添新景！在2017年的年味还没有完全散尽的时候，芜湖市程斌名师工作室的老师们就聚集在北塘小学开始了新学期的第一次研修活动。这次活动由程斌校长主持，主要就工作室研修存在的问题和新学期研修的重点、主要任务进行全面梳理或部署。程校长首先对上学期工作室研修工作进行了回顾和点评，对拟编辑的《工作室一年研修成果集》的总体框架、编辑要求进行了解读。随后工作室成员就已经收集完成的研修成果情况进行汇报。通过研讨交流，与会人员进一步明确了专辑的编写体例、内容，对完成的时间节点达成了共识。在此基础上，主持人强调成果专辑将在下周完成前期工作，尽快付梓，要求所有研修人员抓紧最后时间修改完善，确保研修成果的质量。为了扩展芜湖市程斌名师工作室的研修深度和广度，不断摸索三年研修规划中提出的“1+N”混合式团队合作研修路径，从本学期开始，本工作室正式与“杨正安名师工作室”开展联合研修。在此次活动中，两位工作室的主持人就人员调整、内容界定、时间安排等相关内容进行了充分的协商，并确定2月22日召开两个工作室全体成员的研修会，全面落实联合研修工作。根据研修计划，本学期工作室希望能够打造一个品牌项目，以实现“亮品牌、推理念”的目的。这次的项目依托目前的教材，以当前的“STEM”课程为承载，融入“点拨—探究”的思想，初步拟定的活动内容为教科版小学科学六年级下册《分类和回收利用》，由主持人策划，李震老师负责具体设计，其他老师辅助，力争体现研修团队的特色。不知不觉，已近中午。研修人员沐浴在春的气息中，满眼是春意，是对小学科学课堂教学重构的憧憬，本次以“快乐研修共同成长”为主题的研修活动也落下了帷幕。

携手共进，提升素养

2017年2月22日下午，芜湖市程斌名师工作室和鸠江区小学科学杨正安名师工作室在凤鸣实验小学开展联合研修活动，两个工作室14名老师参加了本次研修活动，由程斌和杨正安两位工作室主持人共同主持。在联合研修之前，鸠江区杨正安工作室先主持召开了新学期第一次工作会议。杨正安老师总结了上个学期工作室的研修情况，汇报了取得的成果和存在的问题，并对工作室的人员进行了调整，和新的研修成员签订了《鸠江区杨正安名师工作室责任书》。杨老师鼓励工作室的新老研修成员借助工作室的平台，积极研修，利用现有的资源，提高业务水平，快速成长，为学校和区小学科学教学发挥力量。接着两个工作室开展了联合研修相关事宜的研讨，此环节由程斌校长主持。程校长先介绍了我市两个科学工作室联合研修的重要性，通报了程斌名师工作室的研修工作情况及新学期的工作计划。接着重点向全体研修成员介绍了什么是

STEM课程，即科学（Science）、技术（Technology）、工程（Engineering）、数学（Mathematics）教育4门学科的英文首字母缩写，偏重于理工科领域，强调多学科交叉融合。本学期两个工作室着力研究STEM课程《分类和回收利用》。程校长还对两个工作室的联合研修提出了具体的要求，并寄予殷切的期望。本学期两个工作室将以课堂教学为重点，以“点拨—探究”为核心思想，联合开展三大行动：“点拨—探究大讲堂”“点拨—探究精品课”和“点拨—探究乡村行”；形成三项成果：研修之星的评选、学年成果集（文本类）、科学精品课（视频类）；争取以省级课题研究为抓手，携手共进，提升素养。

暖风晴雨初破冻，课例研修正逢时

2017年3月30日，暖风晴雨初破冻，正是春水初生的时节，芜湖市程斌名师工作室在芜湖市北塘小学开展了小学科学STEM课例研讨活动，真可谓课例研修正逢时。STEM课程是近年来比较受关注的课程模式，2017年2月教育部印发的《义务教育小学科学课程标准》中，有关学科关联建议倡导跨学科学习方式，第一次明确提出科学教师可以尝试将STEM运用于自己的教学实践。这也被业内解读为中国版STEM教育。但是由于实验室设备缺乏、师资缺乏、评价体系难确定等原因，STEM教育在学科落地难度很大。正是基于这样的困惑，工作室全体研修人员在主持人的带领下，对STEM是什么进行了比较详细的学习。STEM在众多孤立的学科中建立一个新的桥梁，为学生提供整体认识世界的机会，通过把这四个领域内学科知识和技能的教与学整合到教学中，使学生学习的零碎知识变成一个互相联系统一的整体，以消除传统教学中各学科知识割裂、不利于学生综合解决实际问题的障碍，是一种跨学科的学习方法。结合前期的学习，程斌校长提出基于STEM理念的小学科学教学，落脚点在技术与工程，科学探究向STEM的转变，根据问题和任务的不同出发点，融入工程与技术，依据其内在的科学原理，科学探究问题可以转化为STEM问题，同时体现“做中学”的理念。经过一个多小时的集中理论学习和梳理之后，全体研修人员针对STEM课例展开了深入的研讨。工作室研修人员李震老师对

STEM课例进行了精心研学，对曾经关注的STEM课例片段“丝绸之路”和“建高塔”进行了描述，详细地说明了选择六年级下册《分类和回收利用》作为STEM课例设计的原因，呈现了基于STEM理念的教学内容和基本流程。会议确定了基于STEM理念的《分类和回收利用》课堂教学将有3名教师（李震、彭秀芳、曹小谋）联合执教，工作室其他成员紧密配合。大家针对李震老师提出的教学内容和基本流程展开深入交流，对STEM课例设计中产生疑虑和分歧进行了沟通，并初步达成共识。大家还着重对前期调查表格的制定、调查数据的采集方式及汇总等，各抒己见，既要体现出STEM课例的典型性，又要结合当前的学校实际可操作。通过研讨，全体研修人员进一步明确了目前工作的流程：调查表设计—教学设计定稿—教学分工—试教；基于STEM理念的课例基本教学流程：调查过程重现—数据汇总—数据分析—基于数据的小区垃圾中心规划与设计—小组学习成果的展示与评价等。按照惯例，程斌校长对整个研讨活动进行了总结与点评，鼓励大家要集思广益，齐心协力地去完成本次课例的设计和展示，确保在规定的时间内能呈现出一个基于STEM理念的小学科学课堂，尝试实现基于STEM理念升级原教材。这次活动既是芜湖市程斌名师工作室对STEM理念的一次学习研讨，更是工作室同仁对STEM课程理念的一次破冰行动之旅，大家受益匪浅，感触良多。众人拾柴火焰高，在这个春暖花开的季节，大家沐浴在STEM理念的春风中，学习、研讨、反思、实践、提升，大家一路相伴，幸福前行。芜湖市鸠江区杨正安名师工作室的研修人员也参与了本次STEM课例研讨活动。

问题解决，快乐研修

2017年4月6日上午，虽春雨淅淅，但在芜湖市镜湖区北塘小学开展了一场颇为应景的研修活动，“基于问题解决的小学科学一平方米绿色生态种植活动”专家讲座如期举行，市、区、县近百名专兼职教师参加了研修活动。安徽师范大学生命科学院、植物学专业硕士生导师肖家欣，就“基于问题解决的小学科学一平方米绿色生态种植活动”进行了深度解读。肖老师针对“基于问题解决的小学科学一平方米绿色生态种植活动”中出现的主要问题进行了分析，并提出：要从生活中提出问题，查阅文献资料，提出假设，且选题要有明确的科学问题、有创新亮点；活动方案的设计要规范，要有对照原则、等量性原则、平等重复原则等；结果展示要有数据统计，包括列表或图，要分析和讨论，然后得出结论；展示了“香菜种子结构对其植株生长的影响研究”“有机肥和化肥对豇豆生长的影响”“沙土土壤和黏性土壤对凤仙花生长的影响”“提高皱叶狗尾草种子萌发率的方法探究”四个案例，很有针对性和启发意义。肖教授还对小学生论文（报告）的格式，相关种植安全等问题，进行了深入浅出的讲解。时光飞逝，经过一个多小时的系统学习，每位研修老师都受益匪浅，也迫不及待拿出各自不同的问题和肖教授交流：“土壤如何检测？”“成活率、产量、株高、花朵数/株等如何统计更科学？”“学生通过哪些方面能达到科学实验研究的目的？”……肖家欣教授均一一耐心回答并提出建议，同时留下联系方式，以便教师在实际种植时能及时咨询与交流。活动临近结束，芜湖市教研室小学科学教研员肖玲老师，对本次专题研讨活动进行了总结，进一步强调今年的一平方米绿色生态种植活动，侧重于学生科学素养的培养，选题是关键，教师要指导学生能提出一个科学的问题，这样将会为后面的方案、结论，打下坚实的基础。来源于学生的实践的问题，更能体现出活动的价值。专题研讨活动之后，还组织了所有研训教师参观了北塘小学崇德百草园，肖家欣教授也莅临指导，提出了诸多专业建议。

独行快，众行远

又是一年春草绿，春风十里百花香。为推进小学科学教研活动的深入开展，探索“点拨—探究”教学的有效模式，2017年4月13日，芜湖市程斌名师工作室来到科技特色学校——赵桥中心学校开展科学教研活动。这次研讨活动共有两节研讨课，分别由芜湖市程斌名师工作室成员王兵和缪明竹执教。王兵执教《化学变化伴随的现象》，为学生准备了丰富且有结构的实验材料，充分激发学生主动参与科学学习的兴趣，让学生在玩一玩中提升科学素养和探究能力。课中，王老师以观察、讨论、分组实验、演示实验等形式开展学习，学生随着老师的引导，在观察中思考，在实验中比较，在讨论中总结，课堂气氛异常活跃，学生在欢快的课堂氛围中获得了对液体性质的认识，收到了非常好的教学效果。缪明竹执教《日食和月食》，给大家展示了一节科学建模课。由于宇宙天体与人类生活时空差距大，其现象抽象繁复，一直以来都是学生和教师“双怕”的难点内容，所以各类公开课教学也很少涉猎。为了向困难挑战、真正解决教师需求，缪老师主动执教此课教学。经过反复的思考和修改完善，最终，缪老师以“创设情境、假设推理、模拟实验、描述解释、巩固拓展”等环节为主线，充分运用直观形象的模拟实验材料、多媒体课件和贴图式的板书设计，引领学生们亲历了一次模拟日食和月食成因的科学探究活动，其完美的教学设计和丰厚的教学底蕴征服了在场的每一位老师。芜湖市小学科学教研大组副组长邓金莉、邓海和名师工作室主持人程斌分别给予了精彩点评。邓海老师提出教师的演示教学对激发学生探究科学知识的重要性，程斌老师则从课堂点拨的技巧出发谈了教师如何在课堂上点重点和难点。最后芜湖县（今湾沚区）教研室科学教研员施益鸿老师做总结性发言，肯定了两位老师的辛勤付出，并从专业角度给出了三点建议，同时希望在场的教师能加强学习和交流，进行教学思想、教学观点的碰撞，同享优质教学，同领名师风采，不断激发孩子学习科学的兴趣，努力提高小学科学课堂教学质量。

深耕“点拨—探究”教学，助力“幸福课堂”建构

2017年4月20日，春光明媚，芜湖市程斌名师工作室联合杨正安名师工作室，在荆山小学开展了小学科学“点拨—探究”教学研讨活动。去荆山小学，相对市区虽路途较远，但是每一位参研教师都积极参与，提前到达研修现场。活动以两位优秀教师执教研讨课拉开序幕。第一节课由镜湖区荆山小学陈明老师执教，课题为教科版科学四年级下册第三单元食物《生的食物和熟的食物》。一走进教室，所有教师就被陈明老师精心准备的各种美食所吸引，琳琅满目，种类繁多，甚至连摆盘都是十分精美。整节课都呈现了一种愉悦的氛

围，孩子们被各种食物吸引，激发了学生的好奇心，通过食用草莓，让学生记住生食的味道，紧接着用马铃薯生熟的对比，让学生明白有的食物只能生食，有的必须熟食，以及结合加热生鸡肉的实验，更加直观地让学生理解本课的重难点，陈明老师精心选材，用烧杯加热特殊玉米粒的实验，将本课带入高潮，下课时学生意犹未尽。第二节课由鸠江区凤鸣湖小学温欣晨老师执教，课题为教科版科学四年级下册第一单元《电》之《不一样的电路连接》。温欣晨老师，是一位新入职教师，也是工作室的一名学员。她曾作为初中的物理教师，将小学科学与初中物理相互结合，完美搭配。温欣晨老师课前做了精心准备，虽然是初次与学生接触，但很快就和学生融合。整节课语言生动，指导耐心，点拨—探究环环相扣，带领学生探究电路的连接方式，通过有结构的探究实验，进行缜密的推断，让学生科学地认识自然事物之间的联系和规律。课后两位执教教师进行说课和课后反思。陈明老师述说了针对学校学生的实际，准备了不同的食材，通过不断的实验，最终确定实验的烧杯和搅拌的方式，过程是辛苦的，结果是美好的。温欣晨老师阐述自己的设计理念，对课堂流程进行了深刻的反思，并提出了很多不足。工作室的教师各抒己见，为两位教师提出了不同的建议。针对陈明老师的课，教师们都提及材料上准备得十分充足，程斌校长也指出，本课用“有结构的材料”构建课堂，体现出了“点拨—探究”的意蕴，特别是“情境创设”“思维导图”“有结构的材料爆米花”等，把课堂推向了高潮，整节课轻松愉快，活力四射，学生始终浸润在探究的幸福之中。杨正安老师对温欣晨老师的课进行重点点评，认为温老师的课准备十分细致，教学流程能结合自己的专业，关注与初中物理的衔接，取得了较好的教学效果，并鼓励青年教师，困难与过程都是以后的经验，要在今后的教学过程中，不断提升自己。工作室成员彭秀芳老师用了三个词语来评价本节课：“老道”“理性”“有深度”。课堂提出问题的严谨度把握较好，环环相扣，板书上减少一些，会更好。其他听课老师也都直言不讳，将自己听课的所思所想和盘托出。不知不觉活动持续到中午近12点，最后程校长用“形虽微而旨趣远，出虽浅而寓意深”对本次研讨活动进行了概括性的总结。此次研讨活动，教师们都觉得不虚此行，青年教师日渐成熟，老教师匠心独具，在春意盎然的日子，为小学科学的百花园里更增添了一抹温暖的底色。

聚焦核心素养，返璞课堂本真

2017年5月18日，火红的五月，艳阳高照。芜湖市程斌名师工作室的成员欢聚一堂，在鸠江区翰文学校5楼多媒体室开展了小学科学“点拨—探究”教学研讨活动。活动主要围绕两位年轻教师的公开课展示以及课后研讨展开。第一节课由鸠江区凤鸣实验小学唐婷婷老师执教，课题为教科版三年级下册第四单元《磁铁》之《磁铁有磁性》。一进入课堂，每位学生以及听课老师都被“开心球”的视频所吸引，以故事中的人物、事件引出《磁铁》这一名词，用生动活泼的内容贯穿了整个课堂。学生在幸福乐学的浅显内容中，紧紧追随老师设计的节奏，通过持续帮助“羊诗哥”解决一个个问题，让学生自然地融入实验，懂得利用实验来解决生活上的问题，很好地将生活与科学实践融合在一起，在活跃的气氛中将本课的内容演绎得恰到好处。第二节课由鸠江区翰文学校田娇老师执教，课题为教科版三年级下册第四单元《磁铁》之《磁铁的两极》，课堂开始前，田娇老师认真地为学生准备着实验用品，从其精致度可看出田娇老师课前准备十分用心。课堂一开始，就展示了条形磁铁，直观地将学生带入情境，引出课题《磁铁的两极》，利用问题让学生了解实验的内容，通过及时展示实验记录单，让学生体会实验结果的相同与不同，理解本课的重点和难点。80分钟，两节精彩的课堂教学转眼即逝，参加活动的老师们意犹未尽，又马不停蹄地来到会议室开始了课后研讨。研讨活动由杨正安老师主持，杨老师首先介绍了两位执教老师，虽然都是新晋青年教师，但个人专业素养扎实，课前能克服种种困难，精心准备各种有结构的材料，磨课多次也毫无怨言。接着授课教师说课并结合课堂现场课后反思，参会老师逐课进行研讨。唐婷婷老师感谢程斌校长和杨正安老师的帮助与鼓励，阐述了对所执教内容的教学目标、实施策略的理解，并对实际课堂教学中存在的不足提出了自己的困惑。听课教师各抒所见。邓金莉校长认为，本节课给她带来最不一样的就是“新”，“新”的教师带来了“新”的课堂。程斌校长指出，视频的引入恰到好处，每一个环节的设计都精雕细刻，秉承了“点拨—探究”的教学理念，特别是承前启后的拓展活动，让学生学会用科学的知识解决身边的问题，对三年级学生意义特别重大。在硬币的材质是否应该展开探究的问题上，听课老师们集思广益，给出了不同的参考意见。田娇老师的课同样上出了属于自己的精彩，由于是本校授课，听课学生便于沟通，学生的动手能力和实验习惯也非常好，以致40分钟都难以完成的内容，在30多分钟就全部完成，教学随之戛然而止，被迫提前下课多少有点遗憾。田老师在课后反思中也直呼没有想到，几次试教都是严重超时，这次居然没有用足整节课时间，小学科学课堂真的很奇妙，自己还要多学习，对课堂上生成的问题要思考，加强对学生的引导。在激烈讨论之余，工作室主持人程斌也不失时机地提出自己的观点：听课者与上课者都应该有收获，课堂上的时间不是主要问题，问题是教学过程中学生对概念的构建是否完成，这是非常重要的。田老师这节课的引入太快，学生收集数据后的研讨老师有包办代替的嫌疑，教师要相信学生，要在课堂上学会收放自如，懂得控制关键节点，为学生留下思考性的问题。这需要青年教师在自己的课堂里有一个长期探索、思考和积淀的过程，这种教学境界是不可能一蹴而就的。用“热火朝天”来形容本次研讨活动，看似有点夸张，但实际上一点都不为过，这种研讨的氛围也始终感染着每一个听课老师。作为东道主之一的杨正安老师对本次活动进行最后总结，感谢来参加活动的老师，每位教师的点评，都为新教师以后的教育教学带来了十分有益的启示，让“新”的教师带着“新”的气息展现“新”的小学科学课堂。这不仅是对青年教师的鼓励，更是对芜湖市小学科学课堂的一种期许。

面对新教材，再一次出发

芜湖市2017年秋新编小学一年级教科版《科学》教材培训会由芜湖市教科所主办、芜湖市程斌名师工作室承办。秋雨知寒，近日在芜湖市北塘小学的多功能厅却是一番热闹的景象，来自全市的科学教师们齐聚在此，参加芜湖市2017年秋新编小学一年级教科版《科学》教材培训会。活动开始，芜湖市小学科学教研员肖玲介绍了本次特邀培训专家娄立新老师。娄立新老师是教科版小学科学教材编写组成员，也是天津市教育教学教研室小学科学教研员。娄立新老师围绕主题“在新课标背景下准确把握一年级教材”开展了两个半小时的培训。首先娄立新老师针对会前一年级老师会前提出的教学问题进行了集中解答。之后，围绕三个重点内容“为什么学？”“学什么？”“怎么学？”开展细致且深入的解读。引用了清华大学教授鲁白、中国工程院院士韦钰的观点进行剖析，将教师们带入一个相对高端的全新视角。清华大学教授鲁白说，科学不仅仅是指我们所了解的科学知识，也不仅仅是那些实验技能，以及科学思维方式、批判精神、方法论，等等，更重要的是科学其实是一种生活方式，是我们的一种修养。韦钰提出，科学教育的目的是培养知情的“决策者”，使学生具有一生中进行正确决策的知识基础和能力。

整个培训很有针对性，第一部分：为什么学？课标中明确地提出小学科学课程标准的总目标是培养学生的科学素养，现在的课程目标从原来的三维改成了四维：“科学知识”“科学探究”“科学态度”“科学、技术、社会与环境”，并且开始分学段设定了目标。第二部分：学什么？怎么学？针对教科版教材的总体编写思路“科学概念和科学探究双螺旋协同发展”，科学概念设计体现连贯性、综合性、儿童性，鼓励教师们不要拘泥于教材，要不断创新教材，结合教学实际培养学生科学思维能力，提升教学品质。娄立新老师还针对新编小学一年级教科版《科学》教材的两个单元，围绕课程标准、内容来源、四维目标以及编写思路，再次为教师们详尽地分析新的教材。她提出，教师们应当认真地阅读课程标准，这样对今后的教学都会有很大的帮助。她阐述了教学的一些建议，怎么去教，怎么去达到每一课的目标，并且展示了部分教学案例，包括教材、教师用书、学具的使用，直观地让教师们如临其境，更加清晰地感悟到新教材的新理念。娄立新老师的解读既有理论的高度，又有接地气的实例，给与会老师提供了切实可行的方法引领。同时她还提醒参训老师：科学阅读是每一课知识的拓展，不是单独的一课，要合理地运用，丰富孩子的资源；学生活动前的计划制定要详细，要引导学生带着问题去观察；加强有依据的解释和交流，科学词语就要直接地说出来，学生们知道即可，活动手册的使用要与教学同步。低年级的学生并不只是适合观察实践，而是要把各个年级看成一个统一的整体、是一个完整的系统。时光飞逝，两个多小时的培训会结束了，教师们受益匪浅。市教研员肖玲老师再次感谢了娄立新老师的分享指导，参训教师以更加热烈的掌声表示自己的感谢之情。相信今后在使用新教材中，教师们可以将本次培训学习到的知识，融入教学实践中，带领孩子们走进更加丰富多彩的科学世界，为一年级的学生打开一扇走向科学的新大门。

骨干引领，坚持不懈

2017年11月9日，在芜湖市北塘小学科学实验室，举行了一场芜湖市小学科学骨干教师示范课暨芜湖市程斌名师工作室教学研究活动。活动还未开

始，实验室里早已经座无虚席了。是研修什么内容如此吸引人？原来是小学科学一年级上册“同课异构”示范课，课题为《在观察中比较》，执教者分别是柳春园小学教师邓海和北塘小学教师翁桔。两位教师依次为大家展示了各具特色的课堂教学。翁桔的课以学生之间的“小争执”开始，围绕在观察中比较的主题，让学生进行了一系列的观察与比较的活动。邓海则以动画和视频的方式，将小朋友们带入情境。两人都在比较恐龙的基础之上，让学生学会了各种不同的比较方法，并且初步学会记录自己的观察结果。两节课的教学设计虽然不同，但是都思路清晰，活动设计生动有趣，获得了在场老师们的一致赞誉，并为今后一年级科学教学提供了重要的参考。课后的研讨阶段，由程斌名师工作室主持人北塘小学校长程斌担任主持，他首先简要介绍了本次执教的两位教师，翁桔是一位新入职的教师，是工作室研修人员，而邓海则是一位资深的科学教师，新老教师同台竞技，风格各异，精彩纷呈。之后两位执教教师分别阐述了自己设计理念和教学流程。翁桔老师认为，一年级的科学课刚刚开展，组织教学是关键，第一次在全市上示范课，自己内心是比较忐忑的，课前自己认真钻研教材，琢磨学生的年龄特点，围绕本课主题精心设计有结构的材料，针对一年级的孩子活泼好动，如何能在教学中收放自如，一直是设计中的一大难题。通过多次试教，在校长程斌与工作室其他教师的鼓励建议下，多次修改了自己的教学设计，今天的教学也是自己的又一次超越。接着，邓海阐述了为何要在本节课中使用塑料花做奖品，除为了调动孩子的积极性，也是一步步引导学生养成良好的探究习惯。对教材设计的主题，邓老师确定了三个教学目标：一是了解观察比较的方法，二是要有一个公平的尺度，三是提高学生的兴趣最重要。从今天课堂效果看，还是比较好地完成了预设的教学目标。自由研讨环节，听课教师各抒己见。程斌校长认为，翁桔老师主要担心一年级课堂上无序的探究，在确保完成教学任务的前提下，部分环节没有放开；而邓海在学生探究的过程中，关注到认真倾听的人，这个方法很不错。两位教师都采用了派送“礼物”的方法调动学生，从这两节的实际效果看，这可以作为一年级科学课调动孩子的一条有效策略。赵桥中心小学教师王兵指出，翁桔老师在课堂中采用了个人评价和小组评价相结合的方法，而邓海则是以小组带动全员，反映出两位教师对一年级学生心理的精准把握。芜湖市育红小学教师李震则提出，前后听了两位教师的课，深感一年级的科学课发生了深刻变化，从三维目标到四维目标，让人耳目一新。两节课相同之处，教学目标、内容、材料、流程以及教师性别都是一样的。不同之处，教龄不同，层层推进不同，呈现出“老辣”与“小清新”风格迥异的课堂。为了更好地展开深度研讨，芜湖市建设路小学教师邓金莉则有备而来，将自己在课堂上收集的图片展示给参会教师观看，表达对一年级新教材新的理解，并强调这版一年级教材给了老师很多灵活处理的空间，在课堂上一定要关注学生生成的问题，要站在儿童的立场上设计自己的科学课堂。这次活动，给参会教师们带来了一场别开生面的课堂盛宴，是一场新老教师的互动，更是芜湖市小学科学教师对低年级教学理念的一次深度碰撞，为刚刚到来的一年级小学科学教学迈出了坚实的一步。

聚焦“STEM”课程，蓄力专业成长

2017年12月28日上午9点，芜湖市程斌名师工作室在芜湖市北塘小学开展了研修活动，活动由北塘小学校长程斌主持。他对本次活动的内容进行了简述，系统地总结了工作室本学期的研修活动，按照计划大家勠力同心，求真务实，取得了预期的效果。同时，他也指出了研修中出现的不足和问题，希望大家在新的一年里要克服困难，继续沿着工作室“一慢三磨”的研修路径，不负研修好时光。对芜湖市教育局即将开展的名师工作室三年考核，他带领大家对考核文件进行了认真研读，并逐条进行了任务分解。以教育局考核为契机，程斌将工作室三年的成果进行了展示，要求学员对照个人三年的研修计划，写好三年的研修小结，一年一本教育教学专著的读书笔记，整理活动记录以及三年内的展示活动，可以将自己优秀的教学设计、案例、实录等融入其中。以“STEM”为核心，开展一次研修沙龙是本次活动重头戏。工作室成员李震和彭秀芳将分别尝试设计一节“STEM”课程，并且将带来的“STEM”资源进行分享。如何设计一节能调动学生科学兴趣，培养解决问题能力的“STEM”课程？

参加研修沙龙的教师积极展开了交流与讨论。李震说：“一直对‘STEM’课程有较高的关注，拿到了新材料以后，感觉是豁然开朗的，为自己打开了新的大门，‘STEM’是来源于美国的‘SATE’考试，我们手中的材料都是通过翻译，并且结合本土的材料得到的。”王兵认为：“‘STEM’课程固然是融科学、技术、工程与数学为一体，但如果不能采用恰当的方法进行教学，也构不成‘STEM’课程。选题一定要找到一个好的切入点，时间上要把控好，课程以多长时间为宜，还需立足学校实际认真推敲。”彭秀芳则以设计制作一艘船作为六一儿童节科技活动的挑战任务，描绘了自己对开展“STEM”课程的构想。大家针对“STEM”课程中“情境如何导入”“知识如何链接”“探究如何设计”“工程如何实践”“课程如何评价”等具体问题展开了热烈的讨论，既有教学中遇到的困惑，也有不成熟的见解，各抒己见，争论不休。程斌总结时指出：我们的研究与收集一定不能冲突，“STEM”是否与科学课一样？要如何区分？这都需要我们仔细考量。课程以多长时间为宜，取决于教师和学生有没有实现课程的目标。工程实践需要反复调整、迭代、优化，使作品更加接近真实生活。

让STEM跨学科学习方式在小学科学课堂落地

2018年5月4日上午9点，芜湖市北塘小学“槐柳阴初密，帘栊暑尚微”，芜湖市程斌名师工作室在此开展了小学科学STEM课例教学研讨活动。活动在赵桥中心学校王兵老师执教STEM课例《驶向远方》中拉开了帷幕。

这节课是基于五年级上册第四单元《运动与力》的拓展课，设计制作一辆车。上课之前王兵老师与学生进行了充分的交流，之后通过创设情境，出示两张有代表性的车的图片来明确研究的问题，并进一步引导学生思考：如果让大家来设计一辆车，你会考虑哪些方面因素？让学生初步认识车辆的基本构造。探究环节，教师通过出示有结构的材料，让学生借助已呈现的材料，设计制作一辆概念车。在老师的精心设计引领下，全班7个小组均能认真讨论设计方案，绘制草图，依据设计，小组合作制作完成了一辆属于学生自己的概念车，虽然有些组制作简单粗糙，有些组还没有完全完工，但反映了孩子们对概念车的不一样的理解。整节课教师在课堂上展示出了娴熟的教学技巧，流畅的课堂，给听课者耳目一新的感觉，也为教与学平添了一抹亮色。执教教师说课并进行课后反思，王兵老师认为，在学生设计这个环节中，3分钟的时间显得短了，需要再延长2分钟。让学生了解车辆的大体结构，是为了第二部分的设计小车作为铺垫，制作小车用的KT板是20 cm × 30 cm的，但是在课堂中并没有阐述，这是一个失误。在巡视指导的过程中，由于小组成员分工不明确，如何让学生快速地制作与设计，还应当寻找更有效的指导方法。随后工作室的听课教师针对本节课进行评课研讨，工作室主持人程斌校长率先明确了此次研讨的重点，本节课基本实现了STEM的教学要求，在制作的过程中设计稿是否需要展示？从教学的目标看，不能贪大求全，有些内容还需要进一步删减；展示评价环节学生的作品要有利于学生在全班进行展示和交流，这些问题都会直接影响本节课的教学效果。工作室成员杨正安老师认为，本节课学生做得多，而教师引导得比较少，部分学生显得有些束手无策，小车制作上是否可以突破日常生活固有的模样，让课堂变得更加生动有趣？在第一个问题的设计中，可以利用一些和本课相关的素材，来发散学生的思维。彭秀芳老师则认为，在课堂制作环节，可以出示一些同伴制作的照片，让实践能力弱的小组有所借鉴。在教学目标设计上，可以再简单一点，学生展示的过程中，尽可能让学生体会到自己设计的车轮大小、形状对车子驰向远方的影响。钱芳老师建议，本课教学制作材料的呈现，宜放在学生讨论设计稿之前，这样可以进一步聚焦问题，也降低了设计和制作的难度，教师可以将准备好的制作材料，合理地分割，个别部件甚至可以直接以半成品方式出现，让不同层次的孩子均能得到发展。

临近结束，程斌进行活动总结：本节课是一次新的开端，STEM课程还需要不断地去探索，去实践。对学生的引导应简洁明了，确保学生能较快地理解并且完成实践活动。当发现有完成困难的小组，可以适当地利用半成品来帮助他们达到本课的教学目标，在现有的条件下，需想方设法让学生观察得更加清晰一些。相信在工作室全体成员的不断探究、不断努力下，小学科学STEM教学在芜湖必定能生根发芽，结出丰硕的成果。

智慧碰撞，研修共进

芜湖市程斌名师工作室于2018年6月14日，在芜湖市北塘小学北二楼接待室开展研修活动。研修主题主要是针对工作室成员翁桔参加区小学实验教学说课赛前研讨，讨论重点是课题选择、赛中技巧等。同时，谋划工作室任期内成果展示活动方案（包括“研修之星”的评选、拓展活动等），对研修人员的考核和迎接市级考核进行全面部署。活动开始，翁桔老师对说课课题和内容进行了阐述，工作室成员根据芜湖市教育局《关于举办2018年全市中小学实验教学说课大赛的通知》精神，对照说课要求和自己各自的参赛经历，展开了深入的研讨。大家认为，比赛前，教师要充分挖掘教材中的科学知识，深入分析教材内容，将教材的实验提取，创新改进，达到让学生清晰明了、操作方便、掌握效果好的特点。比赛中，教师实验操作要熟练，亮点表达要清晰突出。谋划工作室任期内成果展示活动，也是本次研修的一项重要内容。工作室主持人程斌对任期内成果展示活动方案进行了解读，工作室人员考核实施的办法将具体在群内公告，成员们需认真整理研修中生成的各项素材（研修视频、研究照片、研修文本等），工作室拟在成员中评选出2~3名“研修之星”。研修之星的评选标准主要依据成员们参加研修活动次数、承担研修任务多少、完成研修心得和读书笔记篇数、论文撰写篇数和举行公开课节数等。这次研修还针对即将开展的拓展活动进行了讨论与分工。此次工作室的拓展活动的具体安排、流程、人员等，都在成员的协商讨论中得到落实，如研修人员代表发言、研修成员才艺展示等等，力求在“有滋有味教科学”的主题下，让拓展活动更加丰富和多元。弹指一挥间，为期三年的工作室活动也即将接近尾声，程斌希望成员们都能通过接下来的拓展活动，圆满完成工作室的考核工作，给自己的教育教学生活，添上一缕美好的记忆。

第二期学员的研修故事：不忘初心再出发

2019年4月28日当万物复苏，芳菲满目时，芜湖市程斌名师工作室第二期研修人员又开始出发。十多位来自芜湖市各区县的科学教师齐聚北塘小学，在名师引领下，梦想启航。

面对新人，一群相对陌生的面孔，程斌深入浅出地阐述了芜湖市程斌名师工作室的定位、发展和使命，让大家对自己即将加入的团队有一个清晰的了解：它是一个“学习共同体”“研究共同体”和“成长共同体”，我们都是芜湖市小学科学百花园里的追梦人。在轻松愉悦的氛围中开始了破冰之旅，相互认识，加深彼此的了解，全体研修人员在主持人的带领下集体合影留念。对于新成员来说，学习了解《芜湖市名师工作室管理与考核实施办法》是研修学习的第一步。程斌为大家详细解读。作为拥有多年教学经验和理论修养的名师，程斌十分注重自身的不断学习。此次活动中，程斌也为工作室成员赠送了两本书：《且行且思——我的教育生活》和《小学科学教师入门十课》。他希望全体研修人员能够不断学习、提高自身的能力，最终获得教育带来的幸福感。程斌还提出，研修成员们应该充分发挥自己特长，为研修团队贡献自己的力量，做到资源共享、互助共进，使研修团队真正成为一家人。在工作室这个大家庭里，力争让每一个人都能辛劳付出，收获满满，都能在幸福中追寻幸福。在交流中，工作室主持人程斌还动情地回忆起2015年4月28日在大官山小学召开第一期研修学员启动会时的情景，点点滴滴饱含深情和不舍。工作室第一期研修学员经过三年一个周期的摸索，在“研讨、培训、切磋、引导、交流”中“匆匆”而过，在主持人程斌的心里，留下的是稚嫩而又快乐的脚印，是不懈奋斗与努力的身影。困难与责任同在，奋进与成就共生，芜湖市程斌名师工作室一直在不断地提升着自己，也在不断地影响着他人。为提高研修的质量，主持人还特邀柳春园小学邓海副校长为本工作室带教导师，围绕构建“基于‘点拨—探究’为核心的小学科学课堂教学”主题，从“技术层面”与“学术层面”将大家团结在一起，心往一处想，劲往一处使，催生更多的成果源源而出。根据大家的实际需求，工作室按照学员的意愿和主持人、带教导师的推荐，共同确立了《深度学习：走向核心素养》和《小学科学教育的“探究—研讨”教学法》作为工作室必读书目，认真研读，分阶段撰写一定数量的读书笔记和学习心得，定期举行专家讲学、主持人讲读、研修成员读书心得分享会等，推动专题研读的深入，并择优编辑工作室专辑《幸福阅读——分享精神的成长》。芜湖市教科所副所长肖玲在研修活动的最后发表活动感言，对芜湖市程斌名师工作室第一期三年的研修活动给予了充分的肯定和赞赏，对第二期研修学员提出了要求和希望。希望与会的所有研修人员能在芜湖市程斌名师工作室这个平台上丰盈自我，厚植底蕴，更新理念，积蓄力量，砥砺前行。不负韶华舞流年，最美人间四月天。芜湖市程斌名师工作室的研修人员在第一次的研修活动中，就深深感受到这个大家庭的温暖，也感受到新的希望和挑战。工作室的集体研修是一种教育的行走，在研修中寻找成长的力量，让小学科学课堂“耕作”更具儿童味和科学味，也许就是那份我们最朴素的初心和梦想。

不忘教育初心，共育科学芳华

又是一个绚烂多彩的季节，六月的夏风在北塘小学校园里荡漾，携着一缕初夏的清雅和栀子花的芬芳。2019年6月13上午，芜湖市程斌名师工作室的成员们来到北塘小学，开展本次研修活动，聚焦小学科学课堂教学，共享集中研修的无穷魅力。

案例研修是工作室的必修课，主持人程斌带领大家学习研讨组内成员杨勉老师的视频课例《各种各样的花》。《各种各样的花》是一节经典的科学观察课，但杨勉老师把它上出了新意。立足小班额教学，执教者给学生提供了大量观察的花，学生自己也准备了各种各样用来观察的花，这样让每个学生都有观察和动手的机会。教师给学生充足的探究时间和空间，但自主不是放任，小学生由于受年龄特征的影响，他们常常会注意那些不该注意的东西。为了提高观察的实效，教师有意识地引导学生把注意力放在观察“这些花的相同地方和不同地方”。在观察前教师给予学生一定的指导，引导他们观察什么、怎样观察、怎样记录。因为这是一次对生命世界的探究，所以教师着重提示：要珍惜植物的生命，不要随意去损伤美丽的花朵，要注意观察实验的安全。由于指导到位，增强了小组内各成员的合作，学生观察也更具有目的性。通过课堂现场影像回放，集中推敲研讨，主持人及时点评引导，在教学相长的互动中，使学员们受益匪浅。研修要有目标，目标就是前进的方向，也是前行的动力。在课例研修之后，程斌就学员们上交的三年研修规划进行现场指导和诊断。他反复强调芜湖市程斌名师工作室研修理念：从师徒结对走向团队合作研修，透视小学科学课堂，构建基于“点拨—探究”为核心的小学科学课堂教学方法与策略，为芜湖市小学科学教师的发展提供专业支持和服务。每位研修人员，要紧扣研修理念，制定出切实可行的个人三年研修规划，并努力付诸实施。工作室致力于建立终身学习的共同愿景，主持人带头榜样示范，倡导每一个研修成员坚持用“日志”积累有意义的教育生活，用“叙事”讲述身边的教育故事，用真诚的文字记录工作室成长与研究的历程，不断生成有价值的小学科学教师研修资源，为培养更多有一定专业品质、较高专业技能和敬业精神的小学科学教师竭尽微薄之力。也许是程斌酷爱书的缘故，本次活动主持人又向所有成员赠送了两本书：《小学科学教育的“探究—研讨”教学法》和《深度学习：走向核心素养》。他认为是教师注定需要书的滋养，他还和学员们约定每学期大家都要共读一本书，并集中进行读书心得的汇报交流。“做个幸福的教育人，从幸福阅读开始，相互启迪共同走进幸福课堂。”这是程斌对这次研修活动的总结，更是对大家的期许。“水晶帘动微风起，满架蔷薇一院香”。虽然已经入夏，但接地气的培训，如同一缕清新的春风，吹开了学员们的心扉，播撒下了一颗颗渴望成长的种子。研修学习，虽然时间短暂，潜心研修对于身在其中的每个人，都是一次思想观念的洗礼、感受新知的蜕变，是一次远离浮躁、“修篱种菊”的经历。让我们从此萌动，从此生长，从此开始期待花开之日的满院蔷薇香

大赛历练，收获成长

2019年10月30日，程斌校长携名师工作室的参赛教师周维和部分教师赶赴淮北市，参加2019年安徽省小学优质课评比和观摩活动。当晚，程斌校长特邀了我市科学学科资深的专家们，带领工作室的老师们一起，对参赛教师周维老师抽到的参赛课题《电和磁》开展了集体备课，力争在第二天的省小学科学优质课大赛中展现出我市科学教师的最强实力。31日上午第二节课，周维老师在淮北市第三实验小学的五楼录播室执教了《电和磁》，整节课结构清晰，循序渐进，体现了周维老师扎实的教学基本功；学生在课堂上充分地思考、实验、交流分享，体现了学生在学习中的主体地位。11月1日上午，安徽省小学科学知名专家及评委们对这次课堂教学以及说课情况做了综合分析和点评，赞扬了课堂中的闪光点，也对今后的教学提出了期望。芜湖市程斌名师工作室淮

北之行终于圆满结束。

研而有获，思而行远

因为突如其来的疫情影响，工作室中断了一段时间的面对面的研修终于得以重新开启。2020年5月28日上午，在北塘小学行政楼二楼会议室，程斌精神抖擞地主持研修活动，反馈上学期学员研修情况，小结因疫情影响开展网络研修情况，并启动省级立项课题子课题“基于深度学习的学科综合化之跨学科融合的课堂教学实践”研究。要如何去研究？为什么研究？怎么做？课题研究就是为了指导教学，让课堂教学有深度，学生有获得感，科学课本身就是有综合化的特点，要从课堂教学入手，探索学科的交叉融合，在过程中培养学生的核心素养，指向深度学习。随着时间的浸润，工作室也捷报频传。工作成员周维老师喜获安徽省小学科学优质课一等奖，殷花老师在芜湖市小学综合实践优质课比赛中荣获一等奖，这离不开她们的努力和成员们的支持，更离不开程斌校长的悉心指导。由于疫情，工作室的部分成员承担了录制网络课程的任务，工作室将收集这些录课材料，成员们写好心得，相互交流、相互研讨、相互学习。我们还将科学与综合实践活动课结合在一起，达到综合化以及跨学科融合的标准。炎炎夏日，就好比成员们热情学习的心，虽然疫情将我们阻挡，但是也无法阻挡每位成员们研修学习的脚步。

点拨—探究：在生活寻源中学科学用科学

2020年6月18日，一场瓢泼大雨，为炎热的夏季带来了一丝凉意，而芜湖市天门小学龙山分校的科学实验室却热闹非凡。芜湖市程斌名师工作室成员们在此开展了基于“点拨—探究”为核心的小学科学专题研课活动。这是新冠疫情暴发以来的第一次工作室线下集中研修，由芜湖市天门小学龙山分校张晶晶老师执教一节研究课：教科版小学科学四年级下册《电》单元第二课《点亮小灯泡》。教师最初考虑到四年级的学生理解起抽象的电流存在困难，所以将讨论电流的路线当作重点和难点来处理，设计了两场手绘活动。从研读教材、原生态备课、准备教学具、试教、接收、体味、修改、演练，整个螺旋式上升和化蛹成蝶的过程，让我们受益颇多；教师简洁的话语、精炼的评价，也为本节课平添一缕亮色。课后研讨一贯是工作室研修的重头戏，由程斌校长主持，执教教师说课并进行课后反思。张晶晶老师对本节课教学设计进行了系统阐述，重点对完成整节课教学任务超时和对课堂生成问题的处理发表了自己的观点，目标指向不明确和设计环节过多是主要原因。考虑到观察小灯泡结构的基础性和重要性，教师围绕教材第一部分设计的环节较多，细细回想起来，有观察小灯泡、记录小灯泡、观看螺口内部、修正记录、讨论小灯内电流的流动。其中观看螺口内部结构视频环节可尝试删减，将更多的探究时间还给学生，提高点亮小灯泡的探究质量和效率。听课教师各抒己见。杨国强认为，本课的德育渗透有抓手，通过生活寻源，挖掘丰盈思政资源，在科学探究中立德树人。建议是否可以让学生多角度展示小灯泡亮与不亮的各种情况，从而通过支配有结构的材料形成通路、断路、短路等概念。朱时骏认为，本节课执教老师课前做了大量的准备工作，为教学有效展开打下了坚实的基础。不足之处在于虽然为学生准备了记录单，但是整节课中并没有记录单的分享展示，可以利用手机拍摄部分展示，如果能将图片放得更大一点会有利于学生观察。丁永刚则认为，为何时间不够？主要是导入和衔接比较繁琐，过渡环节需要更简洁和明快。在课堂氛围的营造方面，叶春玉认为，课堂可以再活跃一些，教师激情不足。周维认为，教师指导过细也容易导致课的节奏比较拖沓，关键是要把握一个尺度。殷花认为，本节课设计思路清晰，教学目标的达成度非常高，值得借鉴。邓海校长用四个好和三个问题点评了本节课，教师最好能从学生的角度选择用有无光线区分会比较形象，同时便于学生接受。教师应利用学生强烈的表现欲逐一汇报多种连接情况，引导讨论分析，比较成功和不成功的原因，由此帮助学生建立正确的科学概念。只因一直纠结在时间把控的问题上，未敢放开尝试，保证了时间却错过了过程的完整美。在活动中要求学生按照由外到内、由上到下的顺序观察，同样教师也期待学生能按照这个顺序来汇报。当听到学生说了外壳接着说导线和连接点的时候，教师急于想得到下部分金属的预设回答，所以再次提醒学生注意观察的顺序。这里教师应该有足够的耐心等待学生，学生有自己的认知，按照他们的回答也可以理解为是由外而内，强行把教师的想法加给了学生，这样的引导是不科学的。工作室主持人程斌校长最后点评和总结，强调本课内容的目标定位在科学知识、科学探究、科学态度及科学、技术、社会与环境四个维度。就课题内容而言，更多倾向于和社会的关联，而教学设计中结尾的用灯泡点亮武汉城市夜晚的设计方案，价值观渗透意图虽好却并未契合之前的定位，因此，要考虑能否用其他方式代替，或许还可以达到缩短时间的效果。为了将抽象的电流概念具象化，教师引用了一段动画视频展示电子流动形成的电流，形象效果达到了，但因为考虑不周，忽略了这里电子的流动方向问题可能会和后面引出电流流动方向存在矛盾的问题，应该在视频结束后给学生再补充一个必要的解释和说明。“不能像蚂蚁，单只收集；也不可像蜘蛛，只从自己肚中抽丝；而应该像蜜蜂既采集又整理，这样才能酿出香甜蜂蜜来。”培根的这段话也许是对这次研修活动的最好的总结。相信在今后的教育教学道路上，工作室成员共同进步，共同探索小学科学教学的真谛。

心怀梦想，同行致远

秋分时节悄然而至，怀揣着对小学科学教学的热爱和追求，芜湖市程斌名师工作室于2020年9月24日上午在北塘小学开展研修活动，新学年研修团队再回首、再谋划、再出发。本立道生，同行致远。工作室成员在主持人的指导下，积极参加各级各类比赛，加速自身专业成长。周维获安徽省中小学优质课评选小学科学优质课一等奖；翁桔获芜湖市实验教学说课比赛一等奖；殷花获芜湖市小学综合实践活动优质课一等奖，被授予“江城最美教师”（爱岗敬业）光荣称号。由于疫情，本工作室成员承担录制的网络云课也定格成非卖品，浓缩成一张小小的光盘，并同步配套一本薄薄的小册子供教师使用。精美的外包装，凸显出“孜孜以求，‘疫’样课堂”的主题，记录的是当时疫情突发，芜湖市程斌名师工作室助力安徽省小学科学线上教学，在教育部“停课不停学”的要求下，既然不能面对面上课，我们就响应号召，在尝试搭建“阳光云课堂”中开始了一次生动的实践。工作室匆忙上场，从无到有，终于转危为机。现在细细回味，也别有一番甘甜。组建成优质发展的学习共同体，是工作室一直致力达成的目标。多读书，读好书是基础。如何不断营造读书的氛围，成员们的读书心得分享会、“点拨—探究”乡村行、工作室课题深度推进、如何撰写论文，这些都在新学年研修计划之列。如何在新学年推进和落地是关键，也是本次活动需要研讨的重点。听完主持人简单的计划安排后，工作室成员们也各抒己见，安徽师范大学附属小学朱时骏认为，上课是放在第一位的，是一个教师专业成长的底色和底气，不怕错只怕不做，一些理论上的知识，自己还是很欠缺的，是否可以通过案例分析等途径，来丰富自己的理论素养。芜湖市中江小学文娟则觉得，理论知识的研究，是否可以更加细致一些，分小组、分主题去研究学习，效率或许更高一些。如何找到适合小学科学的研究路径，主要是依据课程标准。“共读一本书”是工作室成员的规定动作，但成效不高。经过成员们的讨论，程斌决定本学期内容再聚焦一点，选择《小学科学教育的“探究—研讨”教学法》这本书的第二章，作为共同研修的内容，撰写读书心得和分享。在确定“点拨—探究”乡村行的活动时，朱时骏自告奋勇地承担了一节观摩课，力争为小学科学课堂研究收集更多的素材。转眼间，本次研修活动已接近尾声。成员们你一言我一语，都在为工作室研修做着自己的努力，聚是一团火，散是满天星。相信在程斌的带领下，工作室成员们会在自己的课堂上演绎一个又一个科学探究的故事。

辛勤耕耘，必有回报

一场秋雨一场寒，2020年10月15日上午第一节课，芜湖市北塘小学科学实验室再次热闹非凡。以“基于‘点拨—探究’为核心”的小学科学主题研讨课，由安徽师范大学附属小学朱时骏执教。本课是教科版小学科学三年级上册第二单元《我们来做热气球》，朱时骏利用生动的探究活动，带领学生们走进热气球的世界。朱时骏老师在课后反思中说：教学设计想通过了解热气球构造，来模拟一个热气球受热上升遇冷下降的过程，今日在课堂上改了发放材料的顺序，探究环节“玩”的成分较多、科学研究的成分过少该如何解决？在收取实验材料时如何安全有序？希望工作室成员多多提出宝贵意见。听课教师针对课堂上出现的问题，各抒己见。叶春玉认为，发放打火机的环节放在最后，是很安全的，学生研讨部分教师说得太多，有点喧宾夺主。张晶晶觉得，在纸筒小孔的问题上，是否可以从真正的热气球上找到入口，再引出小孔问题。陈沐阳说自己观察到探究活动时学生往往都关注了塑料袋哪个飞得高，是否可以利用这一点，再让学生提出受冷下降的问题。丁永刚指出：整节课“玩”大于学的主要缘故在于，执教教师提供给学生的内容太多，在实验中需要怎么做、观察什么、记录什么，都是教师提供的，学生只能选择“玩”，应当在实验前给学生自己探究的空间，将孔明灯换成走马灯可能效果会更好。周维意外发现，学生在课堂上回答都说了是塑料袋变大了，是否可以保留活动手册上用画的方式？这点给大家带来了很多启发。方宇对塑料袋的承重问题，如何设计飞得更高、更远，提出了自己独到的见解。工作室主持人程斌校长最后点评，让学生探究只是手段，让学生研讨后形成科学概念才是我们教学的真正目标，这让大家豁然开朗。

在研修深处静享科学教学之乐

2020年11月26日上午冬雨绵绵，夹杂着些许寒意，芜湖市程斌名师工作室的成员们，齐聚绿影华强校区开展研修活动。为开阔学员思路，工作室主持人程斌带领成员们参加了芜湖市“科学引领健康生活”小学科学实践大赛相关研讨。在研讨中，针对芜湖市第一次开展此类活动，大家纷纷表达了自己的一些困惑和担忧，并与现场的专家们进行交流。成员们提出，针对参赛内容要求，需要重点关注“提出并描述具体问题”“分析问题产生的原因及影响”“创新解决方案的具体内容，并阐述解决上述问题的逻辑、科学性或执行路径”“思考或反思”。针对这四个维度，哪一个最为重要？镜湖区小学科学教研员胡文斗回应道，不同的学生选题不同，研究出的内容也是不同的，第三点是十分重要的，而得出的结论是否真正的“科学”并非评价的核心。荆山小学副校长邓海则从策划者的视角，对本次小学科学实践大赛的初衷和意图进行了详细的阐述。她认为，此次活动旨在为学生搭建展现科学素养的平台，用科学的方法探索食物与营养、食品与健康的奥秘，合理饮食，勤俭节约，养成健康文明的生活方式。综合科学、技术、工程、数学技能，通过食物、营养、健康等多方面探究，培养小学生科学思维品质，从科学探究走向科学实践的学习新方式，同时发挥辐射带动作用，引导家庭和社会共同创造“科学引领健康生活”的良好氛围。安徽师大附小朱时骏老师认为，不同的家长资源会对比赛结果产生很大的影响，我们在享用技术带来的便利的同时，会不会弱化了探究本身为学生带来的无穷乐趣。程斌认为，在评分标准上应当着重注意创新性和科学性，视频并非只是简短的五分钟，而是应当在过程性视频中截取出来的，所以视频分数上也要占有比例。

工作室成员在探讨这些芜湖小学科学教育人的草根设计与感言之余，触摸的是一种自发的教育追求。教育的生机不仅与知识的传播相关，也必然与科学的启蒙相通。健康生活不仅需要技术的支持，更需要科学精神的滋养。结束了大组活动，工作室又在自己的小天地继续耕耘。程斌详细布置了“点拨—探究”乡村行活动和工作室近期工作。由于疫情影响，望江县送课活动暂缓，改为12月10日在三山区高安中心学校开展工作室送课活动，由工作室成员朱时骏老师和文娟老师分别准备两节研讨课，作为送课内容。工作室的使命是追寻属于自己的‘点拨—探究’科学课堂。他们秉承思想上共振、感情上共鸣、行动上共进的信念，踊跃参与各种活动，在工作室的研修之旅中留下了或深或浅的足迹，让教育有痕，为科学播种，一起开启有温度的小学科学启蒙教育。

格物而致知，力行而先谋

不知不觉2020年冬季的第三个节气大雪已如期而至，寒风落了黄叶，徒留一树琼枝。芜湖市程斌名师工作室全体研修人员于12月10日在芜湖市三山区高安中心小学开展“点拨—探究”乡村行活动，芜湖市三山区教研室组织辖区内专兼职小学科学教师全程参与了观摩活动，三山区教育局党委委员、教研室主任方世明，三山区兼职教研员、科学教研大组组长滕晓香，芜湖市高安中心小学校长郝社礼等领导莅临活动现场，进行交流指导。课堂教学研究是工作室研修永恒的主题。活动也自然在工作室两位优秀学员展示课中拉开帷幕。这是两节基于“点拨—探究”为核心的小学科学研讨课，第一节是教科版小学科学三年级上册第二单元之《我们来做热气球》，执教教师为安徽师范大学附属小学朱时骏。教师通过观察热气球以及热气球加热上升的图片，思考热气球上升的原因并做出初步的解释。探索板块，主要通过指导学生制作和放飞“热气球”，让学生对“热空气会上升”的现象形成感性认识，并通过研讨活动，让学生用自己的语言有逻辑地进行解释。本课实验现象所指向的物理概念是：空气受热膨胀，密度减小，导致热空气上升冷空气下降。学生只需要通过简单的热气球模拟实验方法，对空气的这种物理性质有一个感性直观的认知，知道热空气会上升，空气变冷后会下降就可以了，不需要对相关的物理原理进行深入学习。第二节课教科版小学科学四年级上册第三单元《设计制作小车（一）》，执教教师是芜湖市中江小学文娟。这节课通过前面6节课的学习，学生已经知道运动的小车与其受到的动力、摩擦力的关系，知道根据需要如何减小或增大摩擦力，认识到运动的物体具有能量，这些能量可以不同的形式来储存。本节课围绕设计制作小车展开，这既是对之前所学知识和技能归纳和总结，又是进一步培养科学素养，发展对工程设计的认识、理解和应用。本节课是一种全新的工程设计课程，对教师来说极具挑战性。文娟老师从观察透明的小车入手，抓住学生注意力，激发学生设计小车的兴趣，开门见山，明确设计任务。实验小组既是“设计组”，又是“施工组”；设计组按照要求，并根据现有的材料，设计小车图纸，交给施工组，施工组对设计图纸进行讨论，提出修改意见，再交给设计组进行修改。修改后的各组设计图进行班级展示，所有学生轮流观摩、评价。课的拓展环节，通过微课展示真正的汽车设计团队设计制作汽车的步骤，渗透了工程设计流程以及工程制作需要的工匠精神。本节课学生经历工程设计流程的“明确问题”和“设计方案”两个阶段过程，不仅让学生学到了科学知识，更是促进了学生协作能力、解决问题能力等多种素养的发展。两节课后，由工作室主持人程斌校长主持研讨活动。按照惯例，执教教师先进行说课和课后反思。朱时骏说，非常荣幸能在这里给大家展示一节科学课，希望大家多提宝贵意见，共同反思。根据教材内容，执教老师将本课设定为“聚焦、探索、研讨、拓展”四个环节，而本节课的重点环节是学生的活动，即探索环节：让学生在活动中激发科学兴趣，提升科学探究能力，发展逻辑思维并培养爱思考的好习惯。如何让学生有效地进行探究活动，这一点是本课设计上的一个难点。朱老师以“点拨—探究”为设计指导思想，想要有效，必先有序，想要有序，需要从活动的材料设计开始。为学生提供有结构的材料是本课的亮点，但还有不足之处，希望各位专家、老师能多多指教。文娟提出，本课上得十分“痛苦”，本节课是一个工程设计课，课堂氛围比较重要，应当以教材为依托，教师只充当一个点拨者的作用，调动学生的积极性，引出设计小车的四个过程，再提供材料让学生讨论从解决小问题引到大问题。这是一节以设计为主的课，设计是一个试错的过程，体现了工程设计思维，教师在课堂上将自己的作用弱化到观察者的角色，充分展现了学生的主体地位。

二位点评嘉宾邓海和周阳，分别对这两节课进行了点评。周阳认为，文娟的静、朱时骏的稳，结合着学生天马行空的想象，很好地诠释了今天的两节课。这两节课对教师的要求都非常的高，车轮、车轴也好，热气球、氢气球也好，都是需要学生结合生活实际的。邓海则认为：第一节课有三个亮点之处，有很好的体验感、给学生一定的空间、信息明确；第二节课是了解汽车的结构，小车要是再丰富一些，更多的是要学生认识材料，用什么样的材料才最适合。程斌对这次活动进行了点评和总结。第一节课已试教多次，相对比较成熟，教师对塑料袋的改进让材料变得更加“有结构”，学生利用有结构的材料进行探究研讨，较好地体现了该班学生整体的科学素养，我们坚信不管学生的“前概念”差异再大，但学生对热气球探究的热情是相同的，难忘的科学探究之旅必将成为学生今后一段温暖的记忆。特别是针对学生的发现，教师及时组织学生开展了一个适当而深入的研讨，很有必要，也展示了执教者的教学风采和对教材研读的深度和广度。第二节课类似STEM课程，是新课程标准倡导的跨学科学习方式。它将科学、技术、工程、数学有机地融为一体，有利于学生创新能力的培养。教师在本节课进行了大胆的尝试，首要是设计方案，要让学生真做，绘制设计图需要花费多少教学时间，值得进一步推敲，不论学生之间存在怎样的不同，教师都要千方百计为全班学生提供适合的、公平的学习和发展的机会。在今后的科学课教学中，程校长提出了三点建议：一要多研读课标和教材。科学课的设计要围绕课标，尽可能呈现科学的核心要素。二要多了解学生，对学生的“前概念”要多了解，要想方设法为学生提供多样化学习方式，促进学生主动探究。三要把握好教学内容。教师不仅要弄明白知识点，还要从中寻找科学探究、科学态度、STEM等多方面的“生长点”，要关注实验过程中证据的收集与运用。要有意识地修炼自己的教学智慧与课堂艺术，唯有用心用情的课堂，才能点燃学生的激情，拓宽学生的视野，培养学生的思辨能力。实地考察环节，由高安中心小学江松柏副校长针对学校开展科学社团活动情况进行了汇报，大家饶有兴趣地参观了学校微型水生系统探究馆，芜湖市程斌名师工作室和相关专家对学校科学社团后期发展规划进行现场诊断和指导。暮色已笼罩校园，研修人员还感觉意犹未尽。本次“点拨—探究”乡村行活动，不仅仅提升了送教教师的个人素养，让乡村的孩子们参与了一次有效的探究活动，同时也为工作室“点拨—探究”系列研修迈出了坚实的一步，相信成员们都受益匪浅。格物而致知，力行而先谋，做一名有灵动智慧的小学科学老师，在实践中发现最好的自我。

岁末聚力促教师专业成长

岁末虽冬寒料峭，但芜湖市程斌名师工作室的成员研修热情不减。2020年12月24日他们齐聚北塘小学，开展年内最后一次研修活动，凝聚各方力量，促进学员专业成长。本次活动采取“浸润式学习”，为激发学员思维的碰撞，活动还特别邀请了孔立新老师、邓海和周阳，围绕“如何开展小学科学课题研究和论文撰写”展开。学员是研修的主角，系列话题既是一个个微讲座，也是一次次面对面的对话。孔立新针对如何撰写论文和学员们展开对话。他认为老师们目前撰写论文的比较功利，目的无非只有两种：或发表或评奖，而如今查重率普遍比较高是不争的事实，论文的内容需要原始积累和及时反思，一节公开课后是撰写论文的好时机，结合当时的教学感受和反思评价可成为很好的素材。在他看来，身为教师最难的是上课、最简单的是写课后小记，大多数老师往往是完成了最难的任务，而忽略了最简单的记录。教师只有站在多彩的课堂上才能获得专业成长的力量，利用文字记录课堂中那些触动人心的瞬间，才会让这份力量得以保存和分享。课题研究需要项目化学习，项目化的学习是什么？是教师在一段时间内通过研究并应对一个真实的、有吸引力的复杂问题，其中有八个准则也是需要学习的。在如何开展课题研究上，孔立新提出了四点建议：课题要选择一个切合研究的视角，角度尽量能新颖有价值；课题要立足学科，不唯学科，注重成效；课题要以问题为导向，不唯理论，要解决教学实践问题；课题要规范材料整理，注重材料的条理性。程斌用三个字与学员们分享了讲座后的感悟“小、实、勤”：“小”即小学科能做大文章；“实”即讲的都是干货，都是自己的故事，可以模仿和复制；“勤”即勤于用笔记下自己的教学行为，这就是原创。在此基础上，程斌阐述了自己对小学科学课题研究与文本表达的见解。程斌的微讲座主要围绕三个内容：为什么要研究课题？怎么研究课题？教育研究成果的文本该如何表达？教育研究、撰写研究论文并不只是大学教授或专职研究人员才能做的事，一线的教师完全可以使自己成为研究者，在自己教学的过程中，像研究者一样去工作、思考和交流。在课程改革中，教师应以研究者的形象出现，把每一间教室都变成新课程新教学思想的实验室。小学科学教师想写出教学研究文章，需要有充足的原材料和创造性的思维加工过程。只有勤于积累，精于思考，才会有东西可写，多练就能写出具有一定水平的文章来。要善于学习，养成积累资料的习惯。积累资料的方法通常有记笔记、制作卡片、做索引、写教后感等。他认为小学老师的论文是做出来的，教学实践是撰写教学研究文章的基础，无实践研究则无理论文章；小学科学老师要谨慎开展"学术性"研究，要侧重于实践的表达。针对论述性、案例性的文章撰写的方式和要求，程斌也进行了深入浅出的讲解。周阳作为工作室联合课题组的主要负责人，他阐述了"新课程背景下小学科学课堂教学创新之教学具改进"，与成员们进行分享交流，从传统的"教科学""学科学"改变为"做科学"，新老教材的融合可以说给教师们带来了很多的困惑之处，如何让教具的改进，既能方便师生使用，又能针对一些赛事让教具更加精准，这是难点所在，需要大家推敲。小学科学自制教具的开发与优化有其自身规律可循，在实验类型方面、操作难易程度方面、促进学生思维发展方面、成本方面的考虑与设计是重点，他期待和成员们共同探讨，共同提高。主持人程斌结合本工作室承担的课题进行了中期反思和点评，并布置近期研修和课题研究工作。不知不觉，夜幕已笼罩校园，又是一个平安夜即将降临，灯火阑珊处，仿佛工作室主持人点起一盏烛光，照亮了研修人员的专业前程；不一样的研修方式，用一些真心和细心，让研修不停留在表面，用点滴幸福唤醒大家的专业梦想，一起研修，一起成长。

工作室助力三山经开区小学科学教师专业成长

2021年3月25日下午，应芜湖市三山经开区教研室的邀请，在芜湖市高安中心小学五楼会议室举行小学科学教师专题培训，三山经开区各小学专、兼职科学教师参加了培训。培训会上，工作室主持人程斌与参加培训的科学教师分享自己的成长故事，目的就是让大家摒弃浮躁，潜心研究，深耕课堂，在照亮学生的同时光大自己。程校长饱含深情为与会教师梳理了自己从教30多年的经历，感叹教育催人老，岁月已渐渐染白了他的双鬓；怀念那个曾经的青葱岁月，充斥着温馨、纯真、清贫和苦难，这是属于一群草根教师的集体记忆。他勉励大家“科学开蒙责任重大，使命光荣，我们愿意为之全身心地付出”。周阳从坚定教师的理想信念、深刻研读教材、创新教学具几个方面结合自己的研修心得，进行了精彩的发言。江松柏给参训教师汇报学校科学社团开展情况，分享了社团活动案例，并现场考察了学校的劳动实践基地。培训结束后，芜湖市教科所小学科学教研员项森林和三山经开区教研室主任方世明对本次培训作精彩点评，同时要求大家在小学科学学科教育教学中求实创新，不断进步；要想方设法帮助每一个学生不丢掉“爱提问”的天性，激发学生“爱观察”的好奇心，在小学科学的百花园里享受科学启蒙独有的魅力。

自制教学具，共研共享共成长

2021年3月18日上午，在北塘小学二楼会议室如期举行了工作室研修活动暨市级教育科学立项课题开题会。这次研修主题是芜湖市程斌名师工作室承担的市级立项课题“小学科学自制教具及其应用的实践研究”开题论证会，但略有不同的是，此次活动与小学数学市级立项课题“基于深度学习下小学数学提升学生核心素养的实践研究”同时开题。会场上热心小学科学和数学教研的同仁座无虚席，一群理科教师共同切磋的氛围很浓。北塘小学赵丽娟副主任担任本次活动主持人，她充满激情地介绍了参加课题开题论证会的专家、领导和特邀嘉宾，声情并茂地对两个课题的基本情况进行了描述，并宣读了立项通知书。活动的重头戏是课题组负责人分别陈述课题开题报告。周阳围绕课题的概念界定、选题意义、应用价值、实施路径和预期成果等方面，对市级立项课题“小学科学自制教具及其应用的实践研究”进行详细的解读。周阳认为，科学教具的制作，无疑是科学探究的有力支撑。基于对教科书全面而深入的理解和对学生认知特点的分析，有针对性地开发教学具，才能使教学具发挥更大的作用。在他看来，一件优秀的教学具，既是制作者在基于对教材的深刻理解和课堂探究过程重难点的突破上思维的物化，更是提升科学老师自身综合能力的有效途径。主持人邀请专家对课题实施的科学性和可行性进行评议，对课题研究中可能存在的问题和遇到的困难进行指导。市小学科学教研员项森林指出，课题内容还需细化，课题研究目标还应更具体，他相信在程斌校长的带领下，此课题会顺利地开展并结题。数学学科专家后骅从本专业研究的视角提出了自己的见解，教学具让技术更多地介入，打破学科的边界，让探究更好地发生，为孩子的成长服务。课题研究专家吴志强认为，校长重视教科研是十分重要的，如何做好课题呢？一定要将课题负责人分发的任务不打折扣地完成，在课堂中做最好的自己，素材的积累、日常的教具改进，其目标指向的是小学科学教学质量的持续提升。我们要以未来教师为尺，积极开展教育科学研究，过程性的资料需要及时记录下来，不断内化为自己的认知。好的教学研究，往往不是呈现在教师的论文中，而是隐藏在教师的研究体验中。一线教师做课题的意义是自我的成长。课题组负责人对专家开题论证意见和建议进行简要的归纳总结并表态。周阳首先对所有专家表示感谢，认为自己今日的准备的确有很多不足之处，今日听取专家们的意见后，受益匪浅。接着课题组成员代表做表态性发言。赵桥中心小学王兵主任首先感谢程斌、周阳两位校长的信任，成为课题组的一员，和许多更优秀的老师们一起开展小学科学教具的课题研究工作，作为小学科学教师要培养学生科学的思维方法，努力发展学生解决问题的能力，使学生们在日常生活中亲近科学、运用科学，把科学转化为对自己日常生活的指导，逐渐养成科学的行为习惯和生活习惯。芜湖市高安中心小学江松柏说，在研究的过程中，会认真汲取目前市场上已有的教具优点和设计思路，以改良和创新为主要方向，相信在课题的研究过程中教科研能力一定会有很大提高。芜湖市褐山小学杨国强则表态道，在课题的实施过程中，会积极参与课题组的各项活动，严格按照课题实施方案进行有序的课题研究，并根据研究的计划实施情况，及时对实施方案进行一些必要的调整和细化，并做好阶段反思与总结。课题组组长程斌做保障性发言，他觉得课题研究的起点要清晰，这样才能脚踏实地；任务分解要灵活，必须随时调整；目标和方向要明确，这样才有“诗和远方”。在研究路径上，他强调要和芜湖市程斌名师工作室的研修路径高度切合，主张研修要“一慢三磨”，坚信教育是慢的艺术：慢读，阅读是最好的成长；磨课，在课堂中遇到最好的自己；磨文，在打磨文字中讲好科学教师自己的故事；磨器（研究教具学具），支架与方法蕴藏其中。课题研究培训是基础和前提，要把专家请进来，把教师送出去；要加大研究经费的投入，只有高投入才能期待有高水平的结题。课题组成员要深耕课堂和教材，发现教具背后的育人价值，要重在过程性资料的深度参与，而非成果性资料的拼凑。磨器（研究教具学具）是小学科学教学独有的一道风景，我们在不断寻找可能的解决方法中享受其无穷的探究魅力。一线教师做课题研究，不仅要做得有意义，还要做得有意思。让教师在快乐中研究，是课题研究成功的密码。相信课题组成员只要自觉主动地开展理论学习，研读与课题相关的专著刊物，以保证课题研究方向和科学性。要严格按照课题研究制定的时间表，认真负责地做好各项工作流程的任务分解、日常活动；积极参加课题研讨和交流，在主持人的带领下，依托专家引领和成员们的共同努力，一定会取得丰硕的研究成果。

教具展示练本领，潜心钻研促成长

江南四月雨晴时，兰吐幽香竹弄姿。2021年4月15日上午，在这最美江南四月天的时节，芜湖市程斌名师工作室成员们沐浴着春风，来到了芜湖市育红小学旭日天都校区会议室，开展制作教学具专题研修活动。为了高质量参加2021年芜湖市中小学优秀自制教具展评活动，工作室主持人程斌校长带领成员们一同研读了参赛文件，通过系统梳理，任务驱动，同伴互助，落实相关竞赛事宜，研究确定了工作室每位成员们都要有一份作品参赛的目标。同时邀请带教导师育红小学旭日天都校区副校长周阳，针对“小学科学自制教具及其应用的实践研究”开展专题讲座。周阳说：收到比赛文件的时候既激动又紧张，教具是小学科学教学中必不可少的一部分，并不是别人做过的就不能做，做过的教具可以进行相关的优化和改进。周阳老师还筛选出了9个可自制教具的课题，供工作室成员们选择，并且将自己的一些改进方法倾囊相授。在说到“月相变化演示器”和“太阳系模型”的时候，周阳拿出自己制作的半成品教具，成员们都按捺不住自己的好奇心，纷纷上前近距离观察。在此基础上，程斌及时点评，他认为大家要想自制教学具，必须深入课堂，研读教材和学生，要针对教学重难点提出自己困惑，并加以改进和问题解决。好的自制教具要体现实用性和低成本，针对小学生的年龄特点和认知规律，突出趣味性和可视性，后期制作中成员们应当特别注意。自制教学具交流环节，工作室成员华东师范大学芜湖外国语学校方宇老师，带来了自己用滴胶制作的各类标本，有昆虫类、花朵类，品种繁多，最吸人眼球的就是一只从武夷山研学带回的锹甲。大家好奇地问为何会做此类教学具，方宇解释：在日常教育教学过程中发现，很多学生因为有点害怕昆虫或者花粉过敏等，无法近距离观察，用滴胶的方式制作标本，可以让学生避免直接接触又能清楚大胆地去观察昆虫和花朵，达到学习目标。本次活动还特邀了荆山小学校长陈明。陈明带着自己的制作的几件教具作品，和工作室成员们互动交流。他强调自制教学具要注重细节，坚持自制，日积月累，就会形成自己的风格，天道酬勤，定会有所收获。

程斌活动总结时再次强调，制作教具的过程性资料是十分重要的，数据的收集、教具的开发特别是教具的改进，每个人都要发挥自己的特长，这是一次难得的研修机会，团队的专业引领、教具的精致程度，都会影响参赛的结果。教具必须有科学性，不要引起不必要的歧义，设计的教具究竟解决了课堂教学的什么环节、什么问题，都需要大家深入思考和仔细琢磨。如何让教具成为小学科学最具特色的闪光点，为课堂教学提供更便利的成品教具，是大家今后共同努力的方向。

春意盎然，育红小学旭日天都校区的红叶石楠，携一缕甘洌的芬芳，连同春日里特有的浓郁，随风掠过会议室的窗口。伴随着芜湖市程斌名师工作室研修的脚步翩翩走过，不经意间，在这姹紫嫣红的季节里，研修的伙伴们又收获了专业成长的喜悦。

专业引领互动，反思质疑探究

“槐柳阴初密，帘栊暑尚微。”2021年5月12日上午，芜湖市程斌名师工作室在华东师范大学芜湖外国语学校举行了“磨器”（研究教学具）专题研修活动。“磨器”即研究教学具，我们坚持“支架与方法蕴藏其中”，这是工作室建室以来一直倡导的理念。自制教学具是小学科学教师的基本功，也是深化教学改革、提高教学质量、让小学科学教学更具科学趣味性的重要途径。本次研修活动以参加2021年全市中小学优秀自制教具为契机，对工作室组织的所有参赛作品进行了分享，每位研修人员从不同的视角对12件参赛作品逐件进行打分，并在工作室内进行评奖。工作室主持人程斌强调，自制教具一定要立足课堂教学的需要，要能解决教学的重点、难点和盲点。作为课堂教学信息承接、活化的载体，为学生提供直观形象、生动有趣的感知材料十分必要。育红小学天都分校周阳副校长首先阐述了自己对教具制作的一些观点，他认为教具是为了解决教学实践中存在的问题的，只要问题没有彻底解决，即使别人做过的教具你也可以继续做。为了更好地阐释自己的观点，他展示了自己的作品“彩虹成因及影子变化规律演示器”，详细地介绍了设计时的所思所想，并将自己指导的两套获奖教具同时进行了现场展示和解读。褐山小学的杨国强副校长展示的是“呼吸前后氧气含量变化演示仪”，很好地探究了呼气前后氧气含量的变化，但提出有一个小缺点是无法短时间内持续使用，这也是后面需要改进之处。本次活动有十二名成员参加，大家逐一展示了自己的教具，并与参会的研修人员进行互动对话，制作经验的分享。通过专业引领互动，反思质疑探究，让参赛作品得到了优化，研修成员设计制作教学具的能力和水平得到了提升。使用自制教学具的目的是更直观地将实验现象和实验结果呈现在课堂教学中，更有效地帮助学生理解和建构概念。在自制教具的方法与技巧培训分享环节，华东师范大学芜湖外国语学校的方宇老师，带领大家来到了五楼的实操室，展示了自己制作的教具，为大家详细地讲解了“利用环氧树脂制作动植物标本”的方法和技巧。他从昆虫标本的整姿到植物标本的采摘和脱水以及环氧树脂的调配和使用都提出了自己独到的见解，既有制作时的成功经验，也有失败的教训，让大家受益匪浅。在实操环节，每位研修成员根据工作室提供的材料，在方宇老师的指导下，进行了亲手实践制作，将活动的气氛再次推向高潮。活动最激动人心的时刻是程斌宣布自制教具现场评分结果，当第一名脱颖而出时，现场掌声瞬间响起。短暂的研修，成员们都还意犹未尽，方宇又带领大家来到学校一楼的科创教室，参观了学校近期收集的师生科技作品，和与之共生的科技教育校园文化。从小培养学生爱科学、学科学、用科学的志趣和动脑动手的能力，是小学科学老师对学生的期许，更是对小学教育信念的坚守。只有坚守，才能进步；只有变革，才能发展；只有行动，才能托起小学科学教育的明天。

立足课堂重实践，勤于探究明方向

牵着初夏的烂漫，抚着悠长的柳丝。2021年5月27日上午，芜湖市程斌名师工作室全体研修人员齐聚育红小学旭日天都校区开展研修活动。这次活动由一节基于课题研究的小学科学研讨课拉开帷幕，执教教师为育红小学旭日天都校区张智磊老师，执教内容为教科版小学科学五年级下册第三单元第六课《摆的研究》。这节课是一节经典的老课，五年级学生在研究摆的快慢实验中，对几个变量实现精确控制具有相当的难度。如果实验材料稍微有一些小毛病，就会直接影响到研究结果的准确性。因此，实验材料一定要精心选择，把对实验干扰因素控制到最低是本节课关注的重点和研讨的意义所在。流畅的课堂，让40分钟匆匆而过。课后张智磊针对本课从教材分析、上课思路、教学方法选择、课堂教学效果等几方面谈了自己执教本节课后的思考。她认为自己的课堂过渡存在诸多问题，很多课堂上的提问都是无效的，时间把控得还不够好，教具方面还有诸多需改进之处。

有价值的集体研讨才是教师专业成长真正发生的美好时光。工作室成员们各抒己见，纷纷对本节课发表了自己的观课心得和感言。周阳打头阵，对爱徒的赞美之情溢于言表。张智磊到校三年，从事科学教学才不到半年的时间，但是她勇于承担研究课的任务，课前进行了精心准备，本课的亮点是教学流程很完整，如行云流水，师生互动积极，基本达到了预期的教学效果。教具由于是傅科摆改进的，客观上还存在着一些弊端，需要加以修改。安徽师范大学附属小学朱时骏提出，十分喜欢本节课的教学风格，先讨论后实验的方式着实有点大胆，五年级的学生之前可能没有生活经验，也没有受过此方面的专门训练，在用绳子系摆锤时出现了困难，教师在指导学生探究时要给予足够的关注。教师通过蛇形摆激发学生的学习兴趣，创设生动活泼的教学情境，让学生发现问题，在组织学生讨论实验方案前，应该给学生先提供实验材料进行观察，这样再去让学生设计实验将顺理成章。成员们你一言我一语，及时表达自己的所思所想，注重对学生动手能力的指导训练，是大家对这节课比较一致的印象。程斌在大家充分研讨的基础上，点评了这节课。程斌认为，工作室研讨课的质量还需提升，可以利用录像的形式，反复地观看并进行反思，形成一系列的研修资源。本节课的课堂导入，教师播放“蛇形摆”对学生后续的探究是否有意义？直接引出摆绳是否让学生一下摸不清目标？这都是本节课后需要思考的问题。在实验教学中，教师千万不要“好心”地剥夺学生探究的权利，一味带着课堂上的“先进分子”朝前跑，长此以往必将对其他学生的课堂学习产生负面影响。教师应该积极引导学生共同收集实验证据，充分经历科学探究的全过程，才能提高学生的科学素养。在各小组交流填写的实验记录单时，有学生提出“摆锤的质量不同对摆得快慢的影响”，第一次从学生的发言中听到了“质量”一词，教师应当在课堂上进行追问，而不是依据自己原有的教学设计忽略不睬。探究是一个发现问题和解决问题的过程。每一位探索者，不管是孩子还是科学家，在遇到问题时，都会尝试用自己熟悉的方法去解决，教师均要满腔热情地给予帮助和关心。教学具不仅仅是让学生玩的，更重要的是让学生便于自主探究和收集实验数据，对学生科学素养的形成真正有意义。这次研修活动还有一个重要的内容：小学科学自制教具参赛作品点评和优化。通过前期研修和培训，工作室成员积极参加2021年芜湖市优秀自制教具展评，几乎所有人都上交了自己的参赛作品，市级获奖硕果累累，工作室推出的多项自制教具获市级一等奖。但细细揣摩，仍有很多不足，程斌带领成员们对获奖作品评头论足，分析其中的利弊，逐一进行优化。

影响小学科学教学质量的因素虽多，然而就其重点而言，不外乎课程（教材）、教法和评价。从2020年开始，芜湖市教育局将小学科学纳入小学毕业生学业水平发展监测学科，小学六年级抽测4科，语文、数学、英语加X，今年六年级科学将正式进行质量监控考试。面对不断变化的教育形势，如何提高小学科学教育教学质量，构建促进学生全面发展的评价体系，而不是加重学生课业负担，这是我们小学科学教师应该认真思考的问题。小学科学启蒙教育的初心是什么？小学科学教学质量监控的目的应该是创造、培养和引导理想的科学学习氛围，而不是强迫学习，机械记忆。程斌认为芜湖市将科学纳入小学毕业生学业水平质量监测，对小学科学教师提出了更高的要求，教师要认真研读课程标准，深钻教材和教师用书，应当有一系列的核心概念和核心探究实验，留存于手，了然于胸。程斌将工作室成员分成两人一组，分别完成六个年级的核心概念和核心探究实验考查要点的梳理，对标课程标准和学科知识的逻辑架构，务必将课程标准、教师用书、教材、活动手册等剖析透彻，方便师生检验其所教所学。建设教育名城，打造宜学城市，是芜湖市委市政府制定的教育发展目标。作为一群小学教师理应为小学科学课堂添一缕阳光，贡献一份力量。“研”是为了更好地“教”，“修”是为了更好地“学”，我们快乐地行走在“点拨—探究”教学的路上。

脚踏实地，方能仰望星空

2021年9月16日上午，在这秋高气爽、硕果累累的金色九月，北塘小学经过二期扩建终于以崭新校容校貌迎来了芜湖市程斌名师工作室的成员们。这次研修活动与以往不同，分为三个单元。第一单元优质课：意想不到时，别有洞天处。芜湖市程斌名师工作室共有4名成员入围2021年芜湖市小学科学优质课评比第一轮说课比赛，程斌校长首先对入围选手表示祝贺，并提到大家可以参照省级优秀的说课稿进行学习演练。程斌校长强调，说课稿的完整性和准确性很重要，说课的过程中要有亮点，关键技巧的展示也能够成为很好的加分项。谈到说课，周阳校长作为有着省说课比赛经验的老师，也为参赛教师提出了很多的建议。他提出：说课时站位和教态十分重要；说课的语言要准确和流畅；说课内容要根据时间详略得当，并不需要把PPT上的每句话都说完；板书的部分，要简洁明了；PPT的设计不要过于花哨或者平淡。经验丰富的文娟老师，也为各位参赛教师提供了宝贵的意见。她认为，说课的语言要科学、准确、有效地解决问题；说课过程中要突出亮点，这个亮点可以是你的教具改进或者对于教材的理解和改动的部分；对于实验设计部分，教师的准备要充分。针对比赛的困惑，参赛教师与指导教师各抒己见，教师如能慧眼识珠，因势利导，优质课现场就能繁花似锦，师生互动的课堂就会让人受益匪浅。第二单元课题研究：重视自制教学具，以小促大，拉动高效课堂。程斌校长首先对上学期工作室和课题组参加安徽省“自制教具”大赛的获奖情况进行了总结，他强调这些比赛的资料都需要及时收集和整理。此外，程斌认为，通过此次比赛以及课题研究，如果能够提升教师的基本技能，将是十分有意义的。他希望工作室研修成员能够进行相关思考：你认为小学科学教师需要具备哪些的“基本功”？你认为在专业的发展道路上需要哪些帮助？工作室拟通过购买材料、专家培训等方式为学员专业发展提供帮助。周阳作为课题负责人，也对上学期的课题工作做了总结。他认为，去年的成果代表着大家的付出，新的学年，我们有新的目标。针对新教材，你有没有发现可以改进的实验？有没有创新点？我们只有多上课，多思考才能发现创意，所以希望课题组成员能够行动起来，一起将这个课题做好。工作室将精心谋划，按月落实每月的培训计划，在最大程度上为大家专业提升提供帮助。第三单元读书笔记：悦读悦分享，共享共成长。作为工作室成员，深受程斌校长的感染，在他的带领下，成员们都积极研读了《小学科学教育的“探究—研讨”教学法》，并记录了详细的读书笔记。这是工作室的一大亮点，为了帮助大家把这些文字材料保存下来，程斌校长委托周维进行资料的收集整理。同时，他还向大家推荐了另外几本书，希望大家能够从中汲取营养。他对四位参赛教师提出了希望，预祝他们在接下来的比赛中取得好成绩！“独行快，众行远。”工作室恰是一颗种子，经由大家共同地呵护，慢慢长成一棵大树，那枝叶翠绿喜人，整棵大树枝繁叶茂、生机勃勃，将预示着小学科学课堂笑容灿烂，收获满满!

深耕教具和实验，助力小学科学课堂

在这金风送爽，秋阳宜人的重阳节，芜湖市程斌名师工作室的成员，在育红小学旭日天都校区，开展了一场“深耕教具和实验，助力小学科学课堂”的研修活动。研修活动在周阳老师的讲座中拉开帷幕。周老师围绕“小学科学自制教具与实验说课”做了微讲座。他从使用教材、实验器材、实验创新要点、实验原理、实验设计思路、实验创新要点、实验教学目标、实验教学内容、实验教学过程、实验效果评价等方面对工作室成员进行了培训。周阳提到实验创新要点是说课的重点：原实验不足（设计、器材等）、实验创新点（设计思路、材料的选择等）、实验不足与改进等。实验原理可表述为实验设计思路，最好有设计示意图作为辅助理解。他还提到，实验说课的教学过程应该以实验为主，要体现实验过程的完整性，分步骤、分环节，用小标题清晰表达。同时，对文章排版规范要求和论文标题层级序号规范要求也逐一进行了演示。这个讲座干货满满，是周阳在认真研读了全国实验说课大赛案例后的总结与提升。工作室成员们纷纷表示，听完讲座有很大的收获，也对实验说课比赛做到了心中有数。工作室主持人程斌用心良苦，为了让工作成员们能够快速成长，他精心准备了名师工作室系列研修实操手册：程斌名师工作室制作教学具十项必备基本功——锯割、锉削、钻孔、玻璃拉管、铆接、镶嵌、热割、胶接、焊接、环氧树脂定型；程斌名师工作室十项必做科学探究实验（根据课标遴选)：物理实验4项、化学实验3项、生物实验3项、小学科学课程标准与知识拓展十讲、小学科学课题研究与论文撰写十讲。他提到，这个手册的内容可以根据学员们的实际情况进行调整，一切以学员们的成长与发展为宗旨。名师工作室成员们纷纷表示，十分感激程斌的精心准备，一定会努力学习，不辜负期望。对研修者来说，最感兴趣的还是移步科学实验室进行实操训练。这次实操训练项目是制作教学具十项必备基本功之一的“玻璃拉管”。在这个环节中，程斌、周阳带头演示，认真讲解注意事项、分享操作技巧。成员们跃跃欲试，每个人都进

行了拉管操作。虽然有失败有成功，但大家的热情都很高，有几位成员还成功地拉出了滴管。大家都惊喜地感觉自己又增加了一项新的技能。每次研修，作业必不可少。程斌每次都会叮嘱提醒大家：作业需要认真及时完成，按照规定的时间节点提交，以方便资料的整理和汇总，形成过程性研修成果。名师工作室研修成果可谓喜讯连连， 在2021年芜湖市小学科学优质课大赛中，工作室成员翁桔就获得了全市第一名的好成绩，大家在祝贺她的同时，程斌又未雨绸缪，针对2021年全省优质课评选进行了相应的技术性安排。他认为翁桔能一路过关斩将，这充分体现了名师工作室团队的力量，希望所有成员们能够精诚合作，潜心研究，共同成长。大家的专业成长有多种路径可走，但立足课堂是小学科学教师的立身之本。日复一日的课堂，不仅是经验的积累，更是自己不断研究改进的主场，要实现自己的教学梦想其实很简单，只要实实在在地去做。工欲善其事，必先利其器。研修永远在路上！

交流启发智慧，互动点亮课堂

2021年10月28日上午，镜湖新城实验学校校园里依然秋高气爽，一路明媚，一路芬芳。芜湖市程斌名师工作室成员们，携一缕秋风，勤耕不辍忙研修，脚踏实地结硕果。本次研修活动的主题是基于“点拨—探究”为核心的小学科学研讨课，内容包括：翁桔执教五年级上册《计量时间》单元之《用水计量时间》和周维执教之《制作钟摆》；导师点评与互动研讨；落实有关翁桔赴合肥参加2021年全省优质课大赛的相关事宜。参加本次研修活动的，除了本工作室的研修学员，还有作为特邀导师的荆山小学陈明和邓海。活动伊始，翁桔和周维分别执教了五年级上册第三单元的两节研讨课：《用水计量时间》和《制作钟摆》。两节课围绕计量时间，从不同的角度对计量时间的方法进行探讨。《用水计量时间》一课，翁桔从“有规律运动的物体可以用来计时”的角度，让学生体验用水计量时间的规律性与不足，最后引入中国古代水钟的计时原理。本节课教学设计流畅，课堂活动丰富，学生在体验中获得知识。《制作钟摆》一课，周维在学生前期已经学习了摆的等时性、影响摆的快慢的因素基础之上，安排了本节课的任务——制作一个一分钟摆动60次的摆，让学生根据上节课的实验数据推测并设计实验的方案，再进行制作和测试。整节课任务清晰，流程完整，学生的思维能力和动手能力得到很好地提升。课后的点评与研讨环节，各位导师和学员们积极发言，针对这两节课提出了很多值得讨论和思考的意见与建议。学员张晶晶提出：科学课的课件可以精炼，增加层次感，简化文字的内容。学员殷花对两节课的看法是：讨论的部分可以多增加学生的环节，让学生自己多说。学员叶春玉觉得课后作业要精心设计，可以减少形式化，增加可行性。学员杨国强针对实验仪器的调整与改进，与程斌、陈明、邓海进行了激烈的辩论。最终对《用水计量时间》一课的实验仪器和记录单做出了调整。一个多小时的讨论，让大家意犹未尽。无论是两位执教教师，还是研修的学员，都表示通过这两节课的示范和研讨，大家对新教材的理解又深了一步，回去会结合今天的研修，继续对新教材进行研究和学习。

优课展风采，桃李竞芳菲

2021年11月3日上午，芜湖市程斌名师工作室一行人，驱车两个半小时来到合肥，参加2021年安徽省小学科学优质课评选及观摩活动。优质课比赛地点在合肥市师范附小第二小学，参赛选手辅导团队住宿在合肥市徽州大道白金汉爵大酒店。由于疫情，芜湖市参与此项活动的老师并不多：芜湖市小学科学教研员项森林，镜湖区小学科学教研员胡文斗，工作室主持人程斌，特邀指导保障团队陈明、邓海，邓金莉，以及工作室成员方宇和周维参加了活动。此次优质课是经区、市级层层选拔，最终由工作室研修成员、芜湖市市级优质课一等奖第一名获得者翁桔代表芜湖市参加省级比赛。来到合肥，稍稍休息，大家就明确了分工，积极投入备课。我们虽然到得比较早，但按照会务组的规定，参赛课题的抽签统一安排在当天下午，吃完午饭，在焦急地等待时得知，翁桔最终抽到的课题是四年级上册之“食物在身体里的旅行”。此时，工作室主持人程斌接到镜湖区教育局杨红局长的电话，因镜湖区学生第一次进行新冠疫苗入校接种，北塘小学师生三千三百多，数量大，作为第一责任人的校长必须赶回学校，现场研判，无奈之下，程校长只有粗略交代了一些参赛的注意事项，就匆匆坐上回芜的专车。尽管如此，指导保障团队在翁桔老师抽到课题后，仍以最快的速度聚集到所在的房间，这里很快成了小学科学研课的主场。邓金莉、邓海、胡文斗和陈明，他们一直在逐字逐句地对教学设计进行打磨，方宇在积极准备实验材料和实验改进，周维在仔细琢磨课件的优化和希沃投屏的要点，同时来观摩的无为市生物教研员袁冕也加入热烈的研讨，优化上课流程，删减繁杂的教学过程，如切如磋，如琢如磨，挑灯夜战，这注定是一个不眠之夜，一直持续到晚上10点多，直到所有的事情都已准备妥当，大家才放心地回到房间休息。这是一段煎熬的过程，也是研修团队收获最大，最充实的一段时光。11月4日上午，虽然翁桔抽到的是上午的第四节课，但是方宇、周维早早地就陪同她，来到比赛地点进行准备和布置。最终翁桔不负众望，以饱满的精神状态，精心设计的教学具、流畅的师生互动和近乎完美的课堂把控，赢得了在场听课教师和评委的一致肯定。特别是设计新颖的教具，更让评委们充满好奇，纷纷忍不住拿起来再体验体验。当我们团体自信地告别赛场，也意味着此次的合肥之旅画上了圆满的句号。就像翁桔说的，每一次比赛都是历练和成长，只有不断磨砺，才能完成成长的蜕变。在这次活动中，团队的力量再次得到了彰显。无论是从最初的一次次磨课，到各种实验材料的准备，这不再是一个人的成果，而是整个团队的智慧结晶。磨砺出好课，众筹火焰高。相信在芜湖市程斌名师工作室的带领下，深耕小学科学课堂，乐见桃李竞芳菲。

课堂勤打磨，研修促成长

为促进小学科学教师专业成长，寻找适合学生发展的小学科学课堂，2021年11月11日上午，芜湖市程斌名师工作室联合芜湖市小学科学教研大组，在芜湖市镜湖新城实验学校进行了“课堂勤打磨，研修促成长”专题研修。本次研修活动由工作室主持人程斌主持，除工作室全体研修人员外，芜湖市小学科学教研员项森林、各区（县）小学科学教研员、学科组长及五年级专兼职科学老师应邀参加。这次活动中，周维老师精心准备了一节展示课《制作钟摆》。这是教科版新教材五年级上册第三单元第六课的内容，这节课之前学生已经对摆有了一定的了解。这节课通过改变摆长来设计一个一分钟正好摆动60次的机械摆钟，让学生尝试用不同的方法修正，虽然对学生有一定难度，但是最终他们都顺利完成了小组的设计。发现问题解决问题，这不仅仅锻炼了学生的思维，也培养了他们的动手能力。课后，各位老师对这堂课进行了热烈的讨论，对于周老师的课堂给予了充分的肯定，同时提出了很多创造性的建议。徐大志老师说：“前期的数据引入很好，但过早引入也存在着一些弊端，绳长与速度的关系可以交代得再清楚一些。”殷花老师说：“工程设计课很尊重学生，先讨论出方案，再折中，用两人一组的实验方法，让每一名学生都动手实验，可以把实验的数据控制在15—25 cm的范围。”朱时俊：“本节课课前充分考虑了‘学生获得什么，学生感受了什么，体验了什么’，引用上次课的数据来定位范围很好，注重学生一次课上的综合收获，等差和等比法的综合运用是优点，在制作钟摆上本课是成功的。”程斌老师认为：“本课是在研究了钟摆的摆动快慢与摆幅无关，与摆锤重量无关，与摆绳的长短有关认知基础上的进一步研究，需结合前面所学知识做一个钟摆。”他反复强调要利其器，如何引导学生设计这样一个摆来达到目的，排除摆锤的重量和角度，留下单一因素，减少实验难度是教学的关键。胡文斗老师说：“课程应该基于课程标准设计，上节课数据应该利用，赞成本节课设计，教学要尊重课标，又不能唯参考书论。本课的数据设计得很好。”小学科学教研员项森林说：“计量时间要分为计和量两个概念，从古至今时间的计量越来越精确，概念目标、技术目标要体现在课堂上，课标为主，教参为辅。在实验过程中要控制摆幅，建议摆幅范围不宜太大，最好控制在10度左右。数次数时，中点速度最快也最准确，因为摆长与线长是不同的，要告诉学生测量方法。计时要精准，时间本身就是一个精确的概念，可以做一条垂线来确定中点，以过中点来计次数。要把摆锤换成一个铁球或砝码，这样可以减少风力影响。”通过老师间的研讨，不时碰撞出灵感的火花，大家对于科学课程的理念有了新的认识，受益匪浅。大家纷纷表示，教师要突破学科本位，不要将知识、能力和技术简单地做“拼凑式”教学，而要将它们有机地融为一体。学生是课堂教学研究的起点和归宿。在观摩课时，很多老师被教师新颖的教具、片面追求视觉效果的魔术所征服，而忽视了对小学科学课程本质的理解，这样的“观摩课”是需要正确引导的。程斌在点评总结时强调：科学课堂要有时间坐下来研究，多参与培训，多学习观摩，静下心来以儿童的视角观察周围世界，不断揣摩课程标准的变化与不同也是一种反哺课堂的研究。每节课只有勤打磨，多尝试，在每个细微的环节中展开，顺应儿童的自然本性和生长节奏，精推细敲，反思得失，真正成为学生科学学习的引路人和陪伴者。

名师引领研修忙，城乡互动促成长

2021年12月9日上午，芜湖市程斌名师工作室联合芜湖市陈明名师工作室，在芜湖市荆方地区开展小学科学课堂教学与课后服务城乡交流互动活动。这次活动研修的主题是“增效减负，提高学生核心素养”，目的是回应一线教学的诉求，让国家“双减”政策在小学科学课堂教学和课后服务中落地。研修地点位于芜湖市方村小学，它地处镜湖区最南部，依傍青弋江，校园面积不大但很别致，进入学校大门，迎着冬日里的一轮暖阳，映入眼帘的是校园雕塑“自律　自强　感恩　成长”，陪伴着一群纯真、质朴的师生，构成了一幅难得的学校写意画卷，让人印象深刻。研修活动在方村小学录播室进行。来自程斌名师工作室的张智磊和来自陈明名师工作室的张骅骝，分别执教了教科版五年级上册《健康生活》单元之《身体的总指挥》和三年级上册《空气》单元之《风的成因》。两位年轻教师站在讲台上，表情丰富，声音抑扬顿挫，实验材料准备充分，吸引了学生的注意力，教学过程虽可圈可点，但也给小学科学课堂留下了更多的可能空间，其中夹杂着一些独特而鲜活的教学细节，让人感受到探索课堂教学的无穷魅力。为了感谢地主之谊，研修活动还特别邀请了方村小学徐恩华老师分享了他的教学心得——《如何培养学生的学习兴趣开展素质教育》。他认为兴趣是最好的老师，是学生探求知识的原动力，也是发明创造的精神源泉，小学生正处于兴趣广泛求知欲旺盛的时期，教师如果注意激发和培养学生的学习兴趣，并因势利导，使学生把兴趣转换成乐趣，让学生保持经久不衰的求知欲。上好每一节课，调动学生的学习热情、组织好课后活动，鼓励学生动手动脑、多参加市科技活动、让学生走出去开阔眼界等，这些活动都有利于学生的发展。观摩展示之后，从芜湖市各区县聚拢来的研修成员，各抒己见，展开了激烈的研讨。翁桔老师认为，在教学中教师要积极引导学生设计实验，为学生验证假设提供必要的帮助。学生分组实验，教师巡视指导是个契机，教师不能无所事事，要适时点拨。周阳副校长认为，动态生成的教学过程，是师生间重要的一段生命历程。在课堂上，教师要善于观察学生的认知偏差，及时纠正探究的方向，要呵护学生的好奇心，恰到好处而又充满爱心。周维老师则表达了对实验数据的关注。执教老师要细心揣摩小学生的年龄特点，精心准备规范的有结构的实验材料，力争减少学生在实验过程中不必要的数据"失真"。两位名师工作室主持人分别进行了点评和辅导。程斌认为，通过这两节课，我们可以看到这样一个事实：根据教材内容的不同，教师可以采用不同的教学方法。我们对教学过程的结构进行分析，就会发现，工作室一直倡导的"点拨—探究"教学策略，在小学科学课堂上大有可为。要使学生有效地开展科学探究，教师课堂上的适时点拨必不可少。材料引发学习，材料引起活动，探究之后留给学生的不仅有句号，还应该有一个新的问号。陈明则结合自己听课记录，对两节课的课堂细节，分享了自己的现场感悟。如何在教学过程中给每一个学生留下足够的发展空间，值得每位听课教师深思。名师引领，城乡互动，情暖课堂。在课堂细节中追问和反思，乡村的孩子有大自然广阔的探究空间，科学课只有真正贴近生活，贴近大自然，才能为学生减负增效，不断提高学生科学核心素养。新时代需要小学科学教师有更浓郁的学科气质，心中要有更宏大的生活教育格局。城乡小学科学教学互动，我们在路上。

品小学科学之美，享新春共研之乐

2022年2月24日上午，连日的春雨后，久违的阳光洒落在北塘小学崭新的操场上。芜湖市程斌名师工作室，新一年的研修活动在北塘小学会议室拉开帷幕。参与本次研修活动除工作室全体成员外，还邀请了合作伙伴——市级立项课题“小学科学自制教具及其应用的实践研究”的核心成员，共商本学期课题结题事宜。活动伊始，程斌就近期召开的芜湖市名师工作室主持人会议和全市小学科学教科研会议的相关精神进行了传达。工作室在“双减”政策下，要聚焦学科问题，发挥专业力量，团结协作有担当，信息发布要与时俱进，结合微信公众号“芜湖教研”完善各项活动记录以及照片的收集和整理。工作室第二批学员三年的研修活动接近尾声，学员们也从最初的陌生，到现在的亲如一家。只要大家的研修热情不灭，工作室将继续为大家提供学习和成长的支持。本学期作为学员成长的印记，每一位研修学员，要对自己三年来的学习、成长进行小结和分析，并以正式文本的形式呈现。上一学年工作室学员们互帮互助，在多项比赛中都取得了优异的成绩，交上了一份令人满意的研修答卷。工作室对过程性资料进行了收集整理，并汇总为作品集，即将付梓印刷。除了常规的课堂教学研修外，还有几项需要突出的研修重点。首先是小学科学作业设计。为了使“双减”政策落地，省教育厅下发了《关于举办全省中小学作业设计大赛的通知》和《中小学单元作业设计参考样例+评价量表》，由于工作室有多位成员参加了这项比赛，工作室将对小学科学作业设计参赛作品进行专项指导，引导大家深入研究作业功能，全面提高作业设计质量，主持人为此还精心为大家挑选了可以参考的书。“一平方米种植”活动是芜湖市小学科学多年的特色活动，我们的很多课题研究都和这项活动紧密关联。目前“一平方米种植”纳入“科学引领生活”竞赛单元之中，不再独立举办，但工作室还将一如既往，继续进行深度研究。在工作室里共读一本书，是我们温暖同行的动力。每学期读书心得的交流和整理，需要真读真悟，要扎实推进。从本学期开始，工作室在持续收集、建设小学科学优质课资源库（云支持）的基础上，将开展优秀课例专题研修活动，让研修老师能读懂课堂，以保障每一个学生能参与学习科学的课堂，实现每个学生的真正成长。通过“优质课线上观摩—真实课堂实践—团队反思提炼”，提升研修者的专业素养。参会人员针对工作室研修总结和研修计划，进行了热烈的讨论，并表达了自己的观点和诉求。程斌指出本学期研修主题力争丰富多样，计划一节市级公开课、二节阳光云课录制、小学科学实验说课培训、基本功实操培训、课题阶段性成果展示和资料整理、小学科学课题研究与论文撰写系列讲座，还要走出校园，在湾沚区航空小镇进行暑假集中研修。丰富多样的活动主题和形式，让研修者兴奋不已，充满期待。研修活动的另一个主题是“小学科学自制教具及其应用的实践研究”的结题。课题联合主持人育红小学旭日天都校区副校长周阳对结题进行了全面的阐述。同时对今年开展的实验教学说课比赛提出了自己的设想，近期会完成实验说课的模板，帮助大家了解和准备比赛。对工作室拟录制两节阳光云课，分别是针对课后延时服务“悦成长”和校本课程的开发，也发表了自己的建议。

学员朱时骏对教学软件“solar walk 2”进行了经验分享。使用“solar walk 2”软件可让我们在宇宙中找到更多关于我们的邻近行星。软件模拟了三维太阳系模型，完全与真实太阳系相同；可以放大，缩小，从不同角度观察太阳系内的各行星及其卫星的实际位置，还可以通过调整时间知道它们在过去或未来一定时间区间内的位置。同时，阅读信息也可以了解有关行星的一般的信息，如名字、质量、半径、与太阳距离等。利用太阳系漫游能透过互动学习进而更接近宇宙。“solar walk 2”教学软件也为“双减”背景下小学科学市级公开课《太阳系》做好了技术准备。两个半小时的研修活动转瞬即逝，创意无处不在。新学期研修的蓝图已经绘就，脚踏实地，携手并肩，砥砺前行，从春天出发，在探究中赋予儿童科学精神，期待这里风景独好！

听课评课促成长，齐心协力提质效

为落实“双减”政策，以推进智慧课堂教学为重心，以“减负增效”为目标，2022年3月3日上午，芜湖市程斌名师工作室在湾沚区易太学校开展了一次教师专业发展研修活动。本次活动由北塘小学校长程斌主持，湾沚区小学科学教研员施益鸿、湾沚区赵桥小学副校

长王兵和工作室全体成员参加。研修活动旨在进一步提升课堂教学质量，搭建教师成长平台，促进教师更新教学观念，提升工作室成员整体教学水平。活动伊始，由工作室成员、湾沚区易太学校教师殷花执教小学科学六年级下册第三单元《太阳系》，教师在课前精心挑选、补充学生感兴趣的太阳系八大行星的知识，利用平板电脑加智慧课堂系统将丰富、多元化的数字教学资源发送到学生端，充分发挥智慧课堂教学的优势，有效提高了课堂教学效率。课后，工作室成员对课堂教学进行了研讨与交流。大家纷纷表示，科学课本身就具有很强的探索性和趣味性，学生们对它充满了好奇。在进行课堂教学时，运用现代先进的多媒体技术，使课堂成为一个神奇的宇宙，学生可以亲身经历、感受，从而共同探索太阳系奥秘。这种教学方式极大地迎合了当今学生们的求知需要，使枯燥的课堂氛围生动活泼，同时使学生对科学课有了全新的认识，提高了学生的自主性和学科素养。工作室主持人程斌对这节课进行了点评和指导。他希望，科学课上教师要站在学生的角度深度熟悉教材，注重课堂生成和学生参与度，引导学生产生思维碰撞，探究符合学生的认知规律的本质问题，真正做到提质、增效、减负。

研修正盛，相聚云端寻春光

因疫情影响，暂时无法开展线下的教学研究活动。芜湖市程斌名师工作室根据学期研修计划，于2022年4月14日上午开展主题为“教师专业发展”的线上研修活动。这次活动主会场设在北塘小学会议室，利用腾讯会议平台进行互动交流。研修活动由工作室主持人程斌主持。按照群内约定，这次研修活动的重点是以赛促训，积极备战全市中小学实验教学说课大赛。为了提高研修人员的参赛水平，主持人会前精心准备、遴选了福建省2020年中小学实验说课8位优秀选手案例视频，由于时间的关系，组织成员们共同观看4位选手的精彩展示，剩余4位选手的视频改为自学。程斌针对观摩的视频，并结合芜湖市参赛文件进行了辅导点评。他认为参加实验教学说课大赛不同于普通的说课比赛，要关注实验教学，对实验教学优化或实验教学具的改进，一定要有自己独到的见解和创新性，鼓励新技术、新方法、新材料的应用。根据《2022年全市中小学实验教学说课大赛方案》的要求，实验教学说课稿、PPT演示文稿和实验设计创新点（教学具改进）是关键，工作室要逐项精心打磨。工作室要求使用统一的模板撰写书面说课文稿，是便于今后编印成册，老师参赛的口头说课稿可以根据自己的特色、亮点，百花齐放，但根据比赛的规则时间必须控制在10分钟内，PPT的丰富性、教学具的改进演示，都是参赛的得分点，要格外用心，精雕细刻。学具导师周阳为成员们进行了有关小学科学实验说课的培训。他认为刚才大家共学的视频案例信息量大，福建省赛选手专业素养高，流程十分专业和规范，对自己启发很大，值得所有研修人员认真揣摩和借鉴。作为一名多次在全国和省级比赛获奖的自制教具能手，他毫无保留地分享了自己参赛的心得。他认为要从教材提供的实验设计或实验材料弊端入手，分析重难点，要突显实验教学（教具）改进的重要意义，这是实验教学说课的应有之义。说课不能过于死板，内容要完整地包含在实验说课之中。阐述的目标不单纯是本课教学目标，一定要充分关注实验教学的目标。工作室承担的市级立项课题“小学科学自制教具及其应用的实践研究”的研究将于6月份结题，此次实验教学说课大赛也是对课题的材料的一次收集与实践，期待大家能赛出好成绩，静候佳音。结合研究课题，程斌和周阳对市级立项课题结题准备和任务进行了细化分工，规定了时间节点和具体责任人。随后，工作室研修成员针对此次培训内容、任务分工在线开展了交流研讨，将自己的一些困惑和见解与大家共同分享。课题组成员赵桥中心小学副校长王兵认为，实验说课的重点是实验环节。如何改进实验器材，达到了什么样的效果，为什么这样设计，实验器材在教学中的运用展示，等等，都是十分重要的。研修成员张晶晶提出，作为一名青年教师缺乏经验，正在筹备参加比赛的材料，今天培训后有了很多的思路，会认真地进行构思，但对精准选题较为迷茫，期待导师的点拨。在大家各抒己见之后，主持人要求下周四前所有研修人员需按照今天培训的要求确定参赛课题与实验改进项目，作为下一阶段工作室持续跟进的依据。“阳光云课”录制与研讨也是这次研修的一个重要内容。2022年芜湖市“阳光云课”采用

"五育并举"资源建设架构，增加了移动端，师生收看更便捷，影响力也与日俱增。为积极推进"阳光云课"在学生学习、教师专业发展和学校课后服务等方面的广泛应用，工作室拟在市电教馆公布的常规课程资源目录基础上，围绕北塘小学崇德百草园校本课程，以"植物的种植"为主题，尝试录制系列化的三节阳光云课，感兴趣的老师可以参与共建。疫情无情，教研暖心。沐浴在北塘小学春意的暖阳中，我们相约云端，在互动中寻找小学科学教学的意义，通过视频案例与自己经验体系的互动、链接、迁移、筛选，实现教师个体的专业成长。赏教研春光，耕耘于各自课堂，一群小学科学老师愿和学生一起体悟一颗种子发芽的欢愉，方不负这人间四月天。

并肩同行，共"研"共美

好雨知时节，润物细无声。为进一步提升名师工作室各成员的专业素养，拓宽教师的跨学科视野，帮助教师在观摩中成长，在研讨中进步，芜湖市程斌名师工作室于2023年2月23日在北塘小学崇德楼四楼大会议室召开了2023年度第一次研修会议。研修活动由程斌带领大家逐项讨论并初步确定了本学期工作室研修计划。令人惊喜的是，两期学员研修的成果首次亮相，工作室各成员争相翻阅，好奇之心溢于言表。程斌校长借此提出该书出版的相关要求，并详细布置了各项材料收集与整理等工作，各位教师表示将全力配合后续资料上交事宜。工作室全体学员畅所欲言，针对新学期的计划，大家陆续介绍了各自的设想与规划。其中，周阳副校长的一番话似乎说到大家的心坎里了。关于自制教具的价值体现，他有如下见解："科学需要动手实践，它是为孩子们储备未来生存的能力，在教学实践中培养拔尖创新人才无疑是我们全体一线教师共同的愿望。"除此之外，他提出的关于将物联网技术植入自制教学具中，也会成为小学科学教学的重要的突破口，新颖的观点同样也唤醒了大家的创新灵感。教而不研则浅，研而不教则空。芜湖市程斌名师工作室一直致力于"教"与"研"相结合，对上一堂好课、写一篇优质论文、制作一件实用教具，程斌校长始终对全体研修成员寄予极大的期望。经验交流是思维的碰撞，更是智慧的结晶。在肯定大家在课题上种种收获的同时，程斌校长再次明确了自制教具的研究要点，即与课程相关的教具要紧扣教学重难点，原创性、针对性和实用性是我们坚持的三个维度，要身体力行，在课堂实践中加以落实。长此以往，既能激发师生深入思考，提升学生核心素养，也能为教师撰写论文提供过程性的数据支撑。研修如同一场旅程，一个人可以走得很快，一群人才能走得更远。芜湖市程斌名师工作室的全体成员携手前行，在每一次的研修活动中感知教育的力量，在每一次的实践体验中感受成长的蜕变。未来，我们向美而行！

任务驱动思维，研讨助推成长

春到人间万物鲜，无限风光在画卷。为探索新课程标准下的小学科学课堂，促进科学教师积极建构“探究—研讨”教学法，帮助学生在实践中形成科学思维，芜湖市程斌名师工作室于2023年3月9日在北塘小学教育集团龙城校区崇德楼的科学实验室举行了以“新课程标准视角下小学科学新教材课堂展示”为主题的研修活动。龙山小学的张晶晶老师首先执教《产生气体的变化》，在组织观察气体生成实验后，张老师用问题驱动的方式让学生产生进一步研究气体性质的愿望，由此顺其自然地过渡到收集气体实验。接着，她利用微视频的形式呈现了生成气体的性质特点，再一次激发了学生的求知欲望。为了让学生真切感受物质变化对生活的影响，张老师利用拓展延伸的方式预留了微视频，帮助学生了解小苏打与白醋混合除水垢在生活中的应用。镜湖新城实验学校的周维老师则以复习巩固的方式揭示课题《发现变化中的新物质》。为进一步驱动学生鉴别化学变化的本质，周老师设计了三个层次分明的小组实验。由观察蜡烛燃烧开始逐步引导学生观察物质的细微变化，在此基础上，她又添加了不锈钢勺子和白糖等材料，继续开启加热白砂糖的探索发现。活动期间，周老师不时走近学生了解真实实验状况。接着，她依次出示多幅物质变化的动态图，瞬间把学生带回到享受生活的现实世界，孩子们的讨论热情也随之高涨。综观以上两节课的课堂即时呈现，工作室的全体成员在学生自主参与方面有了较为一致的感受。恰在此时，程斌校长提出的几个问题，立刻引发了老师们的深入思考。如何利用有结构的材料设计合理的分组实验？如何有序处理学生在实验中材料取放的问题？这是程斌校长首先提醒大家重点关注的两个观察维度。在他看来，基于细微变化的观察需要，教师们需要深思现代教育技术出场的时机性和必要性。借着俞伯军主编的《小学科学教学设计与反思》一书，程斌校长补充道："精选导入素材，凝练板书内容，修炼基本语言，依然是全体教师专业养成的必修课。"高位引领，行有方向。芜湖市程斌名师工作室一直践行兰本达等的小学科学"探究—研讨"教学法，遵循优选材料、支配材料、交流研讨、发展概念的顺序螺旋式递进，借助有序的小组活动激活学生在思维上迭代碰撞，进而形成认知进阶。路虽远，行则必达。研讨的时间虽有限，思维的火花却无限。程斌校长表示，此类"听课议课"活动是工作室沙龙活动项目之一，相信本次研修活动会给今后的科学教学注入新的生机。微者精，小而妙，期待全体科学教师能够循着课堂微小痕迹，描绘富有科学魅力的奇妙画卷。

巧用智慧课堂，助长探索"翅膀"

人间四月芳菲尽，山寺桃花始盛开。为促进教师对"探究—研讨"式教学的理解，提升学生在科学课堂上的实践体验，芜湖市程斌名师工作室于2023年4月20日上午，在芜湖市易太学校举办了以"基于小学科学教师专业成长"为主题的研修活动。活动由工作室主持人程斌校长主持，部分六年级科学教师准时参与。按照前期计划，上课、说课与研讨三个环节依次进行。首先，由来自芜湖市易太学校的殷花老师执教《八颗行星》。为了让学生更快地阅读信息，殷老师利用信息技术的数形结合，充分借助平板的交互功能，帮助学生直观感知各行星与太阳之间的距离差异，为后续建立行星的位置关系模型环节做好了铺垫。关键的建模环节更是为学生提供了广阔的思考空间，有序而高效的师生对话引导着孩子们科学地处理相关数据，将无限的宇宙空间建构成可视化的微小模型。最后，教师带领学生通过观看动画模拟的行星运行状态积累感性经验，再一次激发学生继续探索宇宙的欲望。为凸显大单元概念的教学理念，安徽师范大学附属小学的朱时骏老师紧接着带来了《太阳系》说课。朱老师首先介绍了本课教学设计的思路，进而从聚焦环节开始逐项介绍了每一步的活动设置，授课期间多次使用平板传送和收集信息提高互动效率。考虑到了本课内容的特殊性，朱老师更是详细地预设了学生汇报信息的完整过程，并以板书设计的形式呈现了学生的思维痕迹。精选的拓展视频更是巧妙地带领学生从现实世界穿梭到宇宙空间，指引着学生跟随太阳系“大家长”的脚步迎接每一位如期而至的“兄弟姐妹”。研讨环节热烈而有序，研修人员各抒己见，竞相为执教老师出谋划策。程斌校长首先肯定了两位教师的诸多优点，提醒教师关注教材根本，鼓励大家积极思考纸带建模的数据处理问题，建议给足学生探究未知的空间和时间。镜湖小学棠桥校区的周阳校长同样对两节课称赞有加，他不由地感慨道：“本次智慧课堂既能有效利用信息技术，又能较好地保留科学味道。”周校长建议执教者将STEM理念贯穿其中，并将课程始末转化成文本形式，从而更好地为实践活动提供理论支撑。程斌校长最后强调：“智慧课堂要尽可能地突出平板交互的优势，有效删减信息整合的障碍，为探索活动装上‘翅膀’。” 现场的灵动研讨牵引着教师们静静思索，研修人员认真聆听，同步反思，积极消化。成长的路上，既要仰望天空，也要脚踏实地。基于工作室的合力效应，各成员犹如太阳系的众多行星一般，在各自的轨道上边“运行”边积淀。春种一粒粟，秋收万颗子。研修时间虽然短暂，收获心得依然满满。面对专业发展和自我提升的需求，工作室的全体成员们将全力以赴，共同奔向下次学习！

新教材，新思考，新征程

春风拂过五月天，浸染了漫漫绿色。为进一步帮助新教师构建新理念，切实提升我市科学教师的专业素养，2023年5月11日上午，来自全市的几十位科学教师齐聚育红小学旭日天都校区实验室，参加了以“基于小学科学教师专业成长”为主题的教学研讨活动。育红小学旭日天都校区的张智磊老师执教《发现变化中的新物质》。张老师利用糖画制作勾起孩子们对生活场景的回忆，充分调动了学生的积极性。在她的引导下，孩子们观察实验与体验乐趣两不误。勺子里焦黄色的浓香物质彻底吸引了学生的注意力，张老师充分抓住了这一点，鼓励学生继续加热焦糖收获更深层的物质变化。为了帮助学生寻找到更多化学变化的证据，教师耐心组织学生认真观察蜡烛燃烧。接着，师生整理收集到的实验现象，共同推理出化学变化中会伴随着物理变化的科学观念，落实了本课的重点。最后，通过展示生活中常见的化学变化，再次启发学生认识化学变化的本质。评课之前，执教老师针对本课设计进行了简单的说课。张老师更是将直爽的性格从课上保持到课下，不仅介绍了本课活动的设计意图，还心直口快地进行了自我反思，诚恳的态度得到在场老师们的一致认可。研讨环节，大家各抒己见，既有自身收获，也不乏教学困惑，同时对张老师的课堂展示给予肯定。面对众多新教师，镜湖区科学教研大组组长李震老师首先表达了自己对新旧教材对比的理解，并提出关注变化中的现象是本课的重点，这一观点恰与老师们的感受不谋而合。教科所的项森林老师从科学实验的操作视角出发，提示教师将安全教育提前强化，避免学生在课堂上出现不合理的观察方式。同时，为了保证在课堂上给予学生反馈和评价，项老师还建议大家结合抛出的问题做出适当的预设。来自中江小学的文娟老师和王家巷小学的彭秀芳老师同时关注到了本课活动的时间分配问题，并建议教师们充分调动学生深入思考“新物质”的内涵。安徽师大附小的朱时骏老师以分析新教材的特点为切入点，分析了本课内容在小学教育中面临的现实困境。镜湖小学棠桥校区的周阳校长则是从化学的角度阐述了语言表达的严谨性问题。活动最后，工作室主持人程斌校长从聚焦环节的“制作糖画”谈起，串联起整节课的活动设置及实验顺序问题，为全体科学教师的实践教学提出了宝贵的建议。程校长补充，在系统研究教材的前提下，要以不减弱学生参与探究活动的体验感为基础，关注学生的研讨成果，形成合理的教师板书。如此，才能更好地帮助学生将表层的实验现象深化为核心的科学概念。优质的教研活动不仅是提高教学质量的助推器，更是自我成长的不竭源泉。教学研讨活动立足教学实践，既搭建了交流展示的多方平台，也强化了教学研讨的良好氛围。

附　录　那些有缘铭记的人和物

一门学科，特别是小学里的一门“小学科”——小学科学，对一座城市的基础教育以及身在其中的任何一所学校，都显得是那么微不足道。但对我而言，亲历芜湖小学科学30多年，其中的人和事在我记忆深处时时回响，那些有缘铭记的人和物，始终让我无法忘怀。现原汁原味地记录存示于此，没有任何添加和创作，有的只是虔诚和发自心底的感恩。往事并不如烟，敝帚自珍，敬博读者诸君一哂。

蔡澄清寄语工作室

教师的立足点必须是当代。教育者永远无法和孩子同时起跑，更无法陪他们到达人生终点。意识到这一点，才能认清遏制身为教育者的自负与盲目，平和地俯身靠近学生，尊重他们的当下，静静守望与优雅等待他们的成长。程斌同志以他的实践与思考，很好地诠释了这一点，芜湖教育需要更多的程校长、程老师，中国的教育寄希望于程斌这样的年轻人。

今日以第一场瑞雪飘飘而下，我用了近一个月的时间，终于读完了程斌校长的这本书稿。瑞雪兆丰年，厚重的一部书稿也真实地记录了程斌校长与其名师工作室成员不忘初心、砥砺前行的历程。

与程斌校长相识还是在我退休之后。程校长一直从事小学数学教学，我一直在市一中工作，工作上素无交往。大约在十多年前，我刚退休，程校长来我家，向我请教点校教学的相关事宜。我一窍不通，无以举动。不解的是，他所在的领域是小学数学，而我的教学的研究一直侧重于中学语文学科。

感动的是一个年轻人对学术的钻研精神和对一个数字城堡的立体数学的敬重。经过交谈，我才得知范武校长已经阅读了很多立体数学方面的书籍，对立体数学已经做了三年多的研究。范校长的构想是，将立体数学的思想引进小学科学数学领域，并提出了"立体一探究"的数学模式，已经在课堂教学中进行了有效的实践与探索。对此，我不仅认同，而且非常赞赏。立体数学也是一种数学思想，它倡导中国传统数学思想的精髓，也是一种数学方法。

融入了现代数学中，倡导学生自主学习，积极探究的精神，它不仅适用于数学，也适用其他学科，尤其是学生合作探究继方的科学前沿。任何的教育教学思想与教学模式必须来自于丰富的教学实践与实验。祝武校长这样的研究态度是非常真实可行，求真务实的。

后来，陈凌凌也在报纸上知道了祝武校长的一些情况，比如评上了特级教师，获得了全国优秀教师一等奖，美术名师名校长工作室主持人，美术名师名师工作室主持人等等，我为他的成长与进步高兴！

最近又很荣幸地阅读了祝武校长这本书稿。方知他作为美术小学科名师工作室主持人，已经带领他的团队取得了优异的成绩：三期结项，阅读分享，智慧课堂，立德树人，基于工作日的课外拓展，立足课题研究的引领指导与理论探微，硕果累累，我很受感动。尤其是在书稿中，我读到很多从未谋面的一些年轻老师在工作室中的成长经历与教学心得，我为教育教学界新生代的进步感到由衷的高兴，更为肥城名师工作室这个团队的团结协作的精神，以及踏实的学风而喜形于色！肥城市委市政府一直致力于打造教育名城。教育名城需要更多的像肥城这样的名校长工作室、名师工作室的引领，教育名城的内核应该拥有众多的师德高尚、教学精良的名师。

我期待着繁花似锦的教育春天的早日到来！

蔡澄清

2018.12.20

（蔡澄清，芜湖一中原副校长，全国著名中学语文特级教师，“中学语文点拨教学法”创始人，享受国务院特殊津贴，曾荣获“全国中语会成立三十周年终身成就奖”和“芜湖市改革开放三十年十大优秀人物”等称号。）

葛文德寄语工作室

（耕者知原，渔者知泽，师者知生，教者知学，研修不息，笔耕不辍，方显名师本色。）

（葛文德，中国书法家协会会员，安徽省篆刻研究会理事，芜湖市书法家协会名誉主席，国家高级美术师。作品被国内外多家藏馆、碑林、庙宇和藏家广泛收藏。）

胡野秋寄语工作室

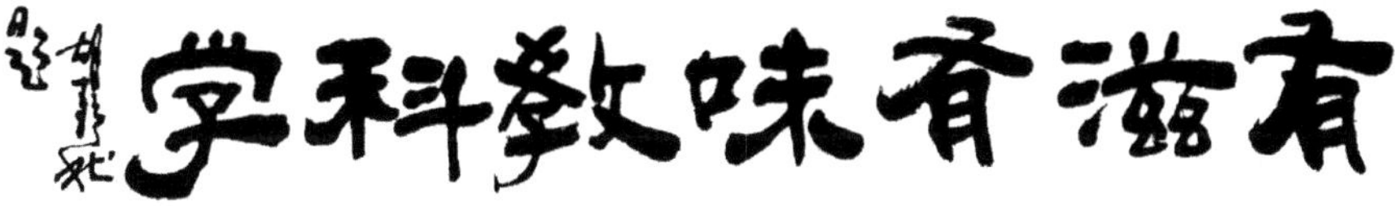

（有滋有味学科学）

（天道酬勤）

（胡野秋，著名作家、学者、编剧、导演，中国传媒大学南广学院客座教授，深圳大学文化产业研究院客座研究员，凤凰卫视《纵横中国》栏目总策划兼主持人。）

孙影寄语工作室

德国著名哲学家雅斯贝尔斯对教育精彩且富有诗意的回答是:“真正的教育,是一棵树撼动另一棵树,一片云推动另一片云,一个灵魂唤醒另一个灵魂。”我想芜湖市程斌名师工作室主持人程斌老师一辈子践行的就是这种教育思想和理念。程斌老师不仅对待自己的学生如此,带领自己的名师工作室成员亦是如此。他以小学科学学科为纽带,对内凝聚,促进成员之间的学习交流;对外辐射,为他们提供锻炼的机会和展示的舞台。

认识程斌校长十年有余,初次见面竟然是程校长与我讨论小学科学“点拨—探究”教学法,他向我介绍了美国教育家兰本达等所著的《小学科学教育的“探究—研讨”教学法》及自己的本土化改造,我感受到程校长敏锐的国际化视野及对小学科学教学的热爱与执着,令我敬佩和学习。

2024年4月16日

(孙影,教育学博士,安徽师范大学化学教育研究所所长,教授,博士/硕士生导师,新加坡南洋理工大学访问学者。2020年入选安徽省百位卓越教学新秀,安徽省线上教学名师,2021年获聘安徽师范大学教学名师。研究方向为化学教科书研究、化学学习心理及化学数字化实验。发表核心期刊论文30余篇。出版专著《化学变化核心概念的学习进阶研究》一部。主持安徽省质量工程重大及重点项目两项,主持安徽省人文社科重点项目一项。主持国家第二批一流本科课程“学科教学论(化学)”,主持省级示范课程“化学教学技能研究与训练”。已完成安徽省教育科学规划重点课题两项。获安徽省高等学校教学成果一等奖1项,安徽省基础教育教学成果一等奖1项。两篇教学案例入选中国专业学位教学案例中心。）

许诗和寄语工作室

得知“芜湖市程斌名师工作室”第一批学员即将结业，我十分欣慰。

我是新中国成立后，芜湖市最早的专职自然老师之一。现已退休二十四年了。然而我和程斌老师三十年的交往却从未中断，偶尔还应邀参与他们的一些活动。

此次我应邀为他和他的“工作室”写一点类似“寄语”之类的东西，经过思考后，我觉得还是写一点感触为宜。

程斌在师范是专修“文科”的。这就意味师范毕业后，他将去小学教语文。

当他分配到我校（范罗山小学）时，学校的定岗定员工作早已完成；另一方面本校不缺语文老师，而是缺少一位能教自然课的专职教员。经过耐心解释，他只能接受学校的安排——担任专职自然教师。

程斌的成长总体来说是比较快的，尤其是经过市级两次公开教学的“一败”“一成功”的两种状况历练，使他认识到自己的不足，认识到小学科学的设置是夯实基础的工作。观念的改变，使程斌前进的步伐大了，速度快了，终于有了今天的“名师工作室”“名校长工作室”，才有能力管理好数千教职工、学生的学校。因为醉心于小学自然科学，才会潜心于学术研究，才会用三十年矢志不渝的毅力，使经过他耕耘过的土地更肥沃。愿这片沃土，长出更多更壮的新苗，结出更壮硕的果实。

耄耋叟 许诗和

于润安小区蜗居

2018年10月18日

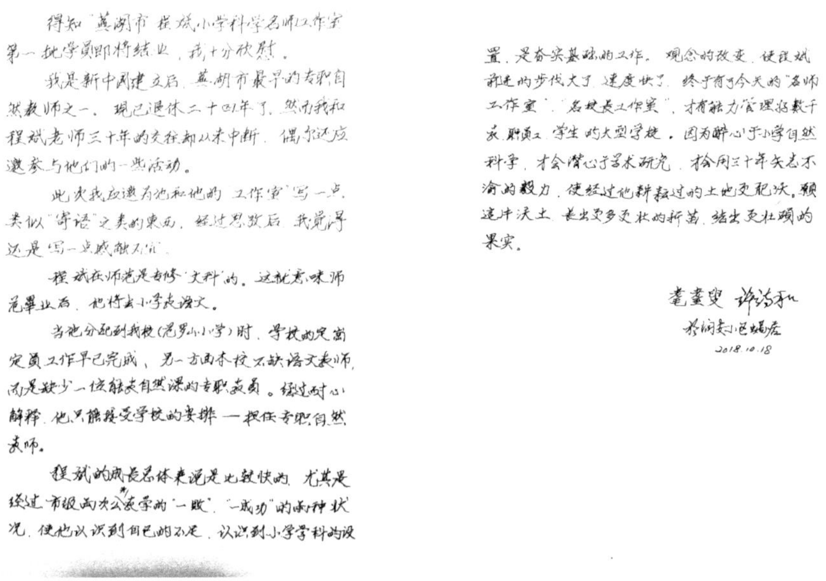

得知"芜湖市程斌小学科学名师工作室"第一批学员即将结业，我十分欣慰。

我是新中国建立后，芜湖市最早的专职自然教师之一。现已退休二十四年了。然而我和程斌老师三十年的交往却从未中断，偶尔还应邀参与他们的一些活动。

此次我应邀为他和他的"工作室"写一点类似"寄语"之类的东西，经过思考后，我觉得还是写一点感触为宜。

程斌在师范是专修"文科"的。这就意味师范毕业后，他将去小学教语文。

当他分配到我校（范罗山小学）时，学校的定岗定员工作早已完成，另一方面本校不缺语文教师，而是缺少一位能教自然课的专职教员。经过耐心解释，他只能接受学校的安排——担任专职自然教师。

程斌的成长总体来说是比较快的，尤其是经过市级两次公开教学的"一败"、"一成功"的两种状况，使他认识到自己的不足，认识到小学科学的设置，是奋实基础的工作。观念的改变，使程斌前进的步伐大了，速度快了。终于有了今天的"名师工作室"、"名校长工作室"，才有能力管理好数千名职员、学生的大型学校。因为醉心于小学自然科学，才会潜心于学术研究，拾用三十年矢志不渝的毅力，使经过他耕耘过的土地更肥沃，愿这片沃土，长出更多更壮的新苗，结出更壮硕的果实。

耄耋叟 许诗和

于润安小区蜗居

2018.10.18

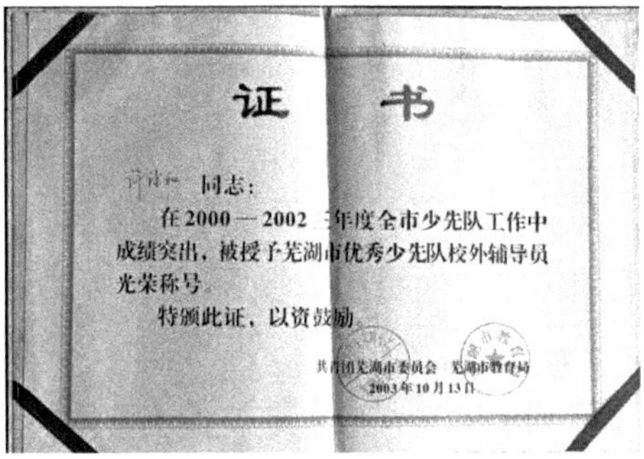

证书

许诗和 同志：

在2000—2002三年度全市少先队工作中成绩突出，被授予芜湖市优秀少先队校外辅导员光荣称号。

特颁此证，以资鼓励。

共青团芜湖市委员会 芜湖市教育局

2003年10月13日

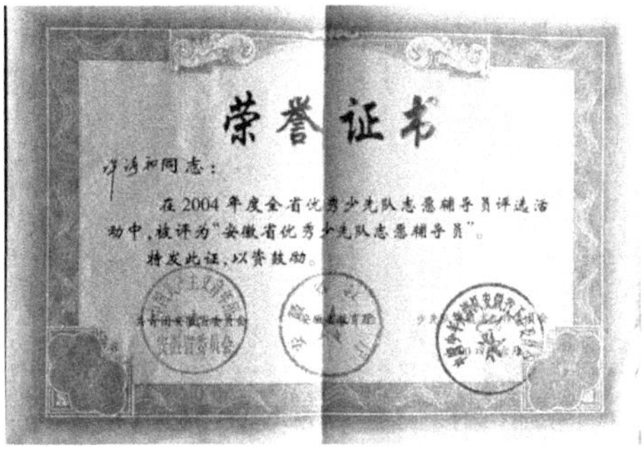

荣誉证书

许诗和同志：

在2004年度全省优秀少先队志愿辅导员评选活动中，被评为"安徽省优秀少先队志愿辅导员"。

特发此证，以资鼓励。

（许诗和，1935年2月12日生，曾被中央美院录取，原本能成为一位有名画家，因家庭成分不好，"文革"中又错误地打成了"右派"，最终成为一名小学自然老师。历任芜湖市范罗山小学教导主任、芜湖市新芜区电教馆馆长兼区自然学科教研员。先生是芜湖市小学自然教学的拓荒者之一，我教学生涯的引路人，他给我以父亲般的关爱，是他用自己的专业品质点燃了我投身小学科学教学的热情。先生的坎坷人生令我惋惜，先生的敬业精神令我动容，先生的动手能力令我惊叹，先生的人格底色令我敬仰。）

（追记：我和许诗和先生同住一个小区——芜湖市润安小区，我住12栋二单元，先生住13栋四单元，一碗汤的距离，平常也时常走动。2024年清明节前，我即将搬离居住了20多年的润安小区陋室，在书房打包整理资料时，意外发现先生在退休后和我一起获得的荣誉证书，当时竟然因为我的疏忽，没有及时送达先生的手中。从先生看来，这可能微不足道，但对我而言却是永远无法弥补的遗憾。同时发现的还有先生2003年10月15日手绘的神舟火箭模型图和红旗2J（HQ2J）地空导弹数据图以及1990年1—3月我和先生辅导范罗山小学天文小组通过天文望远镜观察后手绘的太阳黑子观察记录表。睹物思情，不知不觉先生已仙逝四年。先生除了饭量小、便秘外，身体一直很好，偶然我们还一起和范罗山小学的老同事小聚。事发突然，2020年3月13日晚我接到电话，先生突发脑出血送往弋矶山医院抢救，病情时好时坏，抢救治疗了近一个月，我多次到医院探望，终因回天乏术，于同年4月7日驾鹤西去，当时恰逢春雷闪电和大风雨，先生在弟弟的陪伴下安详地走了。人生无常，一切随缘，在此留存，也算是对逝者的拾遗补漏，以寄托我对先生的哀思。）

许烈荣寄语工作室

程斌刚担任范罗山小学自然教师时那一脸稚嫩的模样，至今仍记忆犹新。那时我是一名自然教学研究员，和他亦师亦友数十载，如今我已年过八旬，但和他仍是忘年交。由于程斌对教学工作的执着和勤奋，不断地探索和实践，终于拥有了芜湖市程斌名师工作室和名校长工作室这样来之不易的成果。这一切不是从天上掉下来的，而是他脚踏实地，长期辛勤地耕耘，不断地总结、感悟、升华而取得的骄人业绩。

后生可畏！后生可敬！但愿芜湖市程斌名师工作室和名校长工作室能更上一层楼，花香四溢，硕果累累。

许烈荣

写于2018年12月8日

芜湖市北塘小学

程诚刚担任范罗山小学自然教师时那一脸稚嫩的模样，至今仍记忆犹新。那时我是一名自然教学研究员，和他亦师亦友数十载，如今我已年过八旬，但和他仍是忘年交。

由于程诚对教学工作的执着和勤奋，不断地探索和实践，终于拥有了芜湖市程诚小学科学名师工作室和名校长工作室这样来之不易的成果！这一切不是从天上掉下来的，而是他脚踏实地，长期辛勤的耕耘，不断地总结、感悟、升华而取得的骄人成绩。

后生可畏！后生可敬！

但愿程诚的小学科学名师工作室和名校长工作室能更上一层楼，花香四溢，硕果累累。

许烈荣 写于2018年12月8日

地址：安徽省芜湖市黄山东路5号 电话：[illegible] 邮编：[illegible]

（许烈荣，芜湖市小学自然教学的开拓者和引路人之一，芜湖市小学自然教研员。1957年师范毕业从事小学理科教学，1985年起担任芜湖市教科所小学自然教研员，芜湖市小学自然教学专业委员会秘书长，直至2000年2月退休。在他的领导和推动下，建立了市区两级自然教研组和市级专业委员会，初步形成了较为完备的芜湖市小学自然教研网络和自然教师队伍。）

肖玲寄语工作室

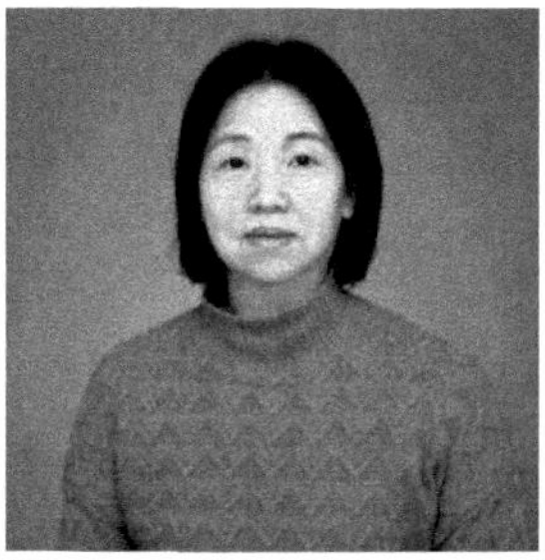

成立芜湖市程斌名师工作室，是芜湖市教育局为加快我市骨干教师队伍建设，进一步发挥名师工作室的辐射作用，推动全市小学科学教师队伍建设的一项实实在在的举措。三年来，程斌工作室致力于建立终身学习的共同愿景，主持人带头学习实践，名师带团队，一对多的引领，写读书笔记，用课堂观察手段改善学生课堂探究质量，促进教师专业发展，用朴实的文字记录了工作室成长与研究的历程。工作室成员在主持人的带领下，通过外出学习、自主研修、专题讲座、主题论坛、观课议课等，探寻课堂教学中存在的问题，研讨教学和学法上的改进办法，在实践基于“点拨—探究”为核心的小学课堂教学的同时，也成为这一教学理念的一线思考者。

“水本无华，相荡而成涟漪；石本无火，相击而发灵光”。工作室团队研修，是教育中一段草根的风景。在“观—思—议—悟—行”的行动研究中，研修团队一路欣赏、驻足，也一路留下了自己专业成长的足迹，工作室的研修故事、感悟也正不断地被这里的风景所拥有。名师领衔，团队合作研修，既是一种群体协同研究意识的唤醒，更是教师个体对自身教学和专业成长的体悟。愿程斌名师工作室全体老师能和主持人一起，潜心研修，舍去浮躁，锤炼厚实，在“点拨—探究”教学理念的引领下，不忘工作室的初心和使命，汇聚正能量，把专业的服务送给最需要的人，在最平凡的小学科学课堂里，在最有趣的课外探究实践中，精耕细作，不负韶华，静待孩子们灿烂的笑脸和春华秋实。

2018年12月12日

（肖玲，曾任芜湖市教科所副所长，中学生物教研员兼小学科学教研员，正高级教师。现任芜湖市电教馆馆长，安徽师大硕士生导师，先后获得全国课题研究先进个人、全国优秀教研员、芜湖市学科带头人，芜湖市骨干教师、优秀党员、优秀教育工作者等称号。主持三项国家级课题，参与研制《安徽省普通高中生物学科教学指导意见》，参编多部教材。负责全市中小学电化教育工作期间，芜湖市成功入选中央电教馆首批“在线教育应用创新区域”，《基于大数据“1452”的“五育并举”芜湖模式》荣膺中央电教馆在线教育应用创新典型案例榜首，主持的“智慧芜湖教育工程”入选省发改委人工智能典型案例。）

项森林寄语工作室

2020年10月，我调入芜湖市教育科学研究所担任小学科学教研员。刚到新岗位不久，就承接了“国培计划”安徽省小学科学骨干教师培训任务。我一直在高中担任物理老师，当时对小学科学教学还不太熟悉，时任市教科所所长的俞宏胜同志让我到北塘小学和程斌校长商量培训事宜，因为他领衔一个市级名师工作室。这是我第一次和程斌校长相识，依稀还记得他在北塘小学大门口等候我时的场景，一个敦厚朴实的教育工作者，一下拉近了我们初次见面的距离。从此我在芜湖市小学科学教师这个温馨和谐的大家庭，一起指导、见证着程斌名师工作室的成长。工作室通过读书、课题研究、导师带教、同伴互助、外出取经等丰富的研修活动，让学员开阔眼界、增长才干。以芜湖市小学科学教研大组为依托，我和他的团队一起探索名师工作室的研修文化和教师专业成长的路径，我受益良多。愿程斌名师工作室能在课堂历练中积累教学经验，从教学经验中提炼精华，青出于蓝而胜于蓝，薪火传承成大道，砥砺前行育良师。

2024年4月3日

（项森林，芜湖市小学科学教研员兼中小学劳动教育教研员。）

高茂干寄语工作室

随着国家一轮又一轮课程改革的推进，小学科学课程名称也由曾经的“常识”“自然常识”“自然”演变为如今的“科学”。“面向全体学生，开展以“点拨—探究”为核心的课堂教学”一直是芜湖市小学科学的风向标和主基调，亦是当今芜湖小学科学教学的主流话语。

芜湖市程斌名师工作室正是在此背景下应运而生，并得以勇立学科潮头，为全区乃至全市的小学科学教育教学竖起了一个标杆。我从90年代初认识程斌老师到今天的程斌校长，他一直坚持教学一线的课堂教学工作，几十年教育教学追求以学生为主体，以探究为核心，以提供“有结构的材料”为媒介，以创设情境氛围为契机，开展一系列丰富的、卓有成效的科学教育教学活动，取得了骄人的成绩。1997年8月我陪伴他到新疆乌鲁木齐市参加全国小学科学年会，他执教的优质课《各种各样的岩石》获全国小学科学优质课观摩一等奖；之后我和他还多次参加各种活动，多次获得省、市奖励。我见证了程斌老师从一名普通的科学（自然）教师逐渐成为一名小学科学的领军者，成为一名优秀的名校长，创建了名师工作室。

学无止境，天道酬勤。我相信，在芜湖市程斌名师工作室的引领下，一定能充分发挥名师的示范、辐射和指导作用，最大限度地实现资源共享，创生智慧课堂，打造出一支师德高尚、业务精湛、热爱学生，无怨无悔地坚持带领学生开展科学探究，为科学教育甘愿奉献的教师队伍，期待工作室能取得更大的成功！

以一首小诗表达我此时的心境，题赠程斌名师工作室：

深耕课堂

小学科学树标杆，名师工作辐射广，
科学探究无穷尽，创建一流谱华章。
点拨探究呈亮点，师生互动志趣远，
科学田野重实践，幸福耕作铸芳华。

高茂干

2018年10月底写

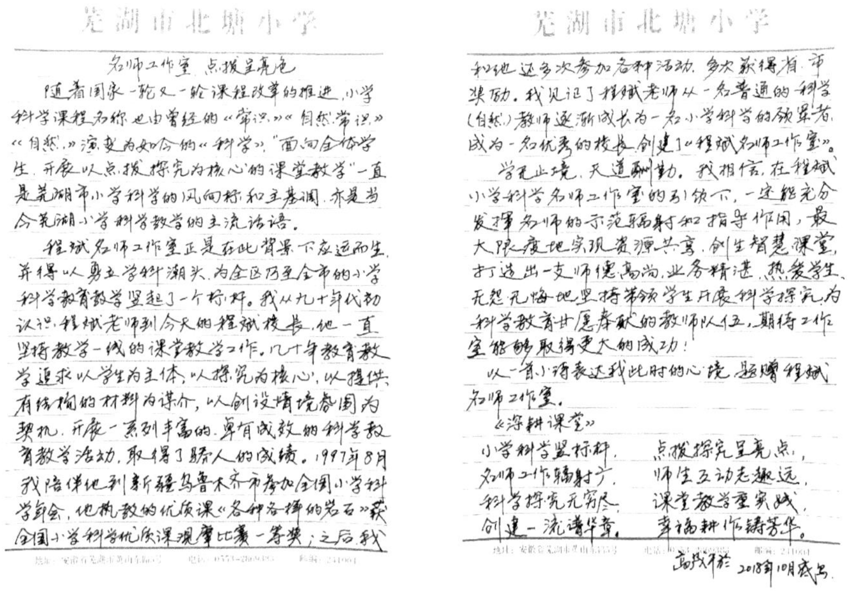

芜湖市北塘小学

名师工作室 点拨呈亮色

随着国家一轮又一轮课程改革的推进，小学科学课程名称也由曾经的《常识》《自然常识》《自然》演变为如今的《科学》。"面向全体学生，开展以点拨探究为核心的课堂教学"一直是芜湖市小学科学的风向标和主基调，亦是当今芜湖小学科学教学的主流话语。

程斌名师工作室正是在此背景下应运而生，并得以勇立学科潮头，为全区乃至全市的小学科学教育教学竖起了一个标杆。我从九十年代初认识程斌老师到今天的程斌校长，他一直坚持教学一线的课堂教学工作。几十年教育教学追求以学生为主体，以探究为核心，以提供有结构的材料为媒介，以创设情境氛围为契机，开展一系列丰富的、卓有成效的科学教育教学活动，取得了骄人的成绩。1997年8月我陪伴他到新疆乌鲁木齐市参加全国小学科学年会，他执教的优质课《各种各样的岩石》获全国小学科学优质课观摩比赛一等奖；之后我

芜湖市北塘小学

和他还多次参加各种活动，多次获得省、市奖励。我见证了程斌老师从一名普通的科学（自然）教师逐渐成长为一名小学科学的领军者，成为一名优秀的校长，创建了"程斌名师工作室"。

学无止境，天道酬勤。我相信，在程斌小学科学名师工作室的引领下，一定能充分发挥名师的示范辐射和指导作用，最大限度地实现资源共享，创生智慧课堂，打造出一支师德高尚、业务精湛、热爱学生、无怨无悔地坚持带领学生开展科学探究、为科学教育甘愿奉献的教师队伍，期待工作室能够取得更大的成功！

以一首小诗表达我此时的心境，题赠程斌名师工作室。

《深耕课堂》

小学科学竖标杆，　点拨探究呈亮点，
名师工作辐射广，　师生互动志趣远，
科学探究无穷尽，　课堂教学重实践，
创建一流谱华章，　幸福耕作铸芳华。

高茂干于 2018年10月底写

（高茂干，小学科学资深教研员，1992年2月从事小学自然教学，2001年2月调入镜湖区教研室工作，一直担任小学科学（自然）教研员工作，至2017年12月退休，在小学科学启蒙教育百花园中默默耕耘25年。）

胡文斗寄语工作室

我的专业背景是物理教育，在担任数年芜湖市镜湖区教研室物理教研员后，2018年兼任镜湖区小学科学教研员，开启了与小学科学的这段缘分。7年来，芜湖市程斌名师工作室成为我们开展小学科学研修工作的重要平台，我们多次承担省市级培训任务，分享教育感悟，开展理论研修，聚焦课改热点，深耕课堂一线，推进课题研究，抓关键、破难题、通堵点。7年的携手奋进、共同成长，程斌校长的教育情怀、踏实认真、满腔热情也深深地感染了我。他用热情执着诠释着教育情怀，他用孜孜不倦书写着科学故事，他用春风化雨引领着教师成长。他曾说："教师的专业是自己的，如同流在体内的血液，好还是坏，始终连着生命。"面向未来，我祝愿芜湖市程斌名师工作室团队能继续扎根于课堂教学的沃土之中，行走于教育科研的探索之途，乘着科学教育改革的东风，凝心聚力担使命，奋楫扬帆启新程。

胡文斗

2024年3月28日

（胡文斗，芜湖市镜湖区中学物理、小学科学学科教研员。曾荣获芜湖市优秀园丁、芜湖市课程改革优秀教师称号。致力于课堂教学和命题研究，指导多名教师获国家、省、市优质课一二等奖，多次参加省市各类考试命题工作，参加新课程教与学丛书《物理教案》《物理学案》《物理基础训练》《物理导学园地》等教学用书的编撰工作，主持和参与多项省市级立项课题研究，其中主持的"发挥有效教研的辐射引领作用，促进镜湖区物理学科教学均衡发展的实践研究""初中物理项目学习中培养学生高阶思维的行动研究"等已顺利结题，近年撰写的多篇论文获省市奖或发表，其中《以〈科学探究：凸透镜成像〉为例谈循环递进式教学模式的运用》获省教学论文一等奖。）

施益鸿寄语工作室

近日，程斌校长的一部力作《有滋有味教科学——来自程斌名师工作室的报告》即将面世，深感惊喜和震撼！我想，这本书应该记载着芜湖市程斌名师工作室多年来潜心研究的心路历程和很多“像科学家一样探究”的实践故事，呈现给我们的是工作室一群人的“勤学笃行，求实创新”的敬业精神。

我是原芜湖县现湾沚区小学科学教研员，经常到市里参加教学观摩活动。多年来，我深刻感受到程斌校长用实际行动诠释了“脚踏实地，辛勤耕耘”的敬业精神，他以身作则的榜样力量无时无刻不在感召、激励、鞭策着大家，使工作室的老师们不敢懈怠，也不忍懈怠，正像他自己说的“立志用思想捍卫小学科学教师的学术尊严，用行动提升小学科学教育的品质，用爱和智慧引领学生快乐成长”。

希望在“以新课标理念为指导”的背景下，工作室的老师们精心研修，奋力前行，期待取得更多更大的成绩。同时也希望工作室能把优秀资源和好的成果推广和传送到那些需要的地方，最大限度地实现资源共享，使在偏僻的农村和平凡的科学课堂上也能开展有趣的探究实践活动，因为孩子们灿烂的笑脸是我们一生的追求。

施益鸿

2024年4月8日

（施益鸿，湾沚区小学科学教研员，中小学高级教师，从事小学科学教育教学30余年。曾获芜湖县优秀教育工作者称号，为湾沚区培养了一批优秀的科学骨干教师。）

朱家礼寄语工作室

前一段时间在进行“国培计划”小学科学骨干教师培训项目中，介绍“教师专业成长规划”时，我向学员宣讲了程斌校长的专业成长的特质，他的专著《且行且思——我的教育生活》告诉我们：“无意下水，却学会了游泳；心本无期，却爱上了小学科学教育。因为不满意，而不断改变课堂；因为追求上好课，而潜心学习；因为专业的发展，建立了教育的格局”。由此，成就了一名优秀教师。

今天获知程斌校长的另一部力作《有滋有味教科学——来自程斌名师工作室的报告》即将面世，很是欣慰！这是一部践行“教育家精神”的实践故事，呈现的是程斌一群人的“勤学笃行，求是创新的躬耕态度”。

我曾和程斌名师工作室有过多次交流，从新课标理念到科学课程教学。程斌校长带领着自己的团队，在“工作室”的空间里，营造了能够激发教师专业成长原动力的磁场。他带领老师们学习、实践，组织培训、交流，观课、研磨，时时刻刻让老师们身处教育教学改革状态，以改变引领教师回归专业本分；践行教学即教研、问题即课题的理念，以课题研究引导教师站在专业的前沿；组织教师坚持理论学习，为教师专业成长添加能量源泉，实现专业可持续发展。

在“双减”背景下做好科学教育的“加法”需要程斌这样的名师工作室，需要程斌这样的学科引领者！

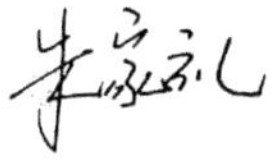

2024年4月

（朱家礼，合肥市南园学校正高级教师，合肥市包河区小学科学兼职教研员，安徽省特级教师、安徽省教坛新星、合肥市学科带头人、包河区名师，著有《守望科学课堂》《小学科学无生上课实践与指导》等。）

袁冕寄语工作室

初次与程斌校长相识是在北塘小学那充满活力的操场上，他那彬彬有礼的态度、严谨的工作精神以及儒雅的个人气质，都给我留下了深刻的印象。之后我多次参与其名师工作室活动，对程校长的了解也不断加深，他对芜湖市小学科学教育事业的深刻见解和热情投入，让我深受感动。随着参与芜湖市小学科学活动的深入，我更加深刻地感受到了程校长对芜湖市小学科学教学未来发展的热切关注和强有力的引领，程斌校长无疑是一位名副其实、令人敬重的名师！

听说《有滋有味教科学——来自程斌名师工作室的报告》即将出版，我感到由衷的喜悦，并表示最热烈的祝贺。相信在程校长的专业引领下，芜湖市的小学科学教育正朝着更加光明的未来迈进，这对我们芜湖的小学科学教师来说是一剂强心针，而对孩子们来说更是无价的财富。

愿程校长引领的芜湖市小学科学团队，以创新为动力，不断攀登小学科学教育的新高峰，铸就更多的辉煌成就，为芜湖小学科学教学代言。我相信程校长的每一滴辛勤汗水和敬业奉献精神，都会激励年轻的小学科学老师，在新时代、新课标、新教材的课堂中有滋有味教科学！

2024年8月13日

（袁冕，无为市教育局教研室副主任，中学生物学和小学科学教研员，芜湖市学科带头人，芜湖市首届“优秀教研员”，安徽省省级评审专家。）

陈明寄语工作室

认识程斌快三十年了。追光的人，自己也将成为一道光。

记得他在范罗山小学创办芜湖市第一个少年科学院，潜心把学校打造成为以“科技”为特色的省级示范小学，带着兴趣小组、创造发明俱乐部的孩子们到田野、山间考察、研究——这段发展历程像是一个“传奇”，刻在了我们的心中。

他喜欢读书。一起出差，行程再忙，他也会挤出时间去当地的新华书店。关于科学教育的教材、参考书，他总会厚厚地抱回一大摞。我一直觉得他是一个“追光”的人，心怀执念，追光的脚步孜孜以求，丈量着心中的科学教育之梦。

他爽快坦诚，于我亦师亦友亦兄长。他带着我第一次参加国家级科学课题研究，第一次参加学科教材编写工作。我也在他主持的芜湖市第一个小学科学名师工作室中成长积淀，成功申报了自己的名师工作室，并携手合力探索课程资源开发，建立区域科学教育科研共同体，一同追寻我们的科学梦。

坚持信念，充满激情，不畏失败，他从一个追光的人，到成为别人心目中的一道光。成功的不仅仅是他自己，也是他所照亮的人们的成功，更是我们每一个人内心的坚定——这份坚定，让我们守望星辰，筑梦拾光！

2024年4月7日

（陈明，小学科学教师，全国小学科学教育先进个人，全国自制教具能手，安徽省中小学教师实验教学基本功大赛一等奖获得者。现任芜湖市狮子山小学党支部书记、校长，中小学高级教师、芜湖市学科带头人、芜湖市骨干教师、芜湖市镜湖区首批名师工作室主持人、芜湖市小学科学名师工作室主持人。）

邓海寄语工作室

程斌校长是芜湖市小学科学学科首位特级教师。有幸受聘芜湖市程斌名师工作室做特邀指导教师，这是一次“双向奔赴”。亲历程斌名师工作室的点点滴滴，感受一群科学教育伙伴的热情，体会他们对科学教育的探索，见证他们的成长和发展。主持人程斌校长用毅力和情怀擦亮芜湖科学教育的名片。

芜湖市程斌名师工作室是开放包容的，团队成员之间互相学习、互相成就，成就了一支异质化的科学教师团队。在这里，每个人都可以发表自己的观点，不同的思想火种在这里碰撞；在这里，可以迅速提升自己的教学水平，实现个人价值。芜湖市程斌名师工作室是专业的，将学术理论与实践相结合，“点拨—探究”教学法的深度探析，注重启发学生的科学思维，努力在孩子心中种下科学的种子，引导孩子编织当科学家的梦想。芜湖市程斌名师工作室是芜湖科学教育的磁极，是科学教师成长的沃土，也是创新辐射的宝地。

进入新时代，科学教育迈入新的发展阶段。恒者行远，思者常新，识者共鸣，和者同修。展望未来，相信科学的力量，芜湖市程斌名师工作室定能格物致知，同行致远！

邓海

2024年3月30日

（邓海，中国教育学会科学教育分会系统优秀教师，全国科学教育先进个人，芜湖市镜湖区劳动模范，现为芜湖市赭山教育集团荆山校区副校长。）

邓金莉寄语工作室

听闻程斌校长名师工作室的第二批参与研修的青年老师已顺利结业了，从心底羡慕起这些年轻的老师们。真好，在最好的年纪遇见最好的老师！这位好老师倾尽所学，引导青年老师们在科学教学的海洋中潜心研究、不断前行。三年来，程斌校长名师工作室的老师们在各类教学研讨和学科竞赛中硕果累累，除了程校长在教学技巧和方法上的传授，更多的是程斌校长作为教育家在教育教学理念上的引领和启迪。

犹记当年，我也是刚走上工作岗位年轻教师，那位略长几岁的程斌校长，温厚儒雅满怀热诚，如兄长一般！那时的程校长已经是芜湖市小学科学教研大组的组长，有着对教育事业纯粹的执着和对科学学科深沉的热爱。他用深厚的学识、丰富的经验和前瞻的视野带领我们那一批的年轻教师在科学教学研究的道路上越走越踏实，越走越快乐！

转眼间，认识程校长已经有三十余年，回想过去种种，唯有感恩，感恩如师如长的引领和爱护，感恩一路同行的帮扶，感恩曾一同鲜衣怒马走过的岁月，感恩归来仍满怀赤忱的他！

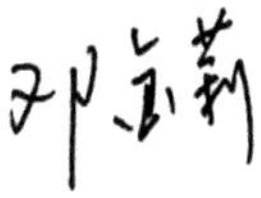

2024年春

（邓金莉，1992年中专毕业参加工作，1994—2018年任芜湖市小学科学教研组副组长，2018年至今担任芜湖市小学科学专家指导组成员。中小学高级教师，芜湖市学科带头人、芜湖市骨干教师、芜湖市课程改革先进个人、芜湖市优秀教师、芜湖市课题研究先进个人。曾荣获全国小学科学优质课大赛一等奖、全国信息化大赛微课类一等奖、安徽省理科实验说课一等奖、安徽省理科教师实验基本功比赛一等奖，现为芜湖市狮子山小学副校长 .）

周阳寄语工作室

自1998年大学毕业，我一直从事于小学科学教学，一晃有26个年头。在走上岗位的前十年，我对科学教学没有丝毫热情，投入的精力也非常少，一方面是由于科学学科在小学中不被重视，另一方面也是因为我所学习的化学专业用不上，感觉在大学里学的知识浪费了。现在我常常后悔这段经历，有一种虚度光阴的感觉。

每个人在不同阶段都可能会迷茫，当我在与迷茫抗衡时，是程斌校长让我思想发生了转变，开启了我对科学教育新的认知。程校为人真诚质朴，对小学科学特有的执着痴迷，让我很感动。原来小学科学老师可以这样做，用纯粹的爱谱写一曲动听的歌，我从他身上看到了认真从事科学教育的乐趣和价值。之后，我一直以师傅相称，并得到了他的许多关心与帮助。

程斌校长给我影响最深的三句话：

第一句话：我是谁？再回首，依然在路上。苏格拉底说过："认识你自己。"作为一名科学老师，程斌校长在科学教学上已造诣精深，但他依然书生本色，低调而率真，他时常从哲学的角度不断审视自己的言和行，不被自己身上的光环所禁锢，从自己的生命追求出发，用思想捍卫教育的尊严，用行动提升科学教育的品质，用激情抒写教育的人生。

第二句话："一慢三磨"，坚信教育是慢的艺术。小学科学与其他学科不一样的地方，课堂教学是建立在"有结构材料"的基础上，让学生充分进行探究实践，在正确的科学方法下，在缜密的科学思维中形成良好的科学素养。程斌校长的"一慢三磨"高度浓缩了科学教师的成长之路。"一慢"是指慢读，阅读是最好的成长，教师只有在阅读中，不断咀嚼反刍才能实现快速成长。"三磨"是指磨课、磨文、磨器，在课堂中遇到最好的自己，在打磨文字中讲好科学教师自己的故事。

第三句话：我做我快乐。程斌校长深谙科学课是“做”出来的道理。教师需要认认真真去“做”，做课件、做教具、做实验、做文章、做课题等；学生需要“像科学家那样做”。程校用行动“做科学”，沉浸其中，乐其不疲。他常说：“只有坚持才会拥有，只有专业才会赢得尊重。”

程斌校长这三句话终将影响我今后的教育生活，把“科学教师”这个身份做好，教学中树立“未来教育观”，让我的学生将来走入社会面对复杂的“不确定性”，拥有运用优化的“科学思维”和正确的“科学方法”去创造性解决现实问题的能力。

程校和我亦师亦友，他是我教学生涯的领航人。能有机会和他一路同行，是我的幸运。真诚感谢师傅的引领与鞭策，再次恭祝师傅《有滋有味教科学——来自程斌名师工作室的报告》专著出版。

周阳

2024年4月12日

（周阳，中小学高级教师，全国优秀科学教师、安徽省教具能手、芜湖市优秀科技辅导员。曾荣获安徽省理科教师实验基本功比赛一等奖、安徽省理科实验说课一等奖、优质课二等奖，主持过省装备课题“基于STEM理念的小学科学创新教具设计与应用”和市级规划课题“小学科学自制教具及其应用的实践研究”，多篇论文获得省、市一、二等奖，现为镜湖小学汀棠校区副校长。）

孙弋青寄语工作室

芜湖市程斌名师工作室可以说是芜湖市小学科学教师们成长的摇篮，发挥了名师团队的作用，打造了小学科学教师专业成长共同体。我非常有幸受聘芜湖市程斌名师工作室做特邀指导教师，见证了工作室坚持以课堂教学为载体，开展教育教学研究活动，促进教师专业化成长，努力传播并阐述先进的教育理念和教学方法，帮助青年教师提高教育教学能力的过程，工作室成员们都收获满满。

程斌校长三十年来一直是我学习的榜样。曾经，程斌校长在范罗山小学时建立的少年科学院，一栋二层的小楼，其中二楼成果展示厅，展示着大大小小、琳琅满目的学生小制作、小发明、小创造的成果，漫步其中，我能真切感受到程斌校长为孩子们创新和实践能力培养付出的辛勤汗水。他勤学善思、追求卓越，对孩子的全面发展用心用情。2016年他调入北塘小学，立即着手将一块废弃的土地改变成了崇德百草园，为孩子们营造了一块科学探究农耕的沃土，也再次让我领略到程斌校长浓浓的科普情怀，这也是我一直坚持留在芜湖市小学科学教师大家庭中的原因。

如今芜湖市程斌名师工作室带领更多年轻的科学教师们一路同行，实现更多的科学教师专业成长之梦。后继有人，未来可期，我感到欣慰和自豪。愿芜湖市程斌名师工作室能行稳致远，让小学科学学科“苔花如米小，也学牡丹开”！

孙弋青

2024年4月12日

（孙弋青，中小学高级教师，芜湖一中教育集团延安学校小学部科学教师，弋江区小学科学工作站站长，2010年9月至今先后担任芜湖市小学科学教研大组副组长、组长。从教34年，援疆一年，先后被评为芜湖市第二批骨干教师、芜湖市优秀教师、芜湖市优秀科技工作者。）

高梦京寄语工作室

祝贺《有滋有味教科学——来自程斌名师工作室的报告》即将出版。愿芜湖市程斌名师工作室能扎根科学课堂实践，潜心编织已经成为现实的教学梦想，不忘初心，勤耕不辍，育科学桃李尽芳菲。

高梦京

2024年8月8日

樊利群寄语工作室

一直干自己喜欢做的事，即使微不足道，过程也是幸福的。愿芜湖市程斌名师工作室行稳致远，努力讲好自己的所见所闻，所做所思，把最珍贵的东西献给学生。

樊利群

2024年8月8日

（樊利群，芜湖市绿影小学副校长，我的同学、同行和家人，程斌名师工作室最坚定的支持者。）

第二章
教海探航　砥砺前行

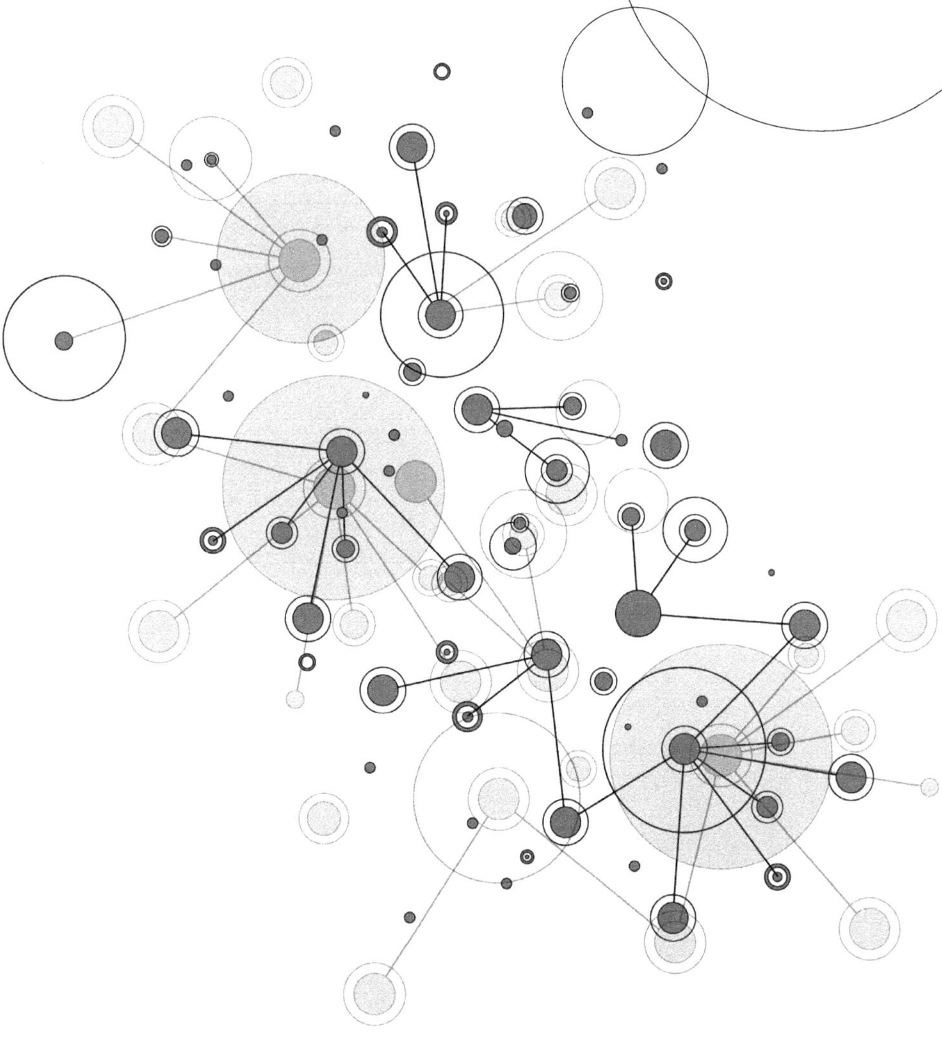

第一节　幸福阅读——分享精神的成长

一、共读一本书，让它成为我们研修的经典

有时候，一本书可以改变我们的思维方式和人生轨迹。对我而言，美国兰本达等的《小学科学教育的“探究—研讨”教学法》，就是这样一本书。

我和这本书的故事

我和科学教育的结缘，始于这本书。我喜欢书，也爱看书，闲暇时光，泡一杯汀溪兰香，独坐书房，不带任何目的和任务，随意地阅读着。看书，上课，写作，日子就是这样简单而充实。

我的书房，是我这大半辈子置的主要家当。打开小学科学书橱专柜，在许多最新版的小学科学教育专著中间，安放着一本略微发黄的书，外边还用厚白纸包着书皮，上面写着“小学科学教育的‘探究—研讨’教学法’”“人民教育出版社”“程斌珍藏”几行字。每当这些字映入我的眼帘，就会瞬间勾起我对《小学科学教育的“探究—研讨”教学法》这本书的种种美好回忆。

在我的记忆中，知道有《小学科学教育的“探究—研讨”教学法》这本书的时间是1989年初春，我工作的第二年。那时可阅读的有关小学自然教学、科学教育的杂志、专著很少，互联网更不知是何物。清晰地记得那是个烟雨江南四月天的一个下午，我上完自然课，伴着栀子花的清香，来到芜湖市狮子山小学自然实验室，找高梦京老师借教学仪器（太阳高度测量仪）。不巧她到学校对面的芜湖市第一人民医院有事，等她回来的空隙，我在她的办公桌上无意中发现了一本杂志——《科学启蒙教育》创刊号，便随意地浏览了起来。其中

《记兰本达等的一节自然观摩课》深深地吸引着我，读得正起劲，高老师已回来了。我借走仪器的同时也捎带借走了几本《科学启蒙教育》，在之后的阅读中我多次看到来自《小学科学教育的“探究—研讨”教学法》的引文，或片言只字，或大段摘要。之后的七八年，我跑了很多城市的各色书店，因无法购买到原著，便始终充满着期待。封存的记忆有时就像一层薄纱，一经撩开，此情此景仿佛就在昨天。

珍藏在我书橱中的这本专著是人民教育出版社1983年6月出的第一版，由中国小学自然教学的前期探索者、全国著名特级教师路培琦先生赠予我的。当我把书恭恭敬敬地放在书桌上，翻开书的扉页，有“赠程斌老师”“路培琦印”，落款时间是“1997年12月”，在书中还夹着一封同样已泛黄的短信，是用天津市河西区教师进修学校的便笺书写的。全文摘录如下：

程斌：

你好！

自上次见面有好长时间没有通信。我答应给你寄出的书迟至今日才做到，实在对不起，特写信表示歉意。

我的书原是放在二师附小的，由于他们搬动实验室，不知把我的这些书搬到哪里去了，害得我到今天才找到给你寄出，做了一回言而无信的人，太内疚了。

多日不通信，不知你的情况如何？教学一定大有长进，和许老师（注：指时任芜湖市小学自然学科教研员许烈荣老师）还有联系吗？见面替我问好。

顺致

新年快乐！

友：天津路培琦

1997.12.24

于是，在1998年1月1日，那个一元复始，万象更新的美好日子里，我终于梦想成真，拥有了一本属于自己的专业读本《小学科学教育的“探究—研讨”教学法》。从梦起到梦圆，经历了近八年之久。之后随着互联网的发展，购买书相对便捷了许多，我先后在当当网上购买过十几本人民教育出版社2008年12月出的第二版，除了留下一本自读外，其他都已赠予他人。我和《小学科学教育的“探究—研讨”教学法》结缘，也爱上了小学科学教学。

一次偶然的邂逅，一次不经意的请求，承蒙路培琦先生的抬爱，能在百忙之中寄书给我，已使爱书的我受宠若惊、心存感激；细读便笺留言，字字情真意切，让我心生压力，如不认真研读，辜负了先生的美意，也无颜再和先生请教了。从1998年1月1日算起，到2018年，《小学科学教育的“探究—研讨”

教学法》已和我相伴20年.那些略显深奥的理论文字，那些极具可读性的案例，或冷静或诙谐地讲述着一个个教育故事。我在看别人的课堂时，也在思考着自己的教育人生。不管是有意栽花还是无心插柳，兰本达等的《小学科学教育的“探究—研讨”教学法》，总有些什么已注定烙印在我的小学科学教学之中。重读原著，重温记忆里那一片明朗温情的颜色，看到的是成长、真情和真爱。

人与人之间的邂逅需要缘分，而人与书的邂逅，也是如此。从大众视角看《小学科学教育的“探究—研讨”教学法》不一定是名著，而对小学科学教师的我来说，它就是一部永恒的经典。因为在那个特定的年代，在当时，它无疑是最适合我阅读的书。它带给我无限的启迪，让我豁然开朗。一个人的阅读兴趣决定着文化情怀和人生走向。正是因为我对《小学科学教育的“探究—研讨”教学法》的痴迷，才有幸结识全国小学科学名师，留下一段难忘的教育情缘。

在这个快节奏的社会中，我们很容易被各种琐事和压力所困扰，很少有时间静下心来认真读一本书。正是有这样的情结，在多年的工作室研修中，也使《小学科学教育的“探究—研讨”教学法》这本书的共读故事得以延续。

我们和这本书的故事

共读一本书，为我们提供了一个契机，“他山之石，可以攻玉 ”，让我们这群人共同寻找这本书所蕴藏的珍宝。

彭秀芳：从混沌走向清晰

终于可以静下心来读些什么。于是从手边的架子上随手抽出了一本，发现竟然是《小学科学教育的“探究—研讨”教学法》，翻了翻，最后一道折痕停留在第三章——建构概念的步骤。一个让人头疼的主题。因为，我们常常弄不清楚“思维”和“概念”之间的关系，也容易将“定义”和“概念”混淆。在品读这一章的内容后，我个人认为：概念的建构、学生的思维发展与情绪变化之间有着微妙的联系。

科学的重要理论是“做中学”，科学活动固然离不开“做”，但更重要的是要学生能够思考着去“做”。在课堂中，学生的思维表现在动手“做”和“写”，表现在开口“说”，也表现在神态和肢体语言上。

概念发展的维果茨基体系，总结提出四个层次的思维，分别是混杂思维、复合思维、前概念思维和概念思维。真正使我理解的是书上第235页——

（1）因为我很伤心，所以下雨了。——同时、偶然发生。

（2）空气中所含水蒸气的比例达到饱和，因此我皮肤上的汗水蒸发不掉。——感知到某种相似之处。

（3）天上有乌云，这是下雨的原因。——追溯本源，抓住症结。

（4）当水蒸气在空气中的微尘周围凝聚时，它就成为雨降落下来。——得到真正的说明。

概念的发展有一定的规律，对学生来说，听过、写过、看过，说得出来，不代表就是形成概念，知道也不代表真正理解。反思自己的课堂，有时，课堂的发展方向总是容易发生偏转，学生在不是“概念箭头”的“道路”停留过久，每到这时，我不知道怎样精准引导学生回归正确的轨道。

在概念发展的道路上，学生分组做过之后，总是举手汇报的人少，这是什么原因？“做后”的学生概念发展了吗？举手发言的同学能完整、真实地表达自己的想法吗？关于发展，我倾向于书上第238页的解释，即孩子们会有各种各样的办法说明他们赋予这个词的不同的意义。原来，内化本身就是发展的意义所在。

情境很重要，努力把学生课堂内的情绪尽量延伸至课堂外，如果在课后，学生还能再讨论今天科学活动的感受，这是多么令人欣慰的事情。而这种情绪的延伸，需要教师无痕地引导和培育。

孙彩云：关于“经历”的思考

兰本达等在“经历是发现意义的中心环节”这一小节中谈到了“经历”。

“经历”这个词对于我们来说很熟悉，在教学目标“过程与方法”中，我们经常谈到要让学生经历怎样的探究过程。在未读这本书前，我肤浅地认为经历指亲身见过、做过或遭遇过的事。兰本达等是这样阐述“经历”的：“我们认为，发现意义、领会意义的是经历、卷入、参与的结果，没有这些先决条件就不可能演化出意义。”然而，在没有经历、没有卷入的情况下也可以有并不领会意义的学习（我们这里讲的是指造成行为上的变化的广义的学习），有两个（可以观察到行为上的变化的）学习的例子可以清楚地说明这个论点。

乔迪在幼儿园里整齐的队伍中站得笔直，面对着国旗高唱：

“我的祖国叫人乱花花，甜蜜的土地出肝茶，为了你，我歌唱!”

显然，乔迪学会了按一定的次序发出这些音节来，并使这些音节合上一定的调子，可是他有没有经历过什么——有没有卷入什么呢？尽管老师讲过祖国的重要和自由的好处，乔迪唱这首歌时却没有想到任何意义。虽然他听过这首歌，但是听并不会激发出任何意义来。

乔迪学会了一首歌，但是他没有经历过。他完全是背下来的，没有一点意义。因为他现在可以参加上早操了，他的行为有了变化，但是从我们对“经历”这个术语的含义来说，他还没有过什么跟这首歌的内容有关的经历。

另一个例子是这样的：贝丽尔对生长着的会爬会飞的东西都感兴趣。一天，她正专心地注视着水缸里金鱼的运动。她问金鱼是怎么呼吸的。她姐姐回答说鱼类通过把鳍刺伸入水里的气泡中进行呼吸。贝丽尔卷入了这个问题，陷入了沉思。姐姐的解释对她来说是有意义的，她可以想象出鱼这样呼吸的情景。这是不是一种经历呢？

让我们来跟踪贝丽尔的学习过程。过了很久之后的暑假中的一天，贝丽尔的父亲带她到一个湖上去钓鱼。当一条鱼被钓到船上时，贝丽尔观察到鱼的鳃盖发喘似的运动，她同时还注意到鳃盖下面忽隐忽现的血红鳃瓣。

“它是在设法得到空气吗？”她问她父亲。

“不错，”他回答说。“这是鳃。”“鳃是像肺吗？”再后来，贝丽尔俯身观看一池鲤鱼。她注意到鱼像用手臂和腿一样用鳍使自己保持平衡。她还看见它们在不停地往嘴里吞水。她想，“这些水到哪儿去了呢？”也许你想和一位朋友讨论一下乔迪和贝丽尔的学习方法的不同。这两种学习跟你曾经列表比较的自己上学时认为有趣的和没有趣的课程的因素有没有什么类似的地方呢？书中同样的例子我就不赘述了。

这让我想起在课堂上学生热热闹闹地做，虽然最后也能得出结论，但学生是真的经历了还是假的经历，他们有没有真正理解活动的意义，他们有没有真正思考？还是只是记得我在黑板上最后板书的结论呢？“经历”就是发现意义，领会意义。那么作为老师，在课堂教学中，我也需要真正卷入这样的思考中，真正经历，从而建构自己的模型，把书中的知识纳入自己的知识框架中，最终将其运用到实践中。

杨家祥：科学课要让学生一起耐心地研讨

参加芜湖市程斌名师工作室研修活动，有幸读到兰本达等的《小学科学教育“探究—研讨”教学法》，让我懂得科学课要让学生一起耐心地研讨。科学课上我们经常开展研讨交流活动，对于什么是研讨，书中给了我们一个明确的回答——同伴之间一起说话。研讨会的结果是无法预先规定的，并且不能期望所有的孩子都发现同样的一组事实，或看出同样的内在的相似之处。老师提问，孩子们设法找到正确的答案，这并不是研讨。

再来看看下面这段话：讨论很少需要重新引导，通常它会自己产生动力，随着孩子们的兴趣和思考而发展。如果看上去研讨的过程似乎脱了缰，但只要孩子们仍在积极地表述他们的观察和思想，也许他们这时正在进行“迷路的研究”。研讨可能会通向哪些概念，虽然教师是心中有数的，但对学生们来说，却完全是未知数。一定不能使他们感觉到只有一条正确的路或只有一个正确的答案。教师选择“有结构的材料”，主持研讨，只是为了把挫折降低到孩子们能受得了的程度之内，为了使成功和挑战之间有一个平衡。这样，孩子们可以感觉到成功，可以经历一种有能力的感觉，从而进入一个纵横交错的道路网，自己画出一幅有条理的地图来。让孩子们使用材料进行探究的时候，教师绝对不要提出建议或说明。

在研讨的过程中，我们老师们最担心的是什么？在有限的时间里没有得出结论、学生研讨偏离方向。为了避免这样的情况发生，我们往往会在研讨中对学生进行各种指导。例如一问一答，暗示答案、用优等生的回答代替全班的回答。要想在一节课上建构起科学概念，我们的要求其实是挺高的，试着把要求降低，孩子们只要在原有前概念基础上趋近于某个科学概念就可以了，并允许孩子们用不止一节课的时间去进行。如果是这样，我们就可以把时间的框框放下，允许这节课下课仍然没有得出一个结论甚至是错误的结论；我们不给学生指出一条明路，而让他们自己画出一幅有条理的地图来。

这时，我们可能会担心这样是不是意味着任由学生去发展呢？这样的课堂是不是低效的呢？其实不是任由学生去发展，我们提供给学生的材料已经指向了我们的探究目标，至于材料背后的意义就需要学生在研讨的过程中去发现。当然，在这其中也需要老师去点拨。教师点拨不是指导学生设法找到正确的答案，而是让学生去思考一些关键的问题，指导思维的方向。书中说教师只是需要把矛盾事件并列起来，在适当的时候提供适当的词语，出现僵局时指导思维的方向。教师更多的是去等待，当孩子们需要你时才出手。只要孩子们在课堂上沿着概念的箭头行走，他们的思维就是在发展，我觉得这样的课就不是低效的。因此，我们需要根据孩子们的步伐来安排课程进度。

放开思想的枷锁，给予孩子们更广阔的空间和时间，在研讨中会产生更多的火花，就会让孩子们更好地向前发展。

陈沐阳：让科学探究有章可循

《小学科学教育的“探究—研讨”教学法》是由美国兰本达等著，旨在探讨小学科学教育中采用“探究—研讨”教学法的方法和策略。我通过阅读了解到了小学科学教育的最新理念和实践方法，为提高小学生的科学素养提供了有益的参考。全书开篇介绍了探究式学习的概念和特点，探究式学习是一种以探究为主要手段，旨在培养学生探究精神和创新能力的学习方式。作者指出，探究式学习能够帮助学生深入了解科学知识，提高科学素养，同时也有助于培养学生的创新能力和解决问题的能力。

研讨式学习是一种以研讨为主要手段，旨在培养学生合作精神和沟通能力的学习方式。兰本达等认为，研讨式学习能够帮助学生互相学习、互相合作，同时也有助于培养学生的表达能力和沟通能力。在此基础上，她提出了“探究—研讨”教学法这一概念，将探究式学习和研讨式学习有机地结合起来。“探究—研讨”教学法能够充分发挥学生的主体作用和教师的主导作用，使学生在探究和研讨的过程中掌握科学知识，从而提高科学素养和创新思维能力。

书中提供了多个小学科学教育的“探究—研讨”教学法案例，这些案例生动地展示了该教学法的实际应用效果。通过阅读这些案例，可以帮助我们深入了解“探究—研讨”教学法的具体实施方法和策略，进而为自己的教学实践提供有益的参考。通过对本书的阅读，我对于“探究—研讨”教学法有了更深入的理解。科学教育不仅仅是知识的传授，更重要的是对学生科学思维和科学素养的培养。通过引导学生主动参与探究和研讨，让他们在实践中发现问题、分析问题和解决问题，从而培养他们的科学思维和科学素养。开卷有益，走出书本，方能逐梦苍穹。

丁永刚：“意义的建构”让我重新建构

近日，我阅读了《小学科学教育的“探究—研讨”教学法》之“意义的建构”，令我印象最深的有两点：一是兰本达等关于“概念”的四分法；二是在第174页兰本达等提到的“概念体系表”。

兰本达等认为：在意义的建构过程当中，概念有四个发展阶段，分别是混合思维、符合思维、前概念思维和概念思维。这个关于概念形成的提法给我提供了一个不同的思路。学生的概念是在不同年龄段呈螺旋式上升的。在兰本达等看来，学生在小学学业完成之前，是暂不具备形成科学概念的能力的。课堂上，学生习得的前概念已经大大领先于混合思维和复合思维，科学课堂上的观察、比较、记录、实验、讨论都是为学生形成科学前概念服务的。教师致力于把学生的思维由混合思维和复合思维再向前发展一步。这和我们一贯主张的“把科学前概念通过探究活动发展为科学概念”的教学理念是一致的，都体现了学生通过学习活动发展包括思维在内的各种能力的过程。在书的第174页中，作者呈现了对宇宙、质量、生物的概念体系表，它体现了和现行科学课程标准的相同和不同，相同点在于两者都体现了学习目标的阶段性，不同的是课程标准中的科学学段目标，用物质科学、生命科学、地球与宇宙科学、技术与工程四个维度来描述学生构建的概念。其中的动词都以“知道”或“了解”开始，思维水平也基本相当于兰本达等所述的科学前概念的水平。通过这部分内容的学习，我有了以下的体会：学生在科学学习前的思维水平，兰本达等所述的四个阶段都是有的，这就要求我们在进行科学教学之前应当对于学生的学情进行充分的研究和预测；既然学生在学习时的思维水平是不一致的，那么，评价学生的科学学习就应当以科学记录本为载体，并将其作为一个重要的方面。这既是生成，也是教学研究和评价的资源，它体现了学生在学习上的收获和不足。学生在一个班级里思维水平不一致，这就要求在探究教学组织实施的过程中，教学环节和师生交流应体现弹性，适应不同水平学生的发展。

江松柏：结构体现意义的水平层次

兰本达等提出“探究—研讨”教学法让我们更深刻地理解了科学课的意义。书里提到了“结构体现意义的水平层次”这一节，探讨了这样一个问题：“有的时候在大人们看来，孩子们的陈述看起来也许完全不正确。那么大人要不要马上进行纠正呢？如果要，又该怎么纠正法？”对这个问题我也曾困惑过，在我的课堂中学生常出现过不正确的认知，例如在沉浮实验中他们得出的结论就是“轻的浮，重的沉”，我当时就在想要不要把他们这个片面的看法纠正过来呢？

如果我们接受这样的看法：对概念从最初步的理解到完整精确严密的理解之间，存在若干不同水平层次，在一定水平范围内的理解都是“正确的”，又都是片面的、不精确、不严密的。接受了这样的看法，我们就可以引导孩子们从支配具有沉浮结构的材料的反复实验中，探求到正确全面的结论。在第一层水平，孩子们通常在发现轻的东西会浮、重的东西会沉之后就感到满足了。在第二层水平，他们才像罗斯太太的学生们那样，表达出他们对空气的发现：里面有空气的东西会浮。即使在看不到空气可以占据空间的情况下，孩子们也能运用陈述逆推出空气的存在：因为肥皂会浮，所以里面一定有空气。有的时候在大人们看来，孩子们的陈述看起来也许完全不正确，那么大人要不要马上进行纠正呢？如果要，又该怎么纠正？用更多的词或者符号？有一个班进行实验后，在随后进行的研讨中一致得出结论："有些东西会浮是因为这些东西很重。"老师吃惊地把这一陈述写下来，但是她还是要孩子们解释一下，他们为什么这样看问题。教师也不必要去"纠正"错误的表述。用新的超过原来的材料引入新的激励思考的论据，会促使产生出更确切的陈述。同样，支持先前的陈述的那些论据一再突出的是早期的那种概念的形成。试图把不同的事实联系起来一找出不同现象之间的关系一肯定是在通往"搞科学"的道路上进了一步，也可能本身就是在搞科学。预言了结果以后，验证这种联系或关系是下一步必须做的。约翰·麦克伊弗把所有的事实和孩子们提出的所有的关系都并列出来，把因此引起的混乱留给孩子们自己，他们的怀疑就增加了。好些孩子都愿意在下一次课上去解决这个或那个问题，这表明了他们需要进一步探索。论证的责任，澄清混乱思想的义务，都落在孩子们自己——在搞科学的人的身上——这本来就该是他们的。孩子们处于发现、核对和形成概念的过程中。如同所有的学习一样，搞科学是一种不断进行的活动。在"纠正"学生错误的过程中，老师应该做些什么？我们通常的做法是把问题挑明，引发学生去讨论，在学生讨论过程中我们也会把自己的想法加进去，促进学生更快地"纠正"。而书中老师的做法只是"把所有的事实和孩子们提出的所有的关系都并列出来，把因此引起的混乱留给孩子们自己，他们的怀疑就增加了"。把问题还给学生，让他们自己去解决，其实也是新一轮的探究。我们经常怕一节课完成不了教学任务，所以，当出现问题时我们总是希望问题能快些解决，就会在孩子解决问题时不自觉地参与进去。

书中告诉我们："科学并不是一个最终完成了的产品；如同所有的学习一样，搞科学是一种不断进行的活动。"我们不必拘泥于一节课能圆满解决所有问题，教学是一种持续的研究，这也是"搞科学"的特点；我们要学会解放自己，鼓励孩子自己去解决问题！

翁桔：小学科学课堂学生的经历很重要

近期，我再次认真研读了兰本达等的《小学科学教育的"探究—研讨"教学法》，对学生在课堂上实施"探究—研讨"得到一些新启示、新认识。兰本达等提出"探究—研讨"教学法目的是让教师简化复杂的教学过程，让这种教学法有更大的适用面。这种教学法就只有"探究"和"研讨"两个环节，比起我们现在的科学探究的七大环节简单很多。

作者在"经历是发现意义的中心环节"这一小节中谈到了"经历"。在未读这本书前，我认为经历就是有参与过，有动手做过，有得出结论。而兰本达等是这样阐述"经历"的：我们认为，发现意义、领会意义的是经历、卷入、参与的结果，没有这些先决条件就不可能演化出意义。然而，在没有经历、没有卷入的情况下也可以有并不领会意义的学习。为什么对于孩子发现的对与错，我们都应该给予肯定呢？在"已达到的概念水平"一节中给了我们明确的回答：孩子们对观察到的事实或事件作出解释也是在建造模型，不过是基于他们自己的水平层次上。因此，我们在分析讨论会时感兴趣的不是某个解释的对或错，而是它的水平层次，因为即使是科学家建立的科学模型也可以作不断的修正或重大的修改。记住这一点，我们就感到可以把孩子们所有的解释都看作是模型。如同解释一样，模型也需要检验，但是首先需要把它们发明出来，讲出来。

就小学科学而言，不同的课、不同年级的学生，探究后研讨的目标也会不同。以教学《物体的沉与浮》为例，一年级的孩子只要知道某些物体是会浮在水面的、有的则会沉下去即可；而到了五六年级的孩子探究后，他们应当能说出为什么沉浮，我想这也是教材设计与教师教学之间的关键所在。教师引导学生去探究，学生在探究之后进行研讨，最终得出结论。

叶春玉：读经典，静待花开

2020年下半年接到工作室的读书任务，我开始从头读这本《小学科学教育的“探究—研讨”教学法》。我自以为也很用心，却一直云里雾里，不知所云，着实理解不了这本书的精髓。今天又接到了工作室的研修任务：需要上交读书笔记。怎么办呢？我觉得我的脑海里一片混乱，所有的印象都模糊一片，想用一句完整的话概括都很困难。我还是从头再来读一遍这本书吧！

兰本达等在书中系统地阐述了探究、研讨学习的观点。她将“探究—研讨”教学法划分为“探究”和“研讨”两个基本环节，认为“经历是发现意义的中心环节”，“探究”是基础，没有“探究”过程，“研讨”就失去了意义。发现意义、领会意义是经历、融入、参与的结果，没有这些先决条件就不可能演化出意义。在没有经历、没有融入的情况下也可以有并不领会意义的学习。“不干涉”是一条基本规则。在一个学生自主探究发现的情况下，教师应该不做示范，不提建议，不告诉这告诉那，也不围绕在某个学生旁边转！同时，兰本达等认为，学习科学时，材料很重要。把“有结构的材料”给孩子，让他自由地去探究，是让他走上学习科学的道路的一个好办法。材料应该和科学上重要的概念有关，使用这些材料应该能揭示许多有关的现象。这些材料应能引起孩子们的兴趣，每个孩子都应有足够的材料。通向建立概念的道路总是始于经历，而互相关联，即让有结构的材料引出这种经历。兰本达等十分注重科学课的材料，认为科学课选择材料时，既要以它们和重要的科学概念有关作为基础，也要照顾到它们对孩子们可能具有的心理上的含义。

按照兰本达等的理念，科学教学的起始阶段，一般是先提出探究的某个问题。我们可以运用实物、实验、实例、故事、录像、描述、提问、游戏等富有趣味性的教学方法，由教师直接提出具有启发性的问题，也可以在教师引导下，让学生通过分析某种现象自己发现问题，提出问题。需要注意的是，在组织探究过程中，教师一定要相信学生，放手让学生去探究自然事物的特征、结构、联系、变化等信息，保证学生探究的时间，尽可能地增加学生获得解决问题所需要的信息量。学生在研讨过程中，会有一个“去粗取精、去伪存真、由此及彼、由表及里”的经历。在研讨时，教师要给学生创造一种“安全感”，不能以“仲裁人”自居。教师要不动声色地处于“控制中心”，把研讨时间、方式、内容尽可能交给学生支配，让学生真正成为学习的主人。

我们只有紧密结合教学实际，创新“探究－研讨”教学法，才能把兰本达等关于科学教学的精髓，成功地应用到小学科学概念教学实践中去，也才能使学生真正具备一定的科学素养，为今后的发展打下扎实的基础。

殷花：小学科学教学需要探究和研讨

美国哈佛大学教授兰本达等于20世纪40年代创立了“探究—研讨”教学法，旨在启发和发展学生主动地创造性地自行获得知识和技能的能力。通过研读该书第一、二章内容，我们可以发现兰本达等把教学结构分为两个部分：“探究”和“研讨”。所谓“探究”，就是学生围绕探究的对象、带着探究的目的去收集、汇总支撑数据；所谓“研讨”，就是利用获得的数据开展集中讨论，让学生寻找规律。这样的教学方法，我认为更加关注人的整体发展，注重学生之间相互作用。

在第一章，作者以“里面是什么”课例为引导，让读者明白如何让材料引起经历，使儿童产生揭示自然现象的兴趣，探索科学奥秘。文中大篇幅地引用史蒂文斯小姐和孩子们的交流对话，我们可以看出，“探究—研讨”教学法始终突出探究自然的实践行动，把科学课由单一的知识性学科延伸为教育性学科，不断开展探究性学习，启迪学生思想和智慧，共享集体思维。本书第二章以动物为引入点，举例说明了海豚所具备的一些特性与孩子的部分行为存在无可辩驳的差异，其更深层次的意图是引发读者对“思维”的认知，但“思维”背后却又点明了第二章的主题——“研讨”。从研讨的意义、研讨的益处以及举例研讨会的内容，强调了教师使用“探究—研讨”教学法创新地开展教学工作的实效，帮助读者理解和领悟作为一名科学教师如何提高孩子们学科学、用科学的兴趣和能力。尤其在该章临近结尾部分，作者高度概括了教师在研讨中的作用，通过丰富的实践案例，归纳了十点作用，可以说具有较强的操作性和实用性，为教师们发挥示范引领作用明确了具体方法，值得细读。

张晶晶：一切准备只为明天就开始

最初看到这本书的时候，我被书名里的“探究”“研讨”这两个关键词吸引到了。不可否认，我心里有点小激动，想着终于可以靠着它汲取点养分了。实话实说，自从任职科学教师以来，我在两年多的时间内读书不到十本。其中三本是工作室的必读书目，另外一些是和科学教育关联不大的书。无奈之余，我更多的是惭愧。时间越久，越觉得自己在学科教学方面欠缺得多，内心想要充电的想法与日俱增。虽然有些问题自己已经明显地意识到了，比如，如何在有限的课堂时间内有效地开展科学探究活动。但是，这并不是件值得高兴的事，因为问题一直未从根本上得到解决。其实，真正的恐怖，源自于无视自己的问题却还频繁自我满足。如果非要做个自我剖析的话，我想原因可能有以下几个：问题比较隐蔽；经验不足；反思不够。带着解决这些困惑的决心，我必须比以往更认真地阅读这本兰本达等的《小学科学教育的“探究—研讨”教学法》。

读第一篇时，看到醒目的大标题——《明天就开始!》。寥寥数字，我却在第二遍阅读时才真正领悟到它其中的内涵。兰本达等是希望那些刚入行不久的科学教师，能真正利用到她总结的教学法快速地开始教学。正如她在这本书的序言里提到的那样，孩子眼里的世界都是陌生且有趣的，而教师则是一个国家的文化和价值的最重要、最可信赖的传递者。同时这种教学法已经被很多国家的很多地区学校实践过并且效果显著。这不正是我想找的那种“捷径”吗？既然选择教师这个职业，就应该扮演好传递者的角色，这是每个教师在职业发展上的根本要求。我也不例外。

开篇即通过支配材料发现意义，晦涩难懂是我兴奋之余的阅读初体验。相信每个科学教师对材料的兴趣都是非常浓厚的，而材料也是我在教学中最为关心的版块之一。在常规教学中，我们通常会精心准备一节课所需的材料，这其中包括学生分组材料和教师演示材料。然而，这些准备环节似乎都与兰本达等的教学案例提到的有关部分存在着本质不同。在书中，每个教师都是按照自己的想法准备材料，如同玛丽一般。她为了“里面是什么”这节课准备了洋葱、土豆、苹果、牛皮袋、橡皮筋、小哨子、纸喇叭、纸龙、小刀。“你们猜这只口袋里是什么东西?”一个简单的问题伴随着这些学生未知的材料足以引起学生的极大兴趣。当然，这里的材料一定不是杂乱无章、随意拼凑而成的，应该是“有结构”的。

在书中，兰本达等多次提到了“结构”这个词，一堆材料彼此并不能主动发生一些关联，也不能揭示出任何自然现象。例如，当我们把磁铁、铁块、镍块和铜块放到一起，由于铁块和镍块能和磁铁发生相互作用，那么，这几种材料之间便存在了某种结构。有了结构，才可能衍生出抽象的概念，这就提示我们在给孩子提供材料的时候，一定要准备和科学概念有关的结构性材料，这类材料在学生面前具有足够大的吸引力，教师才有更大把握地让学生参与进去，进而感受经历。在“里面是什么”这堂课里，有一个非常小的细节触动了我，玛丽的班级里有30个孩子，她却准备了35份孩子们都会喜欢的像蝴蝶的舌头那样卷着一吹就会放开的纸龙。确实，我们不得不考虑到孩子面对这些材料时产生的心理反应，这是吸引他们关注力的重要因素。值得注意的是，教师不能在材料上过于标新立异，以免引起学生额外的兴奋导致他们偏离探究主题。

探究活动似乎已经准备就绪了，其实不然。因为教师的作用远不止给学生提供学习材料那么简单，还包括教师给予学生最佳的学习氛围。氛围的营造和教师的性格有关，就如同学生都喜欢幽默、风趣的老师一样。面对即将出现的新概念，教师需要具有十足的把握，才能营造出好的学习氛围。科学教师在给学生准备材料的同时，必须确保自己的大脑有充足的知识储备，以保证对学生提出的各种稀奇古怪想法应对自如。这种应对自如包括教师能确定自己何时讲解、何时观察、何时鼓励、何时研讨等。必要的时候，教师还得及时补充材料，以激发学生继续探究的热情。这些不经意的举动，都时刻考验着科学教师的能力素养。

在兰本达等看来，学生探索的时候，教师应该遵守“不干涉”的基本准则。反观我的教学实践，却常常在进行着这种干涉，为了完成活动目标，为了呈现完整的教学环节，教师会在各种时候去有意地指挥学生。我们盼望学生能少走弯路，因为这样既能节约时间，还能保证结论脱口而出。在此过程中，我们忽略了很多我们不愿意花功夫去琢磨的事实。中国有句古话叫“不撞南墙不回头”，学生必须自己去经历探究的过程，有观察、有猜测、有验证，其间可能会遭遇很多次的重复。可是，只有如此才能让孩子在体力和感情上产生同频共振，才能帮助他们甄选出真正有价值的发现。发现本身不是个短暂的动态，它注定是一个持续的过程。因此，教师便不能奢望在一节课的收尾部分得出最终的某个结论。如果教师执意那样做的话，就剥夺了孩子们“做科学”的本真。

说到“做科学”，不得不提到书中出现频率比较高的词：研讨。在此之前，研讨在我看来只是教学设计中的最后一个环节，因为学生已经在活动中获得了基本的共识，所以研讨本身已然是形同虚设的了。事实上，低年级的学生在研讨时一定会产生不同的想法，有些想法还处于“前语言”状态，当他们听别人讨论时，头脑中便随即产生了“内在的语言”，就像班里经常有孩子在表达的时候词不达意，需要别人来帮忙一样。集体研讨往往就在这个时候提供了催化剂，因为它无时无刻不在进行着精彩的思考。研讨的第一部分也许只是活动中观察记录单的汇总，但是，这个时候往往是矛盾被激发的好时机。听到错误的观点时，教师也不必依仗自己的权威直接进行纠正，因为在不合适的时候讲的任何词，都对学生形成概念不产生任何作用，这个时候最好借助一个能得出相反现象的实验来说服学生。如果我们真的按照这种方法进行了研讨，那我们在对比开始和结束的研讨记录时，我们就会惊奇地发现学生都有了进步，学生已经能找到事物的内在相似之处并进行类比，进而建构出一般模型了。显然，这些过程都是在为形成概念做好准备，以便最终能用概念箭头表示“完整的收获”。

兰本达等的教学法就是这样不仅能帮助学生进行未来的学习，还能帮助他们应对未来生活。此刻，我已经在头脑中初步形成了在未来科学教学的基本思路，那便是观察、描述、交流、研讨、解释、形成概念、建立模型，把这一切交给实践来检验，以期待在纷繁的现象之间找出关联。既然已经准备好了，那就从明天开始吧！

周维：读书让我重新审视自己的教学

我曾经是一名中学化学教师。今年是我从教小学科学的第四个年头，自己以为已经逐渐适应了小学的教学模式，并熟悉了小学科学的教材；加上去年代表芜湖市参加了安徽省小学科学优质课评比，经过区赛、市赛以及多次的磨课，我最终收获了安徽省一等奖的好成绩，自认为在授课方面已经有了长足的进步。可是就在10月份的一次公开展示课上，同样的课题，我却上得很糟糕。无论是我自己的感觉还是大家的评价，都给了我当头一棒。课后我也进行了深刻的反思，但是仍然没有达到我理想的高度。直到在程校长的督促下，我开始阅读《小学科学教育的“探究—研讨”教学法》这本书，似乎对我自己的问题有了更加深刻的认识。随后，工作室的两位老师的示范课，也给了我很多启示。

“探究—研讨”教学法，这一普遍被应用在小学科学教学过程中的教学方法，我们都不陌生。书里不断地提到“做科学”，让学生像科学家那样“做科学”，让学生成为“做科学的人”。这样的概念和要求我是第一次看到，书上整理了科学家“做科学”的过程，并把它们与学生的学习过程一一对应。这让我想到了，我们一直提倡的“学生是学习的主体”说法，但是这又似乎不够。如果真的要做到让学生“做科学”，那教师应该怎么做呢？从这本书中可以找到答案。

第一章主题是“通过支配材料发现意义”。我认为第一个关键词是“材料”。在平时的教学过程中，教学材料的准备是一大难点。本书采用了“有结构的材料”一词，我觉得很贴切。它指的是材料应和科学上重要的概念有关，使用了这些材料能够揭示许多有关的现象。例如：文娟老师执教的《设计制作小车（一）》一课中，文老师在介绍车的几大结构时，用了一辆透明的玩具小车作为观察对象。这个材料的性质决定了孩子能够在短时间内，迅速地感知车的内部结构；其次，玩具小车一拿出来，立即引起了全班学生的兴趣；再次，每个孩子都有一辆小车，满足了学生的动手、情感需求；最后，由于这辆小车的动力部分有一个很大的白色齿轮暴露在外，学生在总结小车的结构时，直接说出了齿轮，但是教师并没有对齿轮给予准确解释，而是将齿轮划为动力部分来解释。后期研讨时，有老师提出，其实孩子的观察就是由细节开始的，他们比我们想象的要更加关注细节的问题。由此可见，材料的选择要建立在对知识结构的分析上，学生的认知特点也应该是我们需要考虑的重要内容。

第二个关键词是“发现”。让学生在“有结构的材料”中进行自由探究，并在交流研讨中发现事实、关系，最后用有自己的语言讲清楚自己的发现，这就是他在“做科学”。可是这种发现，对于我来说无异于是课堂上最恐怖的事件之一。大多数情况下，我是不敢让学生自由地去探究，因为我害怕他们在发现过程中产生不可预期的错误结论。因为我们的课堂与兰本达等描述的课堂的不同，在于学生的人数不同：我们一般都是大班额教学，如果让每一个学生充分自由探究、发现、研讨，那四十分钟是远远不够的。但这不能成为我不让学生自由发现、充分研讨的理由，尤其是我在听了文娟老师和朱时俊老师的课后，我看到了自己课堂教学经验的不足以及对探究活动理解的不到位。

朱老师执教的《我们来做热气球》一课，是小学科学三年级上册第三单元的第五课。在这课中，最重要的环节就是要学生自己制作一个“热气球”，再通过观察“热气球”上升和下降的现象，分析产生这个现象的原因。而在讨论如何制作的时候，朱老师没有直接告诉学生制作的方法，而是分批出示了有结构的实验材料。然后由两位学生上台进行讨论和探究制作的方法，再结合投影到大屏幕上的方式，让全班同学参与到制作过程的讨论中来。当然，两位学生在经历了两次失败以及烧焦塑料袋之后，成功地让“热气球”飞了起来。在这过程中，两位同学的两次失败经验有没有意义呢？当然有，这何尝不是“做科学”呢？

文老师的课堂则更清晰地为我们展现了“发现过程中产生错误”的意义。文老师在课后研讨时说：“我认为犯错是孩子的权利，而我们则要允许孩子犯错。难道我们大人就不犯错了吗？”结合她的课堂，她也确实做到了这一点——做一位课堂上的“观察者”。在学生的设计研讨环节，文老师利用“施工组”和“设计组”互查的方式，让学生互查对方的不足，并提出修改意见。教师在此环节中，是观察者和顾问的角色。学生在互查中，纠正别人的不足，也会思考自己的设计存在什么缺点，这正是“错误”产生的意义。

回想我上的那节《电和磁》，由于担心学生的发现不在我的预期范围之内，将三个学生实验改为了两个，后面的研讨环节也没有让学生充分地研讨分析，导致课堂并没有使学生的思维得到锻炼，也没有激发学生进一步探究的欲望，抽象的电和磁的概念并没有被大多数学生所掌握。集体研讨的力量在于语言和思维的相互作用，在研讨过程中可能会出现多个方向的探索，到研讨结束时，那些杂乱无章的思想或被抛弃，或被汇集成继续探究的方向和动力。教师不应该害怕学生的发现，不应该害怕学生的错误，应该促进学生的发现。要以“不干涉”为基本原则，随时准备给学生情感的帮助，在适当的时候讲适当的话，用这样的方式促进学生的发现。因为“做科学”的本质就是由孩子自己去发现材料相互作用的现象、事实和关系。

本书第二章的主题是“通过语言交流而明确意义”。语言是人类交流思想的一种方式，而课堂上，教师和学生的思想交流是十分丰富的。因此，教师的语言必须是有力量的，因为教师要在课堂上创造出有利于学生学习的情境，而要建立起一个热情、自由的课堂气氛就离不开教师富有感染力和创造力的语言。语言的艺术在课堂教学的过程中应该得到淋漓尽致的体现。比如教师讲话的时机是不是最适当的？教师的语言能不能为学生提供心理上的安全感？教师使用的词语是不是准确的？出现僵局时，教师的语言能不能为学生指导思维的方向？如此种种。

书中给我印象深刻的是，课例中教师的语言。他们在学生的研讨环节，说得最多的是："你们怎么看这个问题?""每一个人都注意到这一点了吗?""观察是否准确?"……这些提问的方式，一方面可以帮助孩子核对事实，做出判断，另一方面能够让孩子通过找出内在的相似之处来解释矛盾，这对学生来说十分关键。作为新教师，我们往往不敢把研讨完全交给学生，而是用具有指向性的语言为学生指明研讨的方向，让他们感觉到只有一条正确的路，或者只有唯一正确的答案。为了达到这样的目的，我会在学生的研讨过程中，不断地提供情况，并进行解释。这样做的后果，就是"发现"并没有按照我们设想的那样，成为学生学习的主要推动力。这样一来，学生会丧失对学习过程的信心。这就有悖于我们"探究—研讨"课型的设计意图。

课堂研讨活动中，除了教师的语言，学生的语言也十分重要。教师通过学生的语言表达，了解学生的感受和知识的建构程度，学生也会根据别的同学的发言进行进一步的思考，并对别人的观点进行鉴别和议论，最终完善自己的观点，形成自己的思维。这也是科学家们进行科学研究时的方法。

所以，通过对这两章内容的学习，我对"探究—研讨"教学法有了全新的认识和理解。后续我将会继续学习，并把学到的理论知识积极地运用到实际的教学工作当中。

朱时骏：教师在促进发现中的作用

对有结构的材料进行自由探究会促进发现，这种发现有点"各取所需"的性质，同时各人的不同发现又都是同一个概念体系中的一部分，这个概念体系将在研讨时得到讨论和澄清。在探究阶段，孩子们基本上是自己管自己，但是我们看到，事实上教师并没有闲着。他是这种有结构的学习情境中的一个关键部分——好比自行车上带动链条的那个齿轮。

教师在开始上课时提供给孩子们的材料，必须经过仔细选择，使之适应下列情况：既要简单，能为每个孩子开辟一条有趣的探究之路；又要丰富，让孩子们有可能通过多种多样的学习路子去探究。关键时刻补充的材料是为了激发孩子们的进一步活动，促使他们进一步思考和为实验提供方便。值得注意的是，教师在发这些材料时，不应使用任何带有指导性质的语言。

“不干涉”是一条基本规则。要使一项发现对孩子有价值，他必须经历过它，必须是他“做科学”经历的一部分。发现必须来自他本人，来自他自发的、同材料直接的相互作用。如果一个教师鼓励他去寻求某种特定的结果，建议他做某件具体的事情，或告诉他如何进行试验，孩子就不是在发现。

材料相互作用的事实和关系，则应该由孩子们去发现。这是“做科学”的本质部分。有时候孩子们在支配材料时会碰到障碍。他们试验某种安排，但看起来不成功。这并不是感情上的危机，而是发现中的挫折——挫折也是“做科学”的一个部分。不过挫折应该控制在个人能忍受的限度之内，教师应该善于判断每个孩子感情承受能力的限度。

张智磊：“探究—研讨”法科学管用

假期里有幸拜读了兰本达等的《小学科学教育的“探究—研讨”教学法》一书，受益匪浅。我不知疲倦地欣赏着这本神奇的“探究—研讨”法带给我的新生力量！

《小学科学教育的“探究—研讨”教学法》虽然是1971年英文出版，1979年引入中国的，但其表达的科学教育理念依然闪耀着睿智的光芒。兰本达等提出的“探究—研讨”教学法有其理论依据，这种方法对于一线教师而言不仅有相当大的学习价值，并容易上手。但是对于教师而言，更多地要关注每一个孩子的思维进程，使其从混合概念到复合概念，进一步形成前概念，最终形成科学概念。

书中写到“不合适的时候讲确切的词对形成概念并没有帮助”，短短一句话就引起了我的深思。因为我在教授教科版四年级上册“声音”单元的第二课《声音是怎样产生的》就遇到了这样的困惑。

《声音是怎样产生的》这一课教学目标明确，其中科学概念目标是“感知声音是由物体振动产生的”，而我在教学这一环节时出现了问题。在感知完声音之后，教学的第二环节是探索声音。我选择了用橡皮筋完成发声实验。把任务抛给学生：请同学们想办法让橡皮筋发出声音，观察橡皮筋发声时是什么状态？这一环节理论上符合逻辑，但是我在总结陈述时出现了问题："我们观察到橡皮筋拉伸、按压、揉搓都不会发出声音，当我们弹拨橡皮筋时，橡皮筋上下运动时会发出声音。我们把物体在力的作用下，会不断地做往复运动，这种运动方式叫振动。也就是说，橡皮筋因为振动发出声音。"实际上学生并不知道声音是由物体振动产生的，也不知道什么是"振动"，而我为了完成教学目标"硬塞"给学生的概念，实际上学生还没有进展到能接受"振动"这个词语的时候。

兰本达等在书中提到"人们常常问：我们是否应该把孩子们还不能完全理解的词，或他们没有或很少有经验背景的词介绍给他们呢?"这里，我就因为把"振动"这个概念直接抛给了学生，以致"探究—研讨"只是空谈，并未落到实处。

如果再次教学，我会改变教学策略。在橡皮筋发声实验后总结时，我会引导学生说出"橡皮筋上下运动时发声了"，继而用直尺、鼓、音叉等物品进行发声实验，引导学生仔细观察并总结相同点（对于振动不明显的鼓面和音叉可以提前录制微课，放大且慢倍速播放）。此时，学生清晰地看到物体在做往复运动，我再适时告诉学生"振动"的概念，让学生带着生成的概念继续学习探究，声音是由物体振动产生的。这个过程更符合学生的认知规律，从而使学生在体验中感受到科学探究的真正乐趣。

以上仅仅是读后结合教学实践的一点感悟。作为小学科学老师的我，会继续将书中的理论与自己的课堂教学实践结合起来，不断对自己的教育实践深入反思，积极探索与解决教育实践中的一系列问题，从而充实自己，提高教学水平。

方宇：理论需要用时间来消化

初次拜读这本书感到很深奥难懂。从之前的科学老师到计算机老师再回来当科学老师已经有两年时间了，现在的我对科学教学还是比较陌生，所以需要用时间来慢慢消化。

对于这本书的第二章部分，我看完还是有些许感悟和理解，“概念”这个词出现在很多的教育文字材料中。在此之前，我理解的概念是很简单很宽泛的，看完这本书后，我发现原来概念里伴有各种各样的思维，比如混合思维、复合思维、前概念思维、概念思维。这些对于我这个STEM老师而言是很有帮助的。特别是其中有一段关于空气的例子：在气球里和汽水瓶里热空气和冷空气的动态的实验，教师让孩子去实验气体与热能，孩子们先后将瓶口套上气球的瓶子放入热水和冰块中。他们可以观察到瓶子放入热水中时，气球会鼓起来，放到冰块中时，气球就会被吸入瓶口。孩子们会进行混合思维（房间里的空气通过瓶子进入气球），在复合思维的层次上，孩子也许会说：“热空气的分子进入气球。”这时候老师或者另一个学生问“为什么”，就会出现僵局。但是这个时候，如果老师可以建议说“如果你知道分子一直在很快地运动，它们就有很大的能量或者分子在受热时会运动得更快”，就会有孩子的思维纳入新的渠道：比较一下你们都一动不动地站在教室中间和起劲地在教室里跳舞哪种情况下占据的地方大？孩子们就会在课堂里开始跳舞，从思维到感官上进行全方位地学习。通过逐字逐句阅读，我认识到，活动设计的语言也是相当关键，不只是教师的语言，学生的语言也十分重要。在理论学习中，我的教学行为也在不知不觉发生改变。我从“教教材”转变为“用教材教”，根据学情，融入自己对科学教学的理解，进行重组与活用。例如，我把二年级最后一课《制作一顶帽子》提前去上，让孩子们多些时间去设计，并且连续两周带到学校来进行展示，让其他同学给予意见和建议，让孩子真正明白材料的重要性。比如，有的孩子制作的材料刚性不够戴不上去，别的孩子就会建议他换一个试试；或者有的孩子没有把头围测量好，要么戴不上去，要么戴起来很大。在改进的过程中，孩子在设计者和评价者的视角中不停变换，从而达到自我提高的学习目标。

通过对文本学习，我对“探究—研讨”教学法有了全新的认识和理解。今后我将继续学习，努力把学到的理论知识运用到实际的教学工作之中。

二、点拨教学，让本土教育品牌发扬光大

我的课堂教学点拨思想来源于中学语文点拨教学法，它是由芜湖一中原副校长、中国当代卓有成就的语文教育家蔡澄清先生创立的。蔡先生是一名中学语文特级教师，早在20世纪80年代初发表了《重在点拨》一文，正式提出“中学语文点拨法”。那时我还在芜湖市一所偏远的初中读初二，随后考入芜湖师范学校，一直没有机会领略点拨在语文课堂上呈现的精妙和魅力。工作以后，我分配在芜湖市范罗山小学，成为一名自然学科专任教师，开始了自己初为人师的青涩之旅。初任自然课教师的那两年，我的课堂教学追求的是内容丰富、形式生动，犹如一个个科学知识讲座，《搭纸桥》《变色游戏》《科学讨论会》是其中的代表。然而，得意了不久就被自己否定了：这不是把自己的课等同于科普读物了吗？正是这样，我开始了深入地思考，怎么教、怎么学？恰好这时，美国兰本达等的“探究—研讨”教学法被引进中国，《小学自然教学》杂志的复刊，使我很快接受了一些新思想、新观念，发展起一批受到赞扬的课，诸如《热胀冷缩》《什么力量使苹果落地》等。我相信这些课在传授知识的同时，培养了学生的能力，也确实更为有趣和吸引人。这一时期，我通过对美国兰本达等的“探究—研讨”教学法中所蕴含的“珍宝”的潜心研究，奠定了我小学科学教育教学的哲学基础。在我的许多课里都可以找到“探究—研讨”教学法的踪迹和理论渊源。但是，没过多久，我又否定了自己，这主要源于我在尚未形成批判和消化能力的时候，便倾心于“探究—研讨”教学法所引起的混乱。“探究—研讨”教学法非常关注学生的主动学习，自主探究，但有些时候往往矫枉过正，一味强调自主，忽视了老师的指导，因此反而出现学生不知所从或盲目探究，收效低微的情况。1996年4月在芜湖市大庆路小学执教的《人的营养》标志着这一时期的终结。

先进的教学理论和实际的教学实践产生的矛盾，引起了我的困惑，怎样的科学探究对学生是适合的？教师应该为学生进行有效的科学探究做好什么样的

准备？我又一次陷入了沉思和迷茫中，我对小学自然课堂教学研究也进入了一个瓶颈期。

五年之后，我赶上了世纪之交时启动的新中国第八次课程改革。2001年5月，国务院颁布了《关于基础教育改革与发展的决定》。2001年6月，教育部颁发了《基础教育课程改革纲要（试行）》，国务院召开改革开放以来第一次有关基础教育工作会议。这标志着新一轮课改正式启动，芜湖市也有幸成为国家基础教育课程改革实验区，芜湖市小学科学教学研究也进入了发展的快车道。当时郁波教授主持的全国教育科学“十五”规划教育部重点课题《小学科学新课程的开发与实验研究》已经做了前期的大量工作，从课程标准的学习、解读到新教材的编写，从国家级实验区教师的“通识培训”到实验区课程改革的实验探索，都取得了可喜的成绩。芜湖市对小学科学新课程研究和全国相比略有滞后，所幸在市教科所领导的积极努力下，终于获得了加入该课题研究的资格，并承担了“新课程理念下的科学课教学策略研究”的子课题研究工作。“新课程理念下的科学课教学策略研究”的研究目标如下：一是着力研究呈现在新课程理念下的科学教学策略体系，优化科学课堂教学，推进科学课堂教学改革，全面建构小学科学课教学策略的新的内容，赋予其新的内涵；二是以解决改革中实际问题为中心，通过课题研究，努力回答和解决在科学新课程操作层面的具体问题，以促进科学教师观念的更新，教学方法的改进；三是将科学教学策略研究成果推送到网络平台上，利用信息技术实行交流，扩大课题研究的影响。这次课题研究过程扎实，成果丰厚，课题研究报告2006年7月被评为全国“十五”规划教育部重点课题子课题（批准号DHB010679）研究成果特等奖。伴随着“十五”国家级课题的结题，我对在新课程理念下的科学教学策略体系研究热情不减，我越来越关注充满生命和活力的小学科学课堂，我将中学语文课堂教学点拨思想引入小学科学课堂教学，并试图把它与“探究—研讨”教学法有机整合，让“点拨—探究”架起科学素养目标和小学科学课堂实践的桥梁，成了当时我心中一个强烈的梦想。这期间，在蔡澄清先生的学生孔立新老师的引荐下，我和蔡先生有了几次近距离接触，耳濡目染之后，对先生的学识修养和道德文章，特别是对他的中学语文点拨教学法，有了更多的亲身感受和深刻认识。这也就有了工作室筹备和启动之时蔡先生无偿赠书的感人故事，以及这八年来，受蔡先生委托，孔立新老师深度参与了工作室的专题研修，有力推动了中学语文"点拨"教学与小学科学课堂"探究"教学的深度融合。

人民教育出版社2004年出版的蔡澄清著作《中学语文点拨教学法》，是教育部特级教师计划、中国特级教师文库的一部分。全书分十章二十四节，外加三部分附录十四篇文章，全面、系统地梳理了中学语文点拨教育实践经验，并站在教学论的理论高度进行了分析与阐述，是蔡澄清先生语文点拨教学法研究集大成之作，我将其反复研读，有一种醍醐灌顶般的收获。

语文点拨教学法是根据中国汉语特点，针对中学生学习语文实际，落实启发式教育原则对中学生学习语文过程中存在的知识障碍、思维障碍与心理障碍，用画龙点睛和排除故障的方法加以指点和消解的教学思想、教学方法和教学过程。蔡先生在书中坦言："'点拨教学思想'不是我的创造和发明，我只是一个竭力的倡导者和躬行践履者。从孔夫子到朱熹，从宋代二程到清末梁启超，以至当代的叶圣陶，他们的教学实践和理论著述中，都贯穿着'点拨'这根主线，都闪现着点拨教学思想的光芒。我提出'点拨法'的目的在于总结前人的思想，结合现代语文教学需要，对符合我国语文教学特点的点拨教学理论作一个初步的系统的整理，从而使现代语文教学在科学思想的指导下进一步发展。""'点拨法'的立足点在于结合中学语文的实际和学习实际，具体落实启发式教育原则。"

点拨教学法主要内容是"点其要害，拨其迷障"，它的核心要求是"相机诱导，适时点拨"。在蔡澄清先生看来，语文点拨教学法中，所谓"点"，就是点要害，抓重点；所谓"拨"，就是拨疑难，排障碍。这种点拨是根据学生在学习过程中的心理特点及其活动规律，适应培养能力，发展智力的实际需要，在教学过程中，教师针对教材特点和学生实际需要，因势利导，启发思维，排除疑难，教给方法，发展能力。它是运用启发式引导学生自学的一种方法。点拨教学法是一种机动、灵活的教学法，它有“法”而无“模式”，操作起来有一定的难度。因此，很多青年教师都希望提供一种教学模式，好模仿照套。但蔡先生坚持认为：点拨教学法作为一种教学方法，不能形成僵化的固定不变的模子，在具体方法的运用上应当百花齐放，八仙过海，各显神通，只要是能发挥点拨功能的方法与技巧，皆能为我所用，不必定于一尊，这样更有利于学生的能力的培养和素质的提高。而点拨教学作为一个教学过程来说，则是一种教学认识运动，它有它自身的运动规则及其发展过程。点拨教学要求优化这个过程，提高教学效率。

蔡澄清先生将语文点拨教学法的要义从五个方面，用40个字做了如下概括：依纲据本，因材施教（这是实施点拨教学的基本依据）；相机诱导，适时点拨（这是实施点拨教学的最重要要求，也是点拨教学的精髓）；点其要害，拨其迷障（这是实施点拨教学的工作内容）；画龙点睛，举一反三（这是实施点拨教学的主要方法）；提高效率，发展能力（这是实施点拨教学的主要宗旨，也是它的必然归宿）。我们从蔡先生对点拨教学所作的界定和阐释中，明确地认识到把握点拨教学的内涵要点：实施点拨教学要针对学生的三种障碍（知识障碍、思维障碍、心理障碍），抓住教材的三项内容（重点、难点、疑点），从三个方面（知识内容、学习方法、学生实际），通过三条途径（通过画龙点睛以掌握知识要领，通过举一反三以实现能力迁移，通过启发讨论以求得教学相长），达到三个目的（掌握知识、发展能力、养成习惯），从而归结到学生语文素质的提高。这是学习和运用点拨教学法所必须掌握的。至于实施点拨教学的过程，蔡先生按照教学活动中的认识运动的发展进程将它概括为“三阶段六步走”。即准备阶段：吃透两头，摸清障碍；认清方向，选准突破口。实施阶段：相机诱导，适时点拨；讨论交流，理解消化；双向反馈，总结提高。发展阶段：迁移训练，举一反三。这个过程实际上包括准备阶段（第1、2步）、实施阶段（第3、4、5步）、发展阶段（第6步）共三个阶段。就课堂阅读教学的点拨实施过程，蔡澄清还提出如下的环节和步骤：导入性点拨；研究性点拨；鉴赏性点拨；反馈性点拨；迁移性点拨等。蔡澄清先生其“点拨法”

包括10种基本方式（暗示引发、引路入境、辐射延伸、逆转爆破、抽换比较、纲要信号、激疑促思、再造想象、“挑拨”争鸣、举隅推导）和5种基本能力（敏锐的洞察力、知识上的综合力、组织上的凝聚力、思考上的催生力、争议时的拨乱力）。其“五步点拨教学”指将一课（或一单元）的教学实施过程分为导入性点拨、整体性点拨、重难点点拨、终结性点拨、迁移性点拨五步。其思想灵魂也是追求效率，强调“当点则点，当拨则拨，相机诱导，适时点拨”。语文点拨教学法是从中学语文学科提出的，它产生于语文教学实践，也是在语文教学实践过程中逐步发展而渐趋成熟的。在语文教学中，它不限于运用于阅读教学，也不限于运用于写作教学，而是在听说读写诸方面都可以用得上的；它不仅着眼于掌握知识，更着眼于培养能力；它不仅在课堂上可以用，而且在课外的听说读写活动指导上也可以用；它不仅可以用于教学过程中的某一阶段、某一环节，而且在语文教学的全过程中，在每一个教学环节上都可以用得上。因而，它的应用范围在语文教学中是全天候的，它不像导读法主要是用于课堂上的阅读教学。点拨法适用面很广，生命力极强，给广大教师提供了广阔的英雄用武之地。

点拨教学有其独特的美学意蕴。“要想出美的办法把语文课教得美一些，让学生也学得美一些”是点拨教学的美学追求。“点拨教学法要求教师按照美的规律进行独创性的点拨教学活动……引导学生进入一个美的境界。”作为一种科学性与艺术性相结合的现代教学方法，点拨教学的理论和实践的内质中，既映现着我国古典美学的萧散简远，又容纳了时代之潮的富赡雄伟，她的思想、方法、实践无不闪烁着美的倩影，贮藏着丰厚的美学意蕴，创造着鲜活的美的意象。

“点拨”一词，“道之出口，淡乎其无味”（《老子》第三十五章），而滥觞于老子的尚淡思想和审美趣味，正是中国古典美学范畴的民族特色。“平淡”作为一种很高的艺术境界，它是点拨教学倡导者在语文教学艺术的美学历程中孜孜以求的美学理想。走进点拨教学的芳园中，那些朴实的语言，深邃的思想，“清水芙蓉”般的平淡之境，挥洒出蔡澄清先生四十五年语文教学实践的美学篇章，淘洗熔炼成“点拨”一词平淡而丰腴的美学内蕴，它没有惊人之语石破天惊，也没有浓妆艳抹招摇炫目，这种外表清淡而意蕴隐秀的美学境界就是语文教学理论和实践的民族特色和传统芬芳。清香益远，气象峥嵘，语文教学的绚烂色彩就是从这“无味”中射出“真味”。“高雅闲淡，自成一家之体”（白居易《与元九书》），“朴素而天下莫能与之争美”（《庄子·天道》），点拨教学的个性特质折射于这淡远、古朴的美学风景。“大巧若拙”“大辩若讷”“大音希声”“大智若愚”（《老子》）的美学哲理，是点拨教学追求的真实自我。“平平淡淡才是真”，它的每一点闪光的理论涵盖都根植于扎扎实实的实践土壤，四十五年的教学生涯，三次脚踏实地的教改实践，熔铸成点拨教学的理论基石。

“语文点拨教学法”昭示我们：追求效率，是点拨教学的思想灵魂；把握时机，是点拨教学的魅力所在；程序调控，是点拨教学的科学底色；大脑风暴，是点拨教学的思维本质。从这个基点出发，蔡澄清先生的点拨教学和小学科学教学所倡导的鼓励学生自行探究是息息相通的。由于点拨教学理论是建立在哲学、美学、心理学、教学论的基础之上的，因而具有一定的普适性。作为小学科学教师，我们应当向蔡先生学习，立足于教学实践，将实践智慧升华、结晶，在小学科学的百花园里不断丰富、光大这一芜湖教育本土品牌。

第二节　聚焦课堂——基于“点拨—探究”的教学主张

一、我们的教学主张

我们的课堂教学主张是“点拨—探究”教学。这种教学主张源于我36年小学自然和小学科学课堂教学的经历。正如前文所述，当美国兰本达等的“探究—研讨”教学法让我陷入困惑和迷茫时，一个机缘巧合，我接触到蔡澄清先生的中学语文点拨教学。我尝试把美国的舶来品和芜湖本土的教学思想整合，突然豁然开朗。在充分学习了两种不同的理论之后，我又创造性地把“点拨—探究”这个化合物与我的课堂进行反应，生成了许多有趣的、有价值的、有效的思考，也率先提出了小学科学课堂运用“点拨—探究”进行教学的主张。

透视芜湖小学科学课堂，我们旗帜鲜明地提出了基于“点拨—探究”为核心的教学主张，其核心指向是以解决问题为课堂教学的起点和归宿。“点拨—探究”教学的内容应以富有儿童情趣（心理价值）、既有科学价值与能力训练价值、又有社会价值的科学问题为主干。科学探究始于科学问题，探求科学问题可以获得科学新知。确定好科学课中要探究的科学问题直接关系到探究的活动价值。“点拨—探究”教学从问题开始，教学生用科学的眼光去发现问题、解决问题，学生在经历探究学习的过程中才能焕发出巨大的学习潜质。

“点拨—探究”教学策略应从问题开始。引发问题，可根据学生不同的年龄特征，采用不同的方法：可以运用悬念、实物、故事、录像、描述、游戏等富有趣味性的教学手段；可以由教师直接提出具有启发性的问题；也可以在教师的引导下，让学生通过观察某种现象发现问题，自己提出问题，目的是让学生在头脑中形成问题。如在“种子里有什么”一课，先出示干种子，让学生观察后，再提供用水泡过的种子，让学生进行比较，符合“有层次地提供探究材料”这一原则，学生自然会提出“种子里面有什么”的后续探究问题。又如在“沉与浮”一课中，通过演示“重的木块在水中浮着，而轻的橡皮沉入水中”，与学生原来的认知“重的物体在水中下沉，轻的物体在水中上浮”相矛盾，从而激起学生提出进一步探究的问题：“物体在水中的沉浮到底与什么有关系？”

值得注意的是，教师提出的问题或任务要贴近学生的生活和认知水平，学生的学习是一个循序渐进的过程，如果教师所提问题高于学生的现有认知水平，超出学生最近发展区，学生会感到高深、困难，或者不知从何入手，产生畏惧心理，会出现退缩、呆滞的情况；反之，如果重复甚至落后于学生的生活经验和认知水平，学生也会觉得没挑战性，对新的问题或任务不感兴趣，缺乏探究欲望，失去探究热情和积极性。学生的学习内容或主体本身要贴近学生的生活，尽量联系学生周围的、身边的，他耳闻目睹的，看得到、听得见的内容。

对学生因好奇而提出的任何问题，我们都要真诚地予以赞扬、鼓励，把问题写在班级的“奇思妙想”问题记录本上，并注上他的名字。同时，巧妙地引导学生去关注更有价值的问题，让学生感觉到老师对他提出问题的重视和对他提问题能力的信任，从而激励学生更积极地去留心观察，去发现更多的问题，使科学课堂成为孩子们放飞思维的广场。在此过程中，学生提出有价值问题的能力也就会逐渐得到提高。

教师充分利用儿童的生活经验和已有的知识，适时引导、从扶到放、循序渐进并注意提问质量和解决问题的过程引导，科学探究也就会事半功倍，明快而高效。

我们总结出小学科学“点拨—探究”教学的基本流程，如下表：

表1　小学科学“点拨—探究”教学的基本流程

教　师	流　程	学　生
创设情境引导思维	提出问题	明确探究表征和目的
提供有结构的探究材料	筛选问题	观察:激发思维
激励探究行为	解决问题	假设:发散思维
组织反馈信息		探究:激化思维
点拨—探究行为		验证:深化思维
评价探究过程	反思问题	概括:复合思维
进行价值引导	拓展问题	强化感受　实践体验

小学科学“点拨—探究”教学主张以支配材料为引导框架：

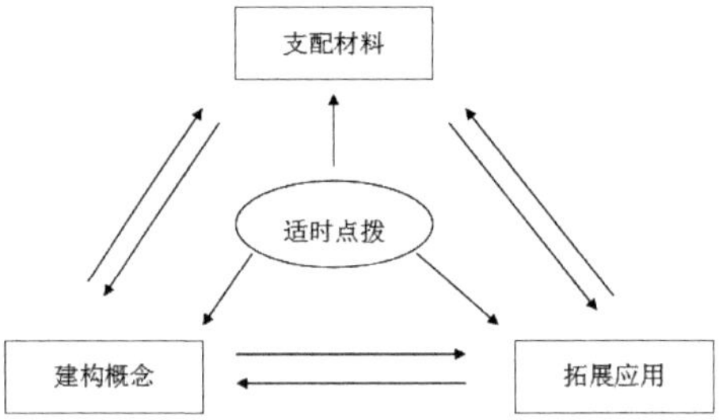

图1　小学科学“点拨—探究”教学以支配材料为引导框架

在这个框架中，我们通过对学生主动探究过程的动态研究，抽象出“点拨—探究”教学策略的引导框架为三个环节和一个贯穿始终的引导策略，构成一个相对完整的教学过程。从框架中我们可以看出，该过程以学生的探究性学习为主要线索，在这条线索的每个环节中，都落实了教师的适时点拨，教师和学生形成了一种探究学习共同体的关系。其中学生“支配材料”处在一个相对核心和基础的地位，它是“建构概念”和“拓展应用”的前提，是有效实施“点拨—探究”教学引导框架的关键。因此，教师只有精心设计、选择、提供相应有利于学生探究实验的典型材料，降低学生探究的难度，使他们较容易发现问题，解决问题，获取新知，从而能够感到成功的喜悦和创造的愉快。

教学实践表明：只有将这种理念转化为具体的教学行为时，才能产生教学效益；而“转化”又必须依靠具体的教学策略作为支撑，需要我们反复地探索和实践。对每一个科学教师来说，应尽可能“还原”“点拨—探究”这种获取知识的“自然途径”，并为学生创设适当的环境，“再现”未知到真知的发展过程。“点拨—探究”的实验教学过程主要是通过学生的做和说，建构他们的知识，教师的主要工作是为学生提供“有结构的材料”，不断地挑起学生的认知冲突，组织并参与学生的研讨。教师在实验教学中，通过“适时点拨”，始终“不动声色”地处于控制中心的地位，随时根据反馈信息调整自己的教学，帮助学生在“40分钟内经历人类科学史上几十年甚至几百年的历程”。教师通过点拨式探究，使学生体验到科学探究的曲折、艰辛和乐趣，学习到科学方法，生成科学探究能力，增进对科学探究的理解，学会学习、学会解决问题。

二、我们的教学设计

案例1　各种各样的岩石

程　斌

【教学目标】

科学概念：

1.诱发学生对岩石的原有认识，建立岩石的初步概念：岩石是各种各样的，在颜色、花纹、软硬、轻重、颗粒大小、手感等方面有各自的特点。

2.岩石可以按照不同的特点分成不同的类别。

3.不同的分类标准其分类的结果也可能不同。

过程与方法：

1.学生能够以个人参与或小组参与为形式，获得在附近寻找岩石的亲身经历。

2.在课堂中能够综合运用感官对岩石进行直接观察，让孩子经历观察岩石特点的活动过程，获得观察岩石的基本方法及技能。

3.能以岩石的某种特点为分类标准给岩石分类。

情感态度与价值观：

1.养成良好的实验习惯，愿意与他人合作并交流。

2.从欣赏自然界的石头美景中获得美的体验，从而热爱大自然。

3.让孩子获得丰富的研究岩石的愉悦情感。

【教学重难点】

1.能够让学生遵循“观察方法—岩石特征”的逻辑关系交流探究结果，并能学习其他同学的观察方法，补充自己的观察记录。

2.指导学生尽可能多地提出给岩石分类的标准，并让他们充分开展分类活动。

【教学准备】

1.教师准备：

①装有岩石卡片和一块岩石的布袋；②板贴；③5块贴有标签的岩石；④“寻宝总动员”汇总展示板。

2.学生准备：

实验桌上：①布袋；②托盘；③5块贴有标签的岩石；④铁钉；⑤装有半杯水的烧杯；⑥放大镜；⑦尺；⑧5份岩石观察记录表；⑨1块抹布。

实验桌抽屉里：①1支记号笔；②1张岩石分类表；③1块岩石分类展示板。

【教学过程】

（一）问题导入

上课前，听老师说我们四（2）班的同学都很聪明。黑板上有三个问号，正等待我们去解答。谁的观察仔细、全面，谁发现的问题就多，谁就聪明，这节课我们比一比谁最聪明。有没有信心？

下面就开始我们今天的探索之旅。老师这里有一个布袋，猜猜看，布袋里面有什么？

生答略。

师：怎么验证我们的猜想？

生答略。（打开、看、摸一摸等）

师：谁来试试？这是什么？（岩石卡片）这是什么？（岩石）

师：今天老师带来了许多岩石卡片，想不想要？岩石卡片是奖励给我们班观察最仔细、发言最积极、最注意听讲的同学。岩石是我们今天需要研究的内容（出示板贴岩石）。

（二）观察岩石

1.岩石观察方法引领。

师：当我们面对一块陌生的岩石，我们可以采取哪些方法来观察研究它呢？教师根据学生的回答适时点拨。

师：(1) 用眼睛看，好的。看什么，怎么看。(看纹理、大小、形状、颜色、粗糙、光滑等)

(2) 用手摸，摸什么？(光滑、粗糙) 用手还可以干什么？(用手掂掂轻重……)

(3) 用鼻闻气味，还有吗？

2.认识研究材料和工具，根据现有材料和工具讨论观察岩石的方法。

(1) 师：观察岩石的方法很多，(揭开第一个问号出示板贴：观察岩石) 大家想不想自己研究一下。

生：想。

师：老师给你们也准备了一些岩石和工具，请每组组长把岩石从布袋里拿出来，检查一下，实验桌上有哪些研究材料和工具？检查完了请坐好。谁来说说？还有吗？

(2) 师：根据老师提供的记录表和工具，说一说我们还可以用哪些方法来观察研究岩石？

借助其他工具：放大镜看、铁钉划 (根据划痕确定软硬)、放在水里冒泡、用尺量一量等，都明白了吗？

(3) 师：观察记录表是重要的研究资料，每人1份，要认真填写。

(4) 师：下面请每位同学选择一块你感兴趣的岩石进行观察，可以有秩序地利用工具，不要急不要抢，边观察边记录，现在开始。

3.学生独立观察岩石，填写岩石观察记录表，培养学生良好的实验习惯。

4.汇报观察结果，培养学生良好的研讨习惯。

师：观察完了，用抹布把桌上的水擦干净，物体放回原处，我们来交流。

师：你观察的是几号岩石，用什么方法进行观察研究的？发现了什么？（教师根据学生的汇报，在实物展示台上分别出示1—5号岩石。）师：观察相同岩石的同学有没有什么需要补充？你有没有什么好的观察方法向同学们推荐？

师评价：你的研究方法真好，我要向你学习，奖励你一张卡片。讲得真好，大家为他鼓鼓掌。

（三）“寻宝总动员”游戏

1.师：今天我们学得很好，也很顺利。岩石里面有宝藏。下面我们就来做个游戏叫“寻宝总动员”。游戏规则：请一位同学说说自己观察的结果，不说编号，其他同学认真听，猜一猜是几号。听明白了吗？

注：游戏过程学生说，教师拿图片奖励。

2.学生游戏。

师：正确答案几号，请刚才发言对的同学把岩石送上来，摆在相应的位置。（老师可以帮忙）

教师评价：你观察得很仔细，祝贺你。说明你对岩石观察得很全面，也祝贺你，奖励你一张卡片。

3.游戏总结：游戏结束了，现在同学们再观察一下，你们每组中的岩石聚集到老师这里后有什么变化？

生：一排一排，相同的摆在一排。

师：像黑板上这样，我们按照岩石的某个特点作为标准，把一些相似的岩石摆在一起，就叫给岩石分类。（揭开第二个问号出示板贴：岩石分类。）

师：老师这里有十块岩石分成了5类，想一想可能是按照什么标准分的？（颜色）还能不能选择其他的标准进行重新分类？你们想不想自己动手给岩石分类呀？

生：想。

（四）给岩石分类

1.学生交流收集岩石的经历。

师：昨天老师让你们收集了一些岩石，都带来了吗？把带来的岩石放到托盘里，大家交流一下，你的岩石是从哪里来的，有没有什么特殊的经历？谁愿意再说说？

2.讨论岩石分类的方法。

师：每组有这么多岩石，要给他们分类，怎么分？按照什么标准？

小组合作先讨论一下，现在开始。

师：讨论完了，我们来交流。按照什么标准，怎么分？都明白了吗？

3.岩石分类比赛。

现在我们进行一场给岩石分类比赛，听清楚要求：组长把抽屉里的记号笔和岩石分类记录表拿出来，小组合作，将所有的岩石编号。然后完成岩石分类记录表，最后选择一种分类标准在岩石分类板上进行分类展示交流，比一比哪一组分类的方法多，分类分得既好又快，岩石没有遗漏。现在开始。

（1）按多种标准和方法给岩石分类，完成岩石分类记录表。

（2）按一种标准和方法在岩石分类板上进行分类展示交流。

师：比赛结束，我们来交流。

师：你们用了哪些标准给岩石分类，几种？你展示的是按照什么标准，将岩石分为几类，每类分别是什么号码？

师：你的方法很独特，老师奖励你一张卡片。

师：有没有遗漏？对于他的汇报，你有什么疑问？

师：不同的分类结果一样吗？谁说说看？还有补充的吗？有没有岩石不属于任何一类的？

师：岩石的分类很多，外形各异，说明大自然中的岩石是？（揭开第三个问号出示板贴：各种各样的。）

（五）师生全课小结。

师：这堂课，我们研究了各种各样的岩石，岩石里面有学问，深入研究还有许多秘密等待我们去发现，希望各小组找到自己有兴趣的课题，课后继续研究。

【板书设计】

1.各种各样的岩石

观察岩石　　　　岩石分类

【教学反思】

1.精心设计“有结构的材料”是学生观察成功的保证。我为学生准备的5块岩石，不但从颜色、软硬度、光滑度、成因等方面考虑，而且特别重视各自的典型性和代表性，尽量让学生一目了然，便于观察、便于分类。对于学生收集的岩石，在呈现时间上我也做了一定的考虑，教材上是先观察学生自己收集的岩石，以“岩石展览会”活动为切入点，积极鼓励学生寻找身边的岩石，交流自己从小溪边、房前屋后、校园内、公园里收集的岩石，但由于学生自己收集的岩石随意性很大，给学生随后的观察、分类活动都带来了麻烦。我在教学中是先为学生提供具有典型特征的岩石让学生充分观察研究，然后再让学生交流自己收集的岩石，开“岩石展览会”，最后进行分类。虽然只是对教材的顺序进行了小小的调整，但比较符合学生的认知发展水平，学生易于接受和认同。在观察工具上，我也做了一些拓展，增加了学生比较熟悉的直尺和铁钉等，为学生的观察研究提供了更广阔的空间。

2.游戏活动——“寻宝总动员”，设计巧妙，为学生从“对岩石观察”到“给岩石分类”过渡架起了桥梁。设计“寻宝总动员”，目的是把“对岩石的观察”和“给岩石分类”贯穿起来，使整个课堂教学结构紧凑、过渡自然，学生的研究活动环环相扣，一气呵成。先让学生选择一个自己喜欢的岩石进行观察，比一比哪位同学发现的岩石特征多，然后通过全班汇报、交流，把学生零碎的发现组合起来，形成对一种岩石整体的认识，进而扩展为对某几种岩石的整体认识。而“寻宝总动员”既是对前面岩石观察成果的巩固，有利于学生第二次全面运用多种方法对岩石进行观察，又在不知不觉中对自己小组研究的岩石在全班范围内进行了一次分类，为下一个活动“给岩石分类”做了铺垫和知识上的准备，一举多得、一箭双雕。

3.对学生的探究活动进行有效的指导非常必要。在进行“观察岩石”的活动之前，为了能使学生从更多方面来观察岩石的特点、特征，我设计了一个小问题：当我们面对一块陌生的岩石时，我们可以采取哪些方法来观察研究它呢？教师根据学生的回答适时点拨。

如当学生提出用眼睛看时，教师及时肯定好的，进一步追问：看什么，怎么看（看纹理、大小、形状、颜色、粗糙、光滑等）。当学生提出用手摸时，教师及时指导：用手摸，摸什么？用手还可以干什么？（光滑、粗糙，用手掂掂轻重等）。实践证明，这样的设计为学生后面综合运用感官对岩石进行直接观察，扫清了障碍，同时为学生利用工具进行观察打下了基础。

4.课堂教学机智不够，影响了学生观察的深度和广度。由于这是一节参赛课，从功利的角度，我比较重视节奏的紧凑和时间的把握，从事后的录像中可以看到，我在一些教学细节上处理得比较粗糙，课的发展虽然比较顺畅和有趣，但结果只是简单地演习了一个由“观察方法—观察结果”的过程。从整理“实录”的过程中，我非常吃惊学生细致的观察和活跃的思维发展。不得不承认，这个班的学生实在是太优秀了，他们只经过一年多的观察、描述培养，就能非常熟练地综合运用各种感官观察事物的各方面特征，表达能力也令我赞叹不已。特别是学生对岩石放到水里产生气泡的研究，气泡究竟是岩石里的还是水里本身就有的，这个问题具有很高的观察训练价值！而我在课堂中没有及时抓住这一点加以引导，所以造成学生观察有余而收获不足，非常可惜。再如学生提出可用“放大镜帮助观察研究岩石”，我及时给予肯定，但只是一带而过，如果我再追问“你打算用放大镜观察岩石的什么”，相信这个班的学生会很自然地把观察重点转移到岩石的纹理或颗粒上来，那样这节课的观察就有深度了。关注课堂细节将是我今后教学中一个值得不断深究的课题。

5.注重了对学生观察方法的指导，但对岩石进行有序观察要求不够。针对教师提供的有结构的材料，学生讨论提出许多观察方法（用眼看岩石上的颜色、纹理、形状、大小、有没有气孔，用手摸岩石表面是光滑还是粗糙、掂一掂岩石的轻重，用鼻子闻一闻岩石的气味，用耳朵听一听敲打的声音等），由于我没有强调观察要有顺序，所以当学生自己实际观察时，有的学生在等工具、有的在水里洗岩石，造成一定的时间浪费和混乱，学生汇报时，就出现了说不清、说不全的现象。有听课老师建议：可以在学生说完观察方法后补充问一问："你打算按什么顺序观察？为什么要按这个顺序？"通过讨论，学生明确了观察目的、认识到观察顺序的重要性，然后再按预定的顺序观察、汇报。这样在分组交流观察记录时，会节省较多的交流时间，而且在汇报观察到的现象时，学生会说得有条理且全面、准确。这个建议是否可行和必要，我将在今后的教学实践中进一步尝试和研究。

6.给岩石分类的难点还需进一步突破。对于教材安排的"给岩石分类"活动，我有一些想法。给岩石分类活动是让学生按照不同的标准给自己手中的岩石进行分类，由于标准不同，我们分类的结果也不同。通常的情况下，学生能够想到主要有以下几种不同的分类方法：颜色、手感（粗糙光滑度）、透明度、气味、纹理、轻重、厚度、硬度、大小、出处、密度等，粗略看来都可以进行分类，但如果我们仔细想想，有些分类方法其实比较勉强，如大小、厚度、轻重这些分类，不是非常合理，即使你能分出来，也没有什么价值，对于轻重要在体积相同的情况下才具有可比性，我们在课堂中如何体现这种科学性？可以说有些分类标准虽然从理论上是成立的，但实际结果学生根本无法操作，在这节课中，我都没能圆满解决，但对四年级学生而言也许有这样的分类经历也就足够了。记得在教参中有这么一句话：让学生尽可能多地提出给岩石分类的标准，并尽可能多地给学生时间，让他们充分求证自己"分类标准"的正确性。我想在尽可能多的标准里，有必要尽可能做到分类方法的科学性。

【专家评点】

芜湖市教科所肖玲：《各种各样的岩石》既是前几单元（生命世界、物质世界）学生学会运用感观观察研究物体的深入，又是学生接触探究《地球与宇宙》认识的开始。本节课教师对教材进行了精心的处理，课的导入直接用三个卡通问号板贴和小布袋创设问题情境导入新课，通过让学生猜、看、摸、闻等方式，唤起学生对一些常用观察方法的回忆，在随后的教学中，教师为学生创设了便于学生探究的教学场景，围绕《各种各样的岩石》这个课题，由浅入深，分别设计了三个教学环节：“提供有结构的材料供学生观察研究岩石”“寻宝总动员”和“给岩石分类”，取材简单、结构严谨，逻辑线索清晰。整节课紧紧围绕以培养学生的科学探索意识和科学研究习惯为中心，以使用多样的方法对岩石进行观察为主线，通过分类展示板等辅助手段，引导学生最终顺利到达成功的彼岸——学会利用各种标准给岩石进行分类。

这节课听完后，与兄弟地市同行交流，大家评价都比较好。主要从学生学习效果来看，学生学习热情很高，全班所有学生都投入学习活动，都能采用多种观察方法认真观察岩石，都有新的发现，都能提出有一定质量的问题。教学中，学生的思维自始至终是活跃的，发言踊跃，他们以生动活泼的语言方式表述自己的想法和做法，征服了所有的听课老师。通过本课教学，教师除了较好地完成了预设的各项教学目标外，在科学兴趣、语言、思维、动手操作能力以及诸多心理品质上都有所促进，这是小学科学永远追求的课堂教学目标和价值。如果说明确落实教学目标、深入开展探究活动、教学思路清晰等是评价一节课的主要标准，那么我个人认为，程老师在科学课上的思考、实践已经走得更远，他不仅在努力上好一节课，而且还在探究中积极培养学生的理性思维，为学生的科学素养发展奠定坚实的思维发展基础。

（本课参加中国教育学会小学科学教育专业委员会优质课现场观摩评比获一等奖。）

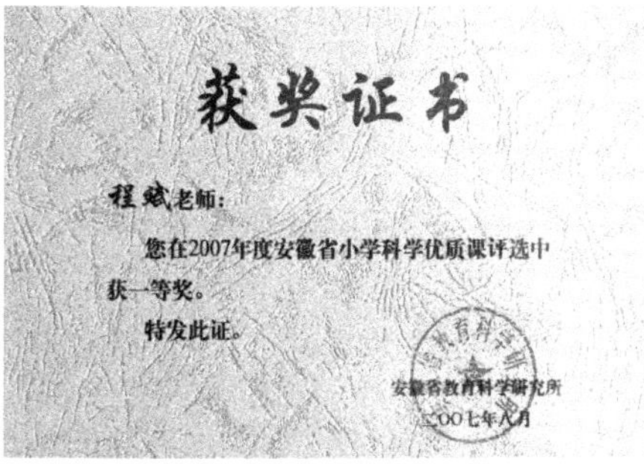
获奖证书

程斌老师：

您在2007年度安徽省小学科学优质课评选中获一等奖。

特发此证。

安徽省教育科学研究所

二〇〇七年八月

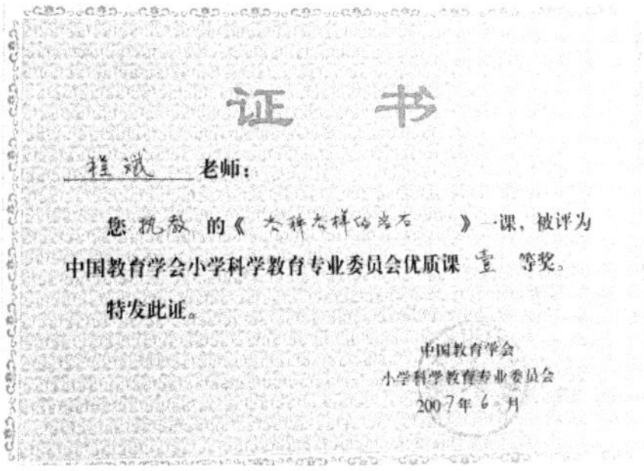
证书

程斌 老师：

您执教的《各种各样的岩石》一课，被评为中国教育学会小学科学教育专业委员会优质课 壹 等奖。

特发此证。

中国教育学会

小学科学教育专业委员会

2007年6月

案例2　认识几种常见的岩石

程　斌

【教学目标】

科学概念：

1.初步认识板岩、砂岩、花岗岩、大理岩、石灰岩等几种常见岩石的显著特征。

2.理解不同种类的岩石在结构和构造上有不同的特征，岩石的特征和它的成因有关。

过程与方法：

1.观察、记录、描述几种常见岩石的颜色、结构。

2.根据岩石的特征，对照有关资料识别岩石。

情感态度价值观：

1.认识到认真细致观察、比较、记录和描述的重要。

2.通过组间的交流与评价，培养学生合作、交流、质疑意识。

【教学重难点】

重点：观察、记录、描述几种岩石的特征。

难点：根据岩石的特征对照资料识别岩石。

【教学准备】

1.教师演示材料：(1) 装有6块编了序号的岩石标本的布袋；(2) 板贴；(3) 滴管、稀盐酸（装玻璃烧杯中)；(4) 镊子；(5) 刻刀；(6) 放大镜；(7) 阅读探究提示卡；(8) 岩石特征观察记录单；(9) 相关课件。

2.学生分组材料：(1) 装有6块编了序号的岩石标本的布袋；(2) 托盘；(3) 滴管、稀盐酸（装玻璃烧杯中)；(4) 铁钉；(5) 阅读探究提示卡；(6) 岩石特征观察记录单。

【教学过程】

(一) 问题导入

上节课我们学习了《各种各样的岩石》，今天老师又给你们带来了一个布袋。猜猜看，布袋里面有什么？

生答略。

师：怎么验证我们的猜想？

生答略。(打开、看、摸一摸等)

师：谁来试试？这是什么？

学生依次从布袋里拿出6块编了序号的岩石标本。

师：今天老师带来了6块编了序号的岩石标本，虽然它们都叫岩石，但我们可以看出它们各不相同，从哪些特征能把它们区分开呢？今天我们就从认识这几种常见的岩石，开始我们的探究之旅。(板贴课题2.认识几种常见的岩石)

(二) 进一步观察岩石

1.岩石观察方法引领。

(1) 强化学生已经掌握的观察方法。

师：认识岩石就必须有科学的观察方法，上节课我们已经学会了哪些观察方法？

学生阐述科学的观察方法。教师板书：摸、看、刻(很多岩石内有一定的毒素，一般不能尝)。可以看岩石的什么？还可以借助什么来看？为什么要用放大镜来观察？用放大镜可以观察岩石的什么？

教师引导学生从层理、斑状、颜色、颗粒粗细、软硬等方面进行观察。教师根据学生的回答适时点拨。

(2) 介绍新的观察方法：学习使用稀盐酸。

师：除了放大镜，今天老师还带来了一样东西，它也能帮助我们看出岩石的特点。(出示稀盐酸和滴管) 它就是稀盐酸，是一种透明液体，具有强腐蚀性。知道什么是强腐蚀性吗？(解释腐蚀性)

师：如果把它滴在岩石上进行观察，你觉得应该注意什么？哪些小组思考得积极，听得认真，老师就把稀盐酸先发给哪一组。

学生讨论交流。

教师出示课件，讲解稀盐酸的使用方法，并示范。

用手指轻轻地捏住滴管的胶头，插入装有稀盐酸的烧杯中，然后松开，吸入几滴稀盐酸，取出滴管对准放在桌上的岩石，压一下胶头，滴一滴在岩石上，然后观察在岩石表面会产生什么现象？注意：①稀盐酸有很强的腐蚀性，所以这项观察任务放在最后；②岩石必须放置在桌面上；③小心使用稀盐酸，不能飞溅到自己和同学的皮肤、衣服上，如果不小心滴到了手上或桌子上，请用抹布擦干净；④用滴管在每一块岩石上各滴一滴，观察反应（现象有冒气泡、不冒气泡之别）；⑤为了安全，同时也考虑到速度，将5块岩石排在盘中，由一名实验员一次性滴完；⑥滴完稀盐酸后的岩石，观察后在清水中清洗，擦干净，放回盘中。

2.探究岩石特征。

(1) 阅读探究提示卡（略），了解操作方法和注意事项。

教师提示：阅读探究提示卡，把你认为重要的地方画下来，不明白的地方标记上“?”。

(2) 小组交流，了解岩石观察记录单的内容，明确实验任务和方法。

(3) 分组观察实验。教师巡视指导，为各小组提供帮助。

(4) 完成实验并填写岩石特征观察记录单。

(5) 小组交流，修正岩石特征观察记录单。

(三) 全班交流岩石特征，识别岩石种类和名称

1. 汇报研究结果。

(1) 初步汇报岩石特征——交流各项研究结果，其他同学补充。

(2) 发现岩石的显著特征——用简洁的语言进一步交流岩石显著特征。

2.识别岩石。

师：刚才同学们已经认识了这些岩石结构的特征。这些岩石叫什么名字呢？

(1) 教师指导学生根据岩石的特征对比教材P68岩石资料，推断1~6号岩石分别叫什么名字？

(2) 教师组织学生进行识别。学生说明识别的结果，并说明原因。

（3）教师小结：岩石学家还经常根据岩石显著特征，通过检索等方法来识别岩石名称。

（4）阅读教材P69，了解岩石颗粒的大小和结构也是鉴别岩石种类的重要特征。教师以课件的方式展示流程图，按照箭头所示的方向，从上到下，从左到右，一步步对照识别。

3.游戏：送岩石回家。

师：今天我们学得很好，也很顺利。下面我们就来做个游戏叫“送岩石回家”。

（四）扩展延伸

发给每组一块新岩石，学生尝试描述岩石的显著特征，要求先根据观察到的显著特征猜测，课后再进行验证。

【附教学评价量表设计】

1.学生对核心概念的理解。

附表1　学生对核心概念理解的调查表

<table>
<tr><th colspan="3">观察内容</th><th>核心概念</th></tr>
<tr><td rowspan="3">概念要求</td><td colspan="2">课程标准</td><td></td></tr>
<tr><td colspan="2">概念图</td><td></td></tr>
<tr><td colspan="2">具体目标</td><td></td></tr>
<tr><td rowspan="4">单个概念</td><td colspan="2">准备(采用问卷调查)</td><td></td></tr>
<tr><td colspan="2">倾听(概念提出的背景)</td><td></td></tr>
<tr><td rowspan="2">互动</td><td>人数及对象</td><td></td></tr>
<tr><td>过程(问答/指导/生成及利用)</td><td></td></tr>
<tr><td rowspan="3">概念体系的构建</td><td>倾听</td><td>三者间的关系</td><td></td></tr>
<tr><td>自主</td><td>构建概念图</td><td></td></tr>
<tr><td colspan="2">生成的问题</td><td></td></tr>
<tr><td colspan="3">达成情况(采用问卷调查)</td><td></td></tr>
</table>

2.学生对核心概念的运用。

附表2　学生对核心概念运用的调查表

观察指标(以认知层次为序)	典型行为记录					
	教学环节一		……		教学环节N	
	教师	学生	教师	学生	教师	学生
1．用自己的话去解释、表达所学的知识						
2．基于这一知识作出推论和预测，从而解释相关的现象、解决有关的问题						
3．运用这一知识解决变式问题						
4．综合几方面的知识解决比较复杂的问题						
5．将所学的知识迁移到实际问题中去						

3.学生思维能力的提升。

附表3　学生思维能力提升的调查表

观察指标(以思维层次为序)	典型行为记录					
	教学环节一		……		教学环节N	
	教师	学生	教师	学生	教师	学生
1．对老师提出的问题是否关注						
2．对同伴的发言是否关注、积极思考、评价						
3．能够较好地回答老师提出的问题						
4．不仅能够较好地回答老师提出的问题，更能提出自己的疑问						
5．能将教材中的问题迁移到其他类似的情境中						
6.思考的过程(人数/时间/学困生与学优生参与情况/课堂生成)						

4.新课程有效教学课堂教学观察。

附表4　新课程有效教学课堂教学观察表

<table>
<tr><td colspan="2">时　间</td><td>地　点</td><td colspan="6">课　题</td></tr>
<tr><td colspan="2"></td><td></td><td colspan="6"></td></tr>
<tr><td colspan="2">观察者资料</td><td>姓名</td><td></td><td>学科</td><td colspan="4"></td></tr>
<tr><td rowspan="5">观察记录</td><td colspan="2" rowspan="2">观察内容</td><td rowspan="2">次数</td><td colspan="5">效果评价</td></tr>
<tr><td>A</td><td>B</td><td>C</td><td>D</td><td>E</td></tr>
<tr><td rowspan="3">教师提问类型</td><td>1.描述性问题</td><td></td><td></td><td></td><td></td><td></td><td></td></tr>
<tr><td>2.判断性问题</td><td></td><td></td><td></td><td></td><td></td><td></td></tr>
<tr><td>3.论证性问题</td><td></td><td></td><td></td><td></td><td></td><td></td></tr>
<tr><td rowspan="16">观察记录</td><td rowspan="3">学生提问类型</td><td>4.理解性疑惑</td><td></td><td></td><td></td><td></td><td></td><td></td></tr>
<tr><td>5.判断性疑惑</td><td></td><td></td><td></td><td></td><td></td><td></td></tr>
<tr><td>6.实证性疑惑</td><td></td><td></td><td></td><td></td><td></td><td></td></tr>
<tr><td rowspan="3">互动类型</td><td>7.师生互动</td><td></td><td></td><td></td><td></td><td></td><td></td></tr>
<tr><td>8.生生互动</td><td></td><td></td><td></td><td></td><td></td><td></td></tr>
<tr><td>9.师班互动</td><td></td><td></td><td></td><td></td><td></td><td></td></tr>
<tr><td rowspan="3">教师对互动过程的推进</td><td>10.以问题推进互动</td><td></td><td></td><td></td><td></td><td></td><td></td></tr>
<tr><td>11.以评价推进互动</td><td></td><td></td><td></td><td></td><td></td><td></td></tr>
<tr><td>12.以非语言推进互动</td><td></td><td></td><td></td><td></td><td></td><td></td></tr>
<tr><td rowspan="2">言语互动过程</td><td>13.30秒以下</td><td></td><td></td><td></td><td></td><td></td><td></td></tr>
<tr><td>14.30秒以上</td><td></td><td></td><td></td><td></td><td></td><td></td></tr>
<tr><td rowspan="3">教师对学生提问的态度</td><td>15.热情</td><td></td><td></td><td></td><td></td><td></td><td></td></tr>
<tr><td>16.冷漠</td><td></td><td></td><td></td><td></td><td></td><td></td></tr>
<tr><td>17.忽视</td><td></td><td></td><td></td><td></td><td></td><td></td></tr>
<tr><td rowspan="2">互动管理</td><td>18.有效调控</td><td></td><td></td><td></td><td></td><td></td><td></td></tr>
<tr><td>19.放任</td><td></td><td></td><td></td><td></td><td></td><td></td></tr>
</table>

注："次数"以画"正"字的方式表示。

5.教学行为时间分配。

附表5　教学行为时间分配表

时间	地点		课　题				
观察者资料	姓名		学科				
行为类别	时间(分钟)	百分比	效果评价				
			A	B	C	D	E
教师讲解							
学生讲解							
师生互动							
小组讨论							
学生自学							
非教学时间							

6.学生错误和教师的处理。

附表6　学生错误和教师处理的统计表

时间		地点			课题				
被观察者姓名			学科		观察者姓名				
序号	学生错误	教师处理							
		鼓励	引导	换其他学生回答	教师自己指正	由学生评价	由同学补充完善	进行解释和说明	忽视
1									
2									
3									
4									
5									
6									
7									
8									
观察分析:									

【学生记录单设计】

岩石特征观察记录单

第___实验小组　　　　　　　　　　　　记录人：______________

<table>
<tr><td rowspan="4">岩石编号</td><td colspan="11">岩石的显著特征</td><td colspan="2">新的观察方法</td><td rowspan="4">选择一项最显著的特征</td></tr>
<tr><td colspan="5">岩石构造</td><td colspan="6">岩石颗粒的形态</td><td colspan="2" rowspan="2">滴稀盐酸的反应</td></tr>
<tr><td rowspan="2">层理</td><td rowspan="2">气孔</td><td rowspan="2">斑点</td><td rowspan="2">条纹</td><td rowspan="2">生物痕迹</td><td rowspan="2">颗粒颜色</td><td colspan="3">颗粒粗细</td><td colspan="2">颗粒结构</td></tr>
<tr><td>粗粒</td><td>中粒</td><td>细粒</td><td>松散</td><td>紧密</td><td>冒气泡</td><td>不冒气泡</td></tr>
<tr><td>1</td><td></td><td></td><td></td><td></td><td></td><td></td><td></td><td></td><td></td><td></td><td></td><td></td><td></td><td></td></tr>
<tr><td>2</td><td></td><td></td><td></td><td></td><td></td><td></td><td></td><td></td><td></td><td></td><td></td><td></td><td></td><td></td></tr>
<tr><td>3</td><td></td><td></td><td></td><td></td><td></td><td></td><td></td><td></td><td></td><td></td><td></td><td></td><td></td><td></td></tr>
<tr><td>4</td><td></td><td></td><td></td><td></td><td></td><td></td><td></td><td></td><td></td><td></td><td></td><td></td><td></td><td></td></tr>
<tr><td>5</td><td></td><td></td><td></td><td></td><td></td><td></td><td></td><td></td><td></td><td></td><td></td><td></td><td></td><td></td></tr>
<tr><td>6</td><td></td><td></td><td></td><td></td><td></td><td></td><td></td><td></td><td></td><td></td><td></td><td></td><td></td><td></td></tr>
<tr><td>备注</td><td colspan="5">有的打“√”</td><td></td><td colspan="7">符合的打“√”</td><td></td></tr>
</table>

【板书设计】

2.认识几种常见的岩石

摸　　　　　　　　　　　光滑　　粗糙

　　　　　　　　　　　　颜色　　颗粒

　　（放 大 镜）

看　　　　　　　　　　　条纹　　层理

　　（滴稀盐酸）　　　　……

刻　　　　　　　　　　　软硬

【教学反思】

本课教学内容对四年级学生来说，要想一堂课完成是有很大难度的。观察、记录、描述六种岩石，并根据岩石的特征对照有关资料识别岩石，如果教师探究前没做有效点拨，学生在探究时往往是低效的，最终将会导致无法完成教学任务。本节课我设计的特色是力争以“点拨—探究”思想为核心，为学生提供大量的观察探究岩石的机会，鼓励学生在课堂中能够综合运用感官对岩石进行观察，让孩子经历观察岩石特征的活动过程，进一步习得观察岩石的基本方法及技能。教师的点拨主要表现在：在指导观察时，我把重心落在指导观察岩石的颗粒及滴稀盐酸看反应上，去掉了因为材料原因听声音不明显的项目，整合了岩石颜色和颗粒颜色，突出颗粒研究，降低了学生的认知难度；适当修改了实验表格设计，化解了观察的具体项目，主体采用打钩的方式，降低了学生记录的难度,并始终引导学生选择一项最显著的特征来识别岩石。通过运用学生喜闻乐见的形式，如实验、游戏、比赛、奖励等，让孩子获得丰富的研究岩石的愉悦情感。

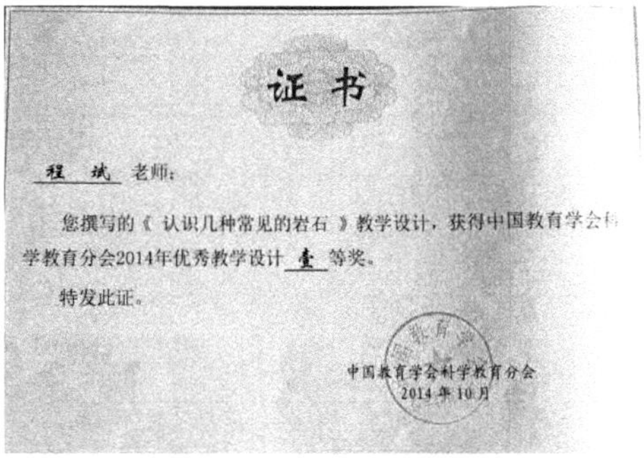
证书

程斌 老师：

您撰写的《认识几种常见的岩石》教学设计，获得中国教育学会科学教育分会2014年优秀教学设计 壹 等奖。

特发此证。

中国教育学会科学教育分会
2014年10月

案例3 《运动起来会怎样》教学设计

李 震

【教学目标】

科学概念：

1.认识人体的呼吸器官，初步了解呼吸器官在人体中的位置。

2.知道人的呼吸实际上是在进行着气体交换，将氧气吸收，同时将二氧化碳排出体外。

3.人体运动量越大，消耗的氧气也就越多，就需要加快肺的呼吸。

4.经常锻炼身体可以增加肺活量，有利于身体健康。

过程与方法：

1.在体验活动中感受呼吸过程中的气体变化。

2.结合实验现象、相关信息资料，做出对呼吸次数加快原因的分析。

情感态度价值观：

1.在探究体验活动以及分析实验现象过程中培养学生的实证意识。

2.认识到耐心、细致地完成测量活动的必要性。

3.培养锻炼习惯，增强锻炼身体的意识。

【教学重难点】

1.教学重点：用体验和实验的方法，验证呼吸前后气体发生了变化。

2.教学难点：通过实验证明呼吸前后气体发生了变化，知道“为什么运动后呼吸加快了。”

【教学准备】

1.教师材料：保鲜袋若干、集气瓶2个、毛玻璃片2片、火柴若干、秒表、课件等。

2.学生材料：保鲜袋每人1只等。

【教学过程】

（一）新课导入

活动：用深呼吸来调整紧张情绪或者调整疲劳情绪。

提问：同学们，这是一节比赛课，后面坐着六个评委，他们锐利的目光时刻地关注你们和我的一举一动，你们紧张吗？（通过课前对话发现学生根本不紧张，转而营造“一天中最后一节课”的疲劳氛围，用“缓解疲劳”来引入。每个站起来跟我说话的孩子都送了一个气球。）

要求：那咱们来做几次深呼吸，调整一下吧！请跟着我来做。

提问：什么是呼吸？

师生交流。（有学生明确说出呼吸就是把身体里面不要的气体排出，然后吸入新鲜的空气，顺利进入“呼吸”概念的认识。）

（二）探究新知

1.呼吸器官的认识。

课件播放并陈述：呼吸是人体进行气体交换的活动，一次呼吸包括呼和吸两个步骤。空气从鼻腔或口腔进入，通过咽喉部的气管，到达支气管，再到达肺部，这是吸的过程；人体排出的气体从肺部通过支气管到达气管，再向上通过口腔和鼻腔排出来，这是呼的过程。

交流：现在大家状态好多了吧？刚才我们做的是深呼吸，是我们刻意控制的呼吸活动。现在我们回归到自然状态，不去刻意控制，平静下来，你能感受到自己在呼吸吗？（用肢体语言结合口头表达来营造很安静的氛围，学生们集中精神在感受自己平静状态下无控制的呼吸。同时我轻声说："有没有感受到胸部在起伏？鼻子里面有气体进出？"课堂非常安静，我想要的氛围都有了。特别强调了一次呼吸过程包括一次呼和一次吸，为后面测量呼吸次数做准备。）你留意过自己一分钟的呼吸次数吗？

2.活动：测量平静状态下一分钟的呼吸次数。

交流：我们来测量一下自己平静的时候一分钟呼吸的次数吧？

课件呈现：一分钟计时器。

实验：测量一分钟呼吸的次数。（学生一边数，一边看计时器，一边听森林音乐，课堂很唯美。）

记录数据。（我说了一句："数据在脑子里，一会就丢了，记录下来，永远忘不掉。"）

3.活动：测量运动后一分钟的呼吸次数。

交流：刚才我们测量的是自己平静状态下一分钟呼吸的次数。如果我们做过运动之后会有什么变化呢？猜一猜！（板书课题）

（学生的猜测活动很统一，这部分设计很有指向性。这样设计是预料之中的，因为公开上过这课的几个老师都认为本堂课的时间是关键因素，节奏要紧凑。还有一个学生说："心跳也会加快，我太开心了。"跟进说："咱们把这个猜测埋在这里。"）

课件呈现：一分钟计时器。

实验：测量一分钟呼吸的次数。

记录数据。

质疑：通过观察数据，你有什么发现？

师生交流。

（出现两个运动后呼吸次数减少的学生，他们不举手且大声地喊出“减少了”，很是有趣！课堂里听课教师们在哄笑，一部分学生在哄笑，不举手就反驳他们。出现10来秒的混乱。我脑海中本能反应，不抛弃，不放弃。于是，我连续仔细询问了学生下面三个问题：是不是数错了？是不是测量方法有问题？是不是运动量不够？这里周旋了将近5分钟。最后跟孩子约好下课重新测一次。）

质疑：为什么运动后我们每分钟呼吸的次数会增加？

讨论交流。

（学生基本从呼吸基本知识知道运动后氧气需求增加和二氧化碳排放增加，所以这里交流无障碍。）

陈述：要想研究运动后每分钟呼吸次数为什么会增加，我们首先应该知道呼出和吸入的气体有什么不一样。我们通过一个小实验来感受一下如何？

4.活动：呼吸袋子里面的空气。

实验：我们用塑料袋蒙住口鼻，只呼吸袋子里面的空气。

交流：因为袋子里面大部分是我们呼出的气体，所以我们每次吸入的实际上是上一次呼出的气体。同学们，呼吸的时候有什么感受？

（学生反映：很闷。我大声强调：难受就放弃！有学生说“谁的肺活量大，谁就坚持的时间长一点。”我心里都乐开了花，牢记了这个学生，后面要请他再次“出山”。）

提问：为什么有这种感受？追问：袋子里面我们呼出的气体跟室内空气有什么不一样吗？

（学生回答：吸入的都是前面排出的气体，不舒服。我即兴来个安全教育，千万别用塑料袋套头哦！孩子们笑了。）

演示实验：用点燃的火柴分别放进装有两种气体的杯子。

（演示实验效果不好，因为我从学生那里取了气体，另外由于过度兴奋的关系，实验时集中度不够，经验还是不够老到。）

交流：我们呼出的气体，火柴一放进去，就熄灭了。你们知道这是为什么吗？

课件演示：呼出气体和吸入气体的成分对比表。

交流：你发现了什么？

（此处交流展示了合师附小孩子们的知识面，很厉害。）

陈述：我们通过数据的观察，发现吸入的气体含氧气多，含二氧化碳少；而呼出气体含二氧化碳比例增加了，含氧气比例减少了。这说明，我们通过呼吸摄取氧气，排放二氧化碳。

提问：这样的话，谁能告诉我，为什么运动之后我们每分钟呼吸的次数增加了呢？谁来推理一下。

（推理很顺畅。）

陈述：因为运动的时候，我们每分钟需要的氧气增加了，排放的二氧化碳也增加了，所以呼吸的次数就增加了。

5.认识肺活量

课件播放：李老师照片和菲尔普斯照片。

交流：我和他为什么出现在这节课里呢？因为我想让同学们感受一组数据。

课件播放：李老师平静状态每分钟呼吸的次数17次，菲尔普斯每分钟呼吸次数13次。

提问：身高175厘米，体重65公斤的李老师每分钟需要氧气的量应该远远小于身高203厘米体重81公斤的菲尔普斯，为什么李老师的每分钟呼吸次数会大于菲尔普斯的呢？

交流汇报。（时间接近下课，我果断请出前面交流时说出肺活量概念的那个孩子，顺利推出肺活量和呼吸效率的概念。轻舟已过万重山！）

陈述：我们把一次尽力连续呼出的气体的总量叫肺活量。菲尔普斯是个运动员，他的肺活量远远大于李老师。（课件呈现两人肺活量数据）这就是说，经常运动的人，他呼吸的效率要高于普通人。知道这一点，那么我们平时应该注意什么呢？对，多运动，多锻炼！这节课我们发了好多气球，你们知道有什么用吗？我们吸足气然后对着气球吹出，谁的气球大，基本上他的肺活量就要大一些，下课后，咱们可以试一试！（教室一片欢腾，孩子们都在吹气球，还有一些听课老师也在吹。）

陈述：其实，刚才我们做了剧烈运动之后，除了我们呼吸的次数增加了，我们心跳次数也增加了，你们发现没有？（请开始时预测运动后感受时说出“心跳加快”的那个孩子，回顾咱们埋在那里的问题。）对，这就是我们下一节课要研究的内容。为什么运动之后心跳也会加快？下课！

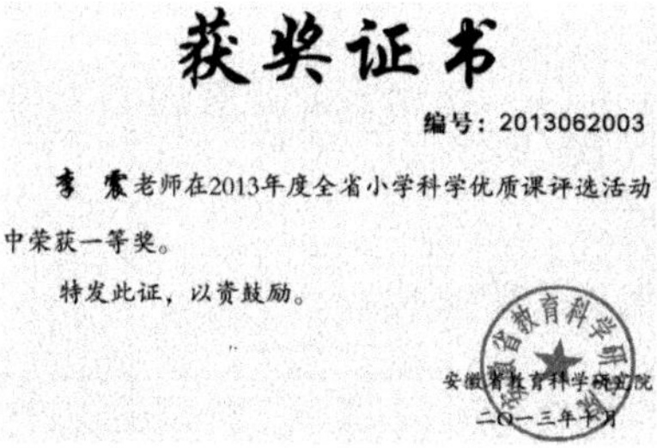
获奖证书

编号：2013062003

李 震老师在2013年度全省小学科学优质课评选活动中荣获一等奖。

特发此证，以资鼓励。

安徽省教育科学研究院

二〇一三年十月

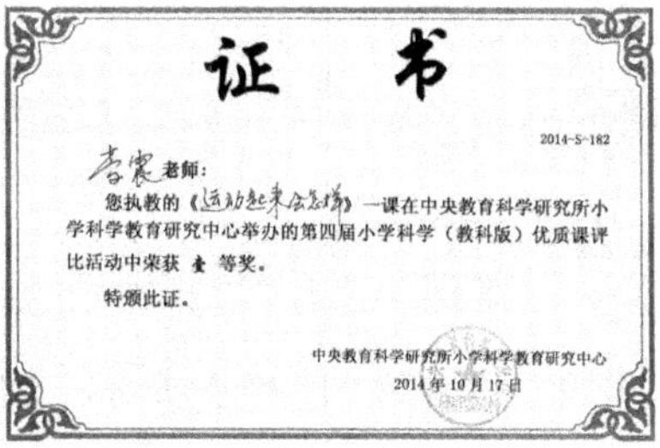
证 书

2014-S-182

李震老师：

您执教的《运动起来会怎样》一课在中央教育科学研究所小学科学教育研究中心举办的第四届小学科学（教科版）优质课评比活动中荣获 壹 等奖。

特颁此证。

中央教育科学研究所小学科学教育研究中心

2014年10月17日

案例4　小苏打和白醋的变化

杜文明

【教学目标】

1.科学概念：

小苏打和白醋会发生化学反应，产生新的物质。

二氧化碳是具有特殊性质的一种气体。

2.过程与方法：

通过观察、实验、分析和阅读资料得出正确结论。

3.情感态度价值观：

懂得只有足够的证据才能做出正确的判断，得出科学结论需要严密的逻辑推理。

【教学重难点】

1.教学重点：小苏打和白醋的混合实验以及产生气体的判断。

2.教学难点：对于实验的合理推想和论证。

【教学准备】

1.教师：小苏打、白醋、细木条、蜡烛、打火机、集气瓶、玻璃片、相关课件。

2.学生分组：小苏打、白醋、打火机、细木条、蜡烛、集气瓶、玻璃片、湿毛巾。

【教学过程】

（一）引入学习

1.老师给大家玩个“魔术”。（在氢氧化钠溶液中滴入酚酞试剂，溶液变成了红色。）

2.师：刚才玩“魔术”时用到了这瓶神奇的液体，想知道它是什么吗？怎样才能知道它是什么？（用眼睛看，用手摸，闻它的气味，尝一口也能知道它的味道。这存在安全隐患。）

3.师：在不知道这种液体是什么的情况下，我们可以随便尝、随便摸吗？（在不知道这种材料是否安全的情况下，我们不能轻易尝、摸、闻。）

【设计意图】用学生喜闻乐见的形式引入新课的学习，大大激发了学生的学习兴趣；“魔术”中蕴含了有关化学变化的概念。师生交流中也蕴含了接下来要用到的“观察方法”，为下一步的学习做好铺垫。

（二）混合小苏打和白醋实验

1.观察小苏打和白醋。

师：今天老师为大家准备的材料都是安全的。（出示白醋和小苏打）它们是厨房里常见的白醋和小苏打。（板书：小苏打、白醋）老师给每个小组都准备了这两种材料，请同学们仔细观察它们有什么特点，并记录在表格里，看哪个小组的发现最多！请各小组取出材料，开始！

（提示：小苏打纸包轻轻打开，及时用湿毛巾擦；药品虽安全，但不卫生，不建议品尝。)

学生小组对白醋和小苏打进行观察并记录，教师参与观察，并予以指导。

师：谁愿意把你们的发现向大家说说？(提示从四个方面观察：颜色、形状、气味、状态。)

2.猜测两种材料混合后的现象。

明确研究问题，引入课题。

师：大家观察得很仔细，现在有了这两种物质，大家想怎样研究？

(生：将小苏打和白醋混合后进行研究。)

师：今天我们要研究的就是小苏打和白醋的变化。(板书课题：小苏打和白醋的变化)

学生猜想：略

师：如果把白醋和小苏打混合在一起，你觉得会出现什么现象呢？为什么？说说理由。

师：怎样来验证我们的猜想是否正确呢？(实验) 那就让我们用实验来看看究竟会怎样吧！

【设计意图】猜想是科学探究中的重要环节。学生可能会根据自己的生活经验对两种物质混合后产生的现象进行预测。无论猜想正确与否，都将激发学生根据猜想进行探究。

3.讨论混合的方法。

师：如果把白醋和小苏打混合，我们可能有很多方法，今天老师为大家准备了装有一些白醋的瓶子、一包小苏打、一个空瓶（教师依次出示实物），你打算用这些材料怎样混合？把你的想法和小组同学交流一下，看哪个小组想到的方法多！

学生讨论，教师参与讨论并予以指导。

学生汇报：略。

师：你们想到了哪些混合的方法？谁愿意说给大家听？其他同学注意听，看他们的方法和你们的一样吗？

师：白醋和小苏打分别放多少合适呢？都放完吗？（引导学生看书上介绍的比例，告诉学生老师提供的恰好是1∶3的比例。）

师：大家说出了多种实验方法，你认为哪种最好？等会儿实验时，就用这种方法。

【设计意图】材料的添加顺序、添加质量和添加方法不同，出现的实验现象就会不同。通过研讨白醋和小苏打的不同混合方法，既激发了学生的探究欲望，也提升了学生的科学素养。

4.学生实验，教师巡视指导。

师：你们认为实验时还需要注意哪些？（学生列举）

教师补充，课件出示实验要求细则并说明：

（1）组内分工，明确操作员、记录员，共同担当观察员。

（2）小心地将小苏打粉末倒入瓶中，混合后马上盖好玻璃片，不要随意移动瓶子，并保持安静。

（3）全神贯注观察变化，观察时要利用多种感官（看、听），并将实验现象记录下来。

（4）用手触摸瓶子外壁，先摸上部，再摸下部。

（5）实验完成整理材料，思考讨论：这些现象说明了什么？准备汇报。

师：请大家按照自己制定的实验方案进行实验，将实验现象记录在表格中，比一比哪个小组观察得仔细，发现得多！

（学生有计划地进行实验，教师指导学生观察、记录现象。）

【设计意图】通过在实验前有关观察方法与实验注意事项的探讨，引导学生明确观察及实验的目的，教师的适当指引和提醒会给学生带来好奇与满足。在实验过程中，教师针对学生的汇报，对可能出现的问题及时进行调控，体现了以学生为主体，以教师为主导的教学理念。

5.汇报交流实验现象。

师：在实验中你们是怎么做的？有什么现象发生？谁愿意把你们的发现向大家说说？

（学生小组代表汇报。）

（三）解释新物质

1.猜想新物质。

师：刚才在实验中大家都看到白醋和小苏打混合以后会产生气泡，这说明什么？（产生了气体）（板书：气体）气泡里的气体会是空气吗？你为什么这样想？它看上去与空气有什么不同？（看上去没什么不同）看来，我们要用实验的方法来检验。

用什么办法证明它到底是不是空气呢？还有什么好方法？

2.检验气体实验一。

师：这里有一根细木条（教师出示实物），细木条在空气中能燃烧（点燃细木条），能不能利用细木条来进行验证？（可以放在气体中看它能不能也让细木条燃烧。）如果不能呢？（说明不是空气）我们来验证一下：在空气中和在瓶中燃烧的情况。

（各小组实验，课件出示实验方法指导，教师巡回指导，注意指导学生用打火机点燃细木条。）

师：看到什么现象？（瓶中的细木条熄灭了！）说明了什么？你可以做出怎样的判断？（这是一种不支持燃烧的气体。）（板书：不支持燃烧。）

【设计意图】在科学实验中，一定要有大量、充足的实例来进行对比，这样才能叫人信服。在此，拿空气和产生的气体来做对比实验，实验现象很明显，学生接受起来也很容易。

3.引导探究。

师：原来这是一种不支持燃烧的气体，它是空气吗？（不是）大家玩过氢气球吗？如果手一松，氢气球就会飞走，这是为什么？（氢气球里面是氢气，氢气比空气轻，所以它能飞走。）这种气体会不会是氢气？（不会，如果是氢气，它就会往上跑，我们用细木条就检测不到它了。）

4.检验气体实验二。

师演示指导：点燃小蜡烛，将收集到的气体倒在正在燃烧的蜡烛上面。

（各小组实验，课件出示实验方法指导，强调瓶中的液体不能倒出。）

师：看到什么现象？说明什么？（这是一种比空气重的气体）（板书：比空气重）

5.小结。

师：根据已经获得的证据，能判断出瓶中的气体是什么吗？为什么？这是一种不支持燃烧，比空气重的气体，它到底是什么？仅凭我们现在知道的这两点是很难确定它是什么气体的。但是，科学家证实了这种气体是二氧化碳。（板书：二氧化碳）

引导学生阅读教材33页资料，思考科学家是怎样确定气体成分的？（经过大量研究）

科学家可能会怎样做？（学生猜测想象）

师：这说明还需要有更多的证据来证明这种气体是二氧化碳，科学上的结论不是随便可以获得的。

你知道二氧化碳有什么作用吗？（学生说，教师结合课件资料补充介绍。）

【设计意图】通过猜测和实验是不能够证明气体成分的，而查阅资料是另一种自主学习的渠道，学生在阅读资料的过程中积极发现，且对科学知识印象深刻。因此，选择合适的教材和恰当的时机，学生的学习将会水到渠成。

（四）总结和延伸

1.引导学生观察：实验后瓶中的液体还是白醋吗？小苏打还在吗？你认为留下的是什么物质？阅读教材43页资料。

2.师：通过小苏打和白醋的混合你知道了什么？现在你知道小苏打和白醋混合后产生的是一种什么变化？（化学变化）为什么？（产生了新物质）（板书：化学变化）你还发现生活中哪些物质混合也能产生新物质的现象？

3.学生汇报，告诉学生课前老师演示的魔术也是两种物质混合后经化学变化而产生的现象，要求课后继续探究生活中的化学变化现象。

【设计意图】知识出现在书本上，但源于生活，并且应用于生活。学知识的最终目标就是在生活中可以灵活应用，联系实际生活，把身边的现象用科学的知识解答使学生印象更深刻，同时也培养学生对待任何事物和现象都要用科学的观点去解决，这样学到的才是真正有用的知识。

【教学反思】

本课是小学科学六下第二单元《物质的变化》的内容，学生初步明白物理变化和化学变化后的第二个化学实验。该实验不像物质加热或燃烧一样，学生具有一定的认知基础，知道加热过程中一般会产生哪些现象。这个实验涉及学生不熟悉的小苏打和有些经验的白醋。如何上好这节课，在课前我做了充分的准备。可是，在实战上还是出现了很多“意外”。众所周知，教学的预设和生成之间总是会有一些差距，但是，往往在反思差距中成就了我们一次次的进步！总体来说，这节课体现了新的科学教学理念，以培养学生科学素养为宗旨，让学生经历完整的科学探究过程。本课需要让学生观察苏打和白醋的特点，并做好有效记录。同时，观察两者混合后产生的现象，并且要注意混合需要有一定的比例。物质按照一定比例混合后，学生通过眼睛看（现象）、摸（杯壁感受温度）、试（杯中空气）等方式综合体验物质反应后所产生的现象。由于混合现象比较剧烈，有比较明显的泡沫产生，学生往往把注意点只放在泡沫上，而容易忽视其他的现象。在做实验时，要求学生留下一些样本，混合后迅速地用玻璃片盖住瓶口。

其中验证杯中的气体是什么物质是本课最难也是最精彩的部分。学生通过看书也许知道里面会有产生的气体是二氧化碳，但是只有比较少的学生能够说出鉴别二氧化碳的方法，当然个别学生会联想到五上我们在鉴别呼出气体成分时做的实验，将燃烧的木条伸进去，看看木条燃烧的情况是否发生变化。同时，教师应引导学生注意，之所以能让燃烧的木条熄灭，是因为二氧化碳沉在杯底部，它的密度要比空气大，从而更多地了解二氧化碳的特点，这时，许多孩子也许都认为这就是二氧化碳无疑了，关键时刻，老师不能轻易下结论。教材上，科学家经过研究，确定这是二氧化碳。教师需要重点向学生表达研究的内涵，让学生明白，科学研究需要的是证据，且证据要越充分越好，不能盲目地凭借几个现象就轻易下判断。最后，组织学生观察剩下的物质，并且与样本做比较，让学生认识到在这个过程中，白醋的酸味变淡了，小苏打也溶解并且变少了，最后总结这个变化也是化学变化。

关于实验细节的一些思考和改进：

用小苏打和白醋混合可以向学生展示物质混合后发生质变，产生新物质的一种状况。为了让孩子充分认识到这两者发生变化的同时产生了新物质二氧化碳，我在教学中经过摸索，发现实验中需要细致处理的几个细节。

1.进行混合小苏打和水与混合小苏打和白醋的比较。

整合混合小苏打和水这一过程在实验中，可以更好地让学生区别物理变化和化学变化，也为学生理解化学变化伴随的现象打下基础。

2.加一勺小苏打。当两者混合后不再冒气泡时，再加一勺小苏打在杯中，然后让学生观察后回答还有气泡吗？进而引导学生得出结论“没有气泡了”，说明杯中的透明液体已经不是原来的白醋了。

3尝试混合小苏打和陈醋。

小苏打和醋的混合实验是为了让你观察到混合之后的变化，课本上使用的是白醋（用冰醋酸加水配成，不加着色料，故无色），虽然混合后有一些明显的变化，但是混合物的颜色并没有什么改变，所以如果把白醋换成陈醋，我们观察到的变化将更加明显，效果是否会更好？教师可以鼓励学生在家尝试尝试。

【专家评点】

1.教师能紧扣教学的三维目标，教学思路清晰，课堂结构严谨，环环相扣，过渡自然；课堂中教师细心呵护儿童与生俱来的好奇心，培养学生实验的兴趣和求知欲，帮助他们体验科学观察活动的过程和方法，使他们乐于与人合作。

2.能引导学生仔细观察，学生课堂参与较高。本课几个实验都有着普遍的参与性，确保人人都有机会参与探究，进行体会。看、听、摸、闻等多种观察方法均综合运用得当，使学生在课堂上精神饱满，通过动手、动眼、动口最大限度地提高学生参与学习，体现学生学习的自主性。

3.提供有结构的材料，引导学生构建科学认知。科学课堂中普通的东西往往能折射出更多的科学概念和自然现象。每两人一张的实验桌、取材方便的小苏打纸包、白醋、集气瓶……看起来简简单单，却能起到达成实验研究目的的功效。

4.创新使用教材，引导深入思考。在验证小苏打和白醋混合产生的是什么气体时，按照教材的顺序是先通过实验观察比较，发现该气体的一些性质，从而做出初步判断，再结合教科书提供的资料，确定产生的物质是二氧化碳。在教学这一部分内容时做了如下调整：让学生对小苏打与白醋混合产生的是什么气体进行猜想；事先给学生提供资料，让学生初步了解二氧化碳的一些性质，这样后面实验的目的就非常明确，即验证小苏打与白醋混合产生的气体是否具有这些性质。学生可以自行设计实验，增强了实验的探究性，解决了可能出现的不合理之处。

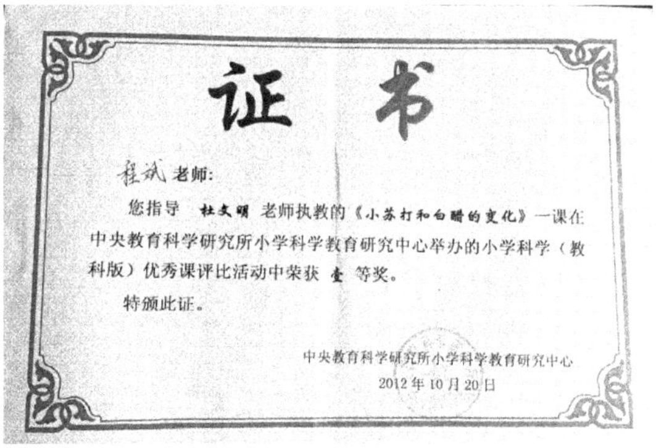

证书

程斌老师：

您指导 杜文明 老师执教的《小苏打和白醋的变化》一课在中央教育科学研究所小学科学教育研究中心举办的小学科学（教科版）优秀课评比活动中荣获 壹 等奖。

特颁此证。

中央教育科学研究所小学科学教育研究中心

2012年10月20日

案例5　《探寻光的路线》教学设计

缪明竹

【教材分析】

本单元为《综合探究活动单元》之《让生活充满阳光》单元的第二课。在第一课中，学生通过阅读科学日记，回顾生活中关于采光的问题，制订了研究计划，并开始分组研究采光设计。本课则是在前一节课实验计划的基础上，开始行动研究，探索采光不足的原因，并解决这一难题。

教材共分四个部分：分析与总结、实验、收集资料、活动。教材的第一部分是分析与总结。组织学生依据研究计划进行研究，通过模拟实验，解决第一个问题——采光不足的原因。教材的第二部分是分组实验。学生在理解采光不足是因为“光是沿直线传播的”这一原理后，通过分组实验，改变光的传播路线。教材的第三部分是收集资料。组织查阅关于光传播路线的资料，了解更多光的传播途径。教材的第四部分是活动。根据了解的光的传播路线的知识和收集到的关于光传播途径的资料，提出解决方案，并用文字、图画或图文结合的方式表达交流。

【学情分析】

六年级学生已经对很多基础性的科学知识有了系统的认识，学生已经比较习惯教材的思路和科学方法。他们通过阅读科学日记，回顾生活中关于采光的问题，制订了研究计划，并开始分组研究采光设计。本课则是在前一节课实验计划的基础上，开始研究行动，探索采光不足的原因，并解决这一难题。

【教学目标】

知识与技能：

1.通过模拟实验，进一步观察采光不足的现象，寻找采光不足的原因。

2.了解光源，并通过实验验证光的直线传播。

过程与方法：

知道推测要有依据；在实验中能认真观察、勤于思考，根据实验结果实事求是地进行分析、推理；对实验过程中观察到的现象进行分析，获取结论。

情感态度价值观：

培养学生在试验中能认真观察，勤于思考，根据实验结果实事求是进行分析、推理，形成爱思考的习惯以及善于思考的能力。

【教学重难点】

1.教学重点：通过实验验证光是沿直线传播的。

2.教学难点：寻找假设的依据，说明光是直线传播的；寻找采光不足的原因。

【教学准备】

1.教师材料：手电筒、纸盒、镭射笔、ppt等；

2.学生材料：卡纸、纸屏、直管、弯管、手电筒、记录单等。

【教学过程】

（一）创设情境，导入新课

1.课件出示医院长通道图片，质疑：仔细观察医院通道图片，你发现了什么？为什么医院通道没有阳光？

2.学生根据生活中的体验，猜测：导致医院通道采光差的原因是什么？

预设：光被挡住了；光是直的；光无法绕过障碍物等。

3.引出课题：那么，这样一节课，我们就来探寻光的路线。（板书课题：探寻光的路线）

（二）师生合作，探究新知

光源：

1.质疑：今天研究的是医院通道的采光问题，能不能把太阳拿到手里做实验啊？那应该怎么办？

预设：模拟实验，可以用手电筒代替阳光。

2.引出光源科学概念：我们把本身发光的物体叫做光源。

3.汇报：在我们的生活中，有很多物体是光源。谁来说一说？

光的直线传播路线：

1.演示实验：我们需要哪些材料来做模拟实验？

预设：手电筒模拟太阳，长纸盒模拟医院通道。

2.思考：医院通道是东西方向，模拟通道怎么放？模拟太阳的手电筒怎么放？

3.指名学生演示，其余同学观察，发现了什么？

（1）模拟小屋的上面挡住了手电筒的光，光线就照射不到里面。

（2）模拟小屋后面有影子。（为什么出现影子了？）

（3）这个现象说明了什么？

4.解释：当光遇到不透明遮挡物的时候，不能像人一样绕过遮挡物，光线就会被挡住，出现了影子。借助此现象，我们可以推测出光是沿直线传播的。

5.分组实验：出示2组材料，讨论实验方案。

(1) 3张带孔的卡纸，手电筒，纸屏。

(2) 直管、弯管、手电筒、纸屏 。

6.学生汇报

(1) 三张卡纸放在一条直线上，将中间的圆圈对齐，然后对着第一张卡纸照射，在纸屏上能看见亮光，说明光是直线传播的。如果不对齐，纸屏上看不见，也说明光是直线传播的。

(2) 对着直管一端照射，纸屏上有亮光；对着弯管照射，纸屏上没有亮光。这都说明光是沿直线传播的。

7.分组实验，并填写实验记录单。

8.汇报交流，得出结论：光是沿直线传播的。

9.魔术表演：镭射灯沿着带孔的卡纸，照射到纸屏上。

10.拓展：早在我国春秋战国时期，著名的思想家、墨家学派创始人墨翟就记载了光是沿直线传播的。

11.解释：为什么医院通道没有阳光？

预设：医院建筑遮挡了太阳光，导致通道内部采光不足。

(三) 拓展延伸

1.针对通道采光不足的问题，你有什么好的方法让它变得明亮一些？我们有什么方法把阳光引进来？

预设：利用平面镜改变光的传播路线。

2.那你们的方法到底行不行呢？希望同学们课下试一试，下一节课我们再来研究，好吗？

3.下课。

【实验记录单】

探寻光的传播路线实验记录单1

实验材料	3张带孔的卡纸，手电筒，纸屏
实验方法	1.三张卡纸放在一条直线上，小孔对齐，纸屏放在最后 2.对着第一个小孔照射，观察纸屏的变化 3.移动其中的一个卡纸 4.对着第一个小孔照射，观察纸屏的变化
实验现象	第一次纸屏上： 第二次纸屏上：
实验结论	

探寻光的传播路线实验记录单2

实验材料	直管、弯管、手电筒、纸屏
实验方法	1.手电筒对着直管的一端照射，直管另一端对着纸屏， 2.观察纸屏的变化； 3.手电筒对着弯管的一端照射，弯管另一端对着纸屏， 4.观察纸屏的变化。
实验现象	第一次纸屏上　　　　　　　　　　　　， 第二次纸屏上　　　　　　　　　　　　。
实验结论	

案例6　教科版《科学》六年级上册之《电和磁》教学设计

周　维

【教材分析】

本课内容是让学生“发现”通电导线能使小磁针偏转，从而认识电可以产生磁，增强学生学习活动的探究性、趣味性。有以下两个主要活动：

1.指导学生做科学家奥斯特做过的实验“通电导线使指南针偏转”，帮助学生经历对新现象进行分析、解释的思维过程。

2.做通电线圈使指南针偏转的实验。用线圈代替直导线做电生磁实验，为理解电磁铁原理打下基础，也为研究玩具小电动机埋下伏笔。

在教学中要注重活动的连接性和层次性。教材安排两条线，一条是思维线，通过一系列的研讨活动，形成电和磁的必然联系；一条是活动线，通过有结构的活动，让活动推动思维的发展，形成一个关于电磁现象的丰满而有深度的认识。

【学情分析】

对于六年级的学生来说，本课的实验和结论接受起来没有难度，重要的是让学生在多个体验活动中有思维的历练。因此，我在众多的体验活动中注重假设和推理，鼓励学生尝试对磁针偏转现象进行严谨的科学解释。对于电路的知识，在四年级已经进行了详细的学习和研究，教师在上课的过程中只要适当地提醒一下就可以了，把关注的焦点放在利用磁针偏转现象来体会电产生磁。因为是能量单元的第一课，没有太多的总结性的结论，因此，教学的成功之处就在于让实验不断有新意，让学生保持探索的欲望。

【教学目标】

1.科学知识目标：电流可以产生磁性，并知道增强磁性的方法。

2.科学探究目标：做通电直导线和通电线圈使指南针偏转的实验，思考各个实验的过程，分析现象并形成解释。

3.科学态度目标：能从不同视角提出研究思路，采用新的方法完成探究、设计与制作，培养创新精神。在进行多人合作时，愿意沟通、交流，综合考虑小组各成员的意见，形成集体的观点。

4.科学、技术、社会与环境目标：

了解人类的好奇和社会的需求是科学技术发展的动力，技术的发展和应用影响着社会发展。

了解技术的发展与环境保护并不矛盾，我们要珍惜资源、爱护环境。

【教学重难点】

1.教学重点：讨论、设计通电导线使指南针发生更大偏转的实验。

2.教学难点：解释通电直导线使指南针发生偏转的原因。

【教学方法】

讲授法、实验演示法、讨论法、合作探究。

【教学准备】

1.教师准备：指南针（1个）、磁铁（1个）、铁钉（1个）、黑色布袋（2个）。

2.学生每小组准备：

一号材料包：一号电池（1节）、电池盒（1个）、小灯泡（3V1个）、灯座（1个）、导线（3根短1根长）、小开关（1个）。

二号材料包：指南针（1个）。

三号材料包：一号电池（1节）、电池盒（1个）、导线（1根）、线圈（1个）。

【教学过程】

（一）激趣、复习导入

猜一猜：今天老师要给大家表演一个魔术，这是一个指南针，这是一个装了东西的袋子，当我将袋子靠近指南针，你看到了什么现象？猜一猜老师的袋子里装的是什么？当我将第二个袋子靠近指南针，你又看到了什么现象？再猜一猜这个袋子里有什么？

为什么指南针的指针会因为靠近磁铁和铁钉而发生偏转呢？

过渡：

老师这里还有一根导线，你们觉得它能使小磁针发生偏转吗？可是早在1820年有一位丹麦科学家奥斯特就做到了，在他的手里，导线也使小磁针发生了偏转。你们想知道他是怎么做到的吗？今天我们就跟随奥斯特的脚步，进入我们今天的探究。

（播放视频）

（二）探究活动

1. 通电直导线和指南针。

刚刚的视频中，奥斯特用了“通电”的方法，所以我们首先来完成如图所示的电路，组装完成后试一试你的小灯泡可以点亮吗？

将电路中的导线拉直，放在小磁针的上方，与指针的方向一致。分别观察接通电流时和断开电流后的指针的变化？

（板书：小磁针偏转）

为什么会出现这样的现象？你能推断小磁针发生偏转的原因吗？

（板书：电产生磁）

过渡：

奥斯特当时并没有急于把这个秘密告诉大家，因为他不确定这么细微的变化是不是偶然。如果你是奥斯特，你打算怎么做呢？

2. 增强电流磁效应的方法（电流使指南针偏转更大角度的方法）。

如果你是奥斯特，你打算怎么做？请同学们小组内讨论，设计实验方案。

我们来试一试，通过增加电池的方法能不能使小磁针偏转的角度变大。

（板书：增加电池）

还有没有别的办法呢？我们来试一试减少电路里的组件会怎么样？

（板书：短路）

分析观察到的现象，你有什么新的发现？

小结：电流越大，磁性越强

过渡：

还有第三种方法增大小磁针的偏转角度吗？

3.通电线圈和指南针。

今天老师带来一个导线圈，这是由导线在轴上绕了很多圈做成的，两端有可以接入电路的接头。如果给它通上电，线圈会产生磁性吗？如果会，如何放置线圈才能让指南针的偏转角度最大呢？试一试。

（板书：使用线圈）

总结：

通过今天的学习，你学到了什么？但这一发现并不是我们今天做个实验这么简单。因为在此之前，奥斯特就已经研究了十几年。这项发现，给人们大规模利用电能打开了大门。你有什么感想？所以，科学的任何发现发明，都不是一蹴而就的。

（三）知识延伸应用

回到我们今天的实验，我们用了干电池作为今天的电源。你们知道根据垃圾分类，废电池属于什么垃圾吗？我们要尽量用完电池里的电，可是，怎么才知道废电池里还有没有电呢？你能用我们的线圈和指南针检测一下吗？

【板书设计】

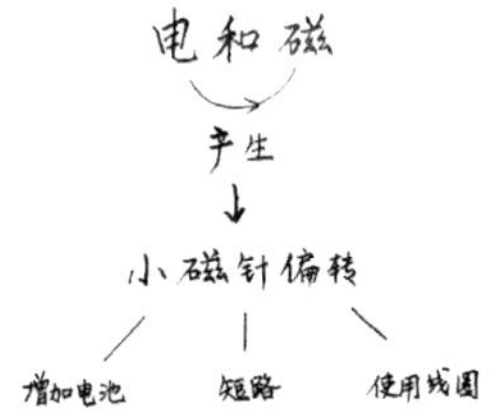

【教学反思】

通过这堂课，我的反思如下：

1.对教材的研读和理解有所欠缺。

由于我没有教过六年级的科学课，当我拿到这节课的课题时，我直接找来了全国的优质课视频进行学习。听了两节课后，我再根据教材，基本梳理出本课教学目标和重难点。由于不同老师的理解和设计思路不同，导致了我对教材的理解有了偏差，我接受了其他老师教学思路的同时也限制了自己的思路。第一次磨课，在各位老师的指导下，我发现自己的教学设计已经有些偏离教材的初衷。于是，在大家的帮助下，我重新梳理了教材，理清了思路，找到本节课中需要重点突破的地方。我第一次感受到，教材远不是我想得那么简单，里面的每一个字，每一句话都有它的深意。而我们设计教学也不是简简单单地模仿着别人进行设计。教学设计应该从教材出发，从课标出发，找到该学科和教材内容的内部逻辑，适度创新，才能保证我们的教学是有计划的、有顺序的。

2.对学生学情的研究不够透彻。

这个问题是我遇到的最大问题。学习是学生在头脑中进行知识建构的过程，这要求我们的教学必须建立在学生原有知识结构的基础上，只有这样，才能达到我们的教学目的。

这次比赛课，组委会给我们上课教师接触学生的时间有限，这也是对我的一种考验。但是，由于经验有限，我未能全面深入地了解该班学生具体学情。比如，他们虽然学过电路却不清楚电路的组成；不知道如何将电源的正负极接入电路；也不清楚如何将两个电池串联起来等。这些知识都是上本节课必备的基础，但是我没能及时地了解到。这就导致了我们讨论“增加电池”方法时，本该学生自己实验的内容，变成了教师演示，减少了学生参与度。另外，讨论“增加电池”有什么注意事项时，学生也不能在第一时间想到电池的正负极应该首尾相连。

3.没有实验反馈：实验记录单。

没有实验记录单，也是本节课的一大失误。本节课包含三个学生实验，需要得出三个结论。但是由于没有实验记录单，课堂上学生做完实验，都是用直接喊老师的方式，或者“亮了”“转了”这样的语句来描述他们的实验结果。比如第一个实验——“通电导线使小磁针发生偏转”，我让学生来表述实验现象时，虽然我的PPT上打出了实验表格，但是，学生在看到表格的一瞬间不知道该如何汇报。

我之所以没有采用实验报告单，是觉得获得这个实验结果对学生来说是相对简单。可实际上，学生的实验报告单，不仅可以反馈实验结果，增加学生做实验的目的性，增加学生对于数据的重视，还能帮助学生主动地对实验结果进行分析和总结，更是对学生自我学习能力一种的锻炼。

经过后续的听课和学习，我也针对这个问题，设计出了适合我的实验表格。

4.教师对教学的意义理解有偏差。

在课堂上我总是爱重复学生的回答。有时，一旦学生没有答出我预设的答案，我会抢着替学生回答。在时间紧迫的时候，我往往也会牺牲学生的讨论时间，改成我自己不断提问，立刻让学生做出回答的模式。经过反复思考，结合与其他老师的交流，我发现这些其实是我对于教学的错误认识导致的。

我曾经认为，优秀的课堂类似军队管理，学生整齐划一，听教师的指挥。在规定的时间内做该做的事情，教学流畅，师生配合默契，课堂一片和谐。于是我在进行设计教学的时候，设想的就是学生这个时候应该做什么了，他们该怎么回答我的问题，我又有什么应对之策，如何起承转接……在这样的“指导”思想之下，我的教学设计以“我”为中心，变成了一场我的个人秀，学生则成了需要配合我的观众。

“学生是学习的主体”这句话一直被我当成口号，直到我上完这节课，回来之后，回看自己的录像，才发现问题所在。整节课都是我一个人在讲，讲实验、讲做法、讲结论、讲思考……学生的回答也只是作为我课堂继续向下的引子。在这样的教学中，学生能够学到什么？“电产生磁”这样一个抽象的概念学生真的理解了吗？小磁针偏转角度变大的方法掌握了吗？会将其应用到生活中吗？

《小学科学教育的“探究—研讨”教学法》一书中讨论到“学生在研讨中犯错误的意义”。而学生的“错误”正是我最害怕的，我害怕因为学生的“错误”让我无法按照计划把教学流程走完，说到底，还是因为我固执地认为“课”大于“学生”。直到我去听文娟老师执教的《设计制作小车（一）》一课，我才恍然大悟。学生的“主体性”不是嘴上喊喊的口号，而是应该一切从学生出发，教学的目的是让学生获得知识、能力。一堂好课的标准不是流程有多顺畅，而是学生通过这节课，获得了什么。而教师在这其中的作用应该是：根据课前的调查和研究，设计出一堂符合学生认知特点和知识结构的课；在课堂上保证学生是“做科学”的人，并尽力激发他们的学习兴趣；纠正学生偏移的思路和维持一定的课堂秩序。

5.教师的语言技巧以及课堂应变能力有待提高。

在课堂上如何有效地提出问题，也是我在本节课中暴露出来的另外一个问题。

比如，在第一个“通电的直导线让小磁针发生偏转”的实验结束后，我希望将学生引导到“如何增大小磁针的偏转角度”的问题中来。于是，我在得出“电产生磁”的结论后，非常突兀地问学生“刚刚的实验中，你遇到什么问题?”学生突然就被问住了，接着我追问“刚刚的实验现象明显吗?”这时候，有部分学生反应过来，但是，这些同学也只是小声地说“不明显”。我并没有得到我想要的答案，于是就直接代替学生说出“小磁针的偏转角度很小”的现象，然后继续我的“表演”。类似这样缺乏指向性和准确性的问题，在这节课中还有两次。

出现这样的问题，一是前面提到的，对学生的学情研究不够。二是平时上课时，对教学语言的严谨程度没有足够的重视。所以课堂上教师的语言显得非常随意，缺乏严谨性。

除了语言，对课堂上的突发状况的应急能力也需要锻炼。比如，当我做完增加电池的实验后，由于忘记了写板书，竟然布置好下一个实验，学生开始实验后，悄悄去补上了板书，其实这个完全可以等到最后总结时再进行补充的，导致教师在学生实验时没有及时关注。

6.课堂预设与生成。

这堂课我最满意的地方，是我最后部分的课堂生成。前面也说过，我对学生情况的研究不足，导致了在讨论“如何让小磁针的偏转角度变大”问题时，学生不断地提出“增加导线”的方案。这和我的预设有很大的不同，我的流程是先增加电池，再研究短路，最后是增加线圈，也就是导线。所以，在第一次学生提出“增加导线”时，我刻意地将大家的关注点引到“增加”两个字上面，再引导到“增加电池”的方案上。而当学生再次提到“增加导线”的方案时，我决定顺着学生的思路走，先把线圈讲完，于是，我给了那位同学时间让他阐述自己的方案，结果很顺利地结束了“通电线圈”这一环节的教学。

而接着，关于“线圈位置与小磁针偏转角的关系”这一实验，本来并不是本节课的重点实验，由于学生在这个环节出现了意见的分歧，所以我决定把问题丢给学生，让他们再次实验，自己去验证。结果出乎意料，我假想的混乱一个都没有出现，学生不仅通过自己的实验得到了正确的结论，还有效地激发了学生的探究热情，课堂第一次出现了热烈的气氛。

因为这两次的成功经验，我在讨论“短路”的方案时，没有把学生已经忘记的概念硬塞给学生，而是让他们试着自己去减少电路的组件。学生不仅迅速地完成了实验，还观察到“小磁针发生非常明显的偏转”。随后，我再将短路这一知识点进行回顾和提示。

这样的课堂生成效果是我没有想到过的。原来把课堂交给学生，根据课堂情况随时调整教学方案，既能够达到教学目标，又能够有效地活跃课堂气氛，我想，这样的课堂才能称得上有效的课堂。对我来说，我仍然需要不断地进行学习和锻炼，改变观念，积累经验，争取取得更大的进步。

证书

在2019年安徽省小学科学优质课评选中，芜湖市镜湖新城实验学校**周维**同志荣获一等奖。

编　号：2019031005

安徽省教育科学研究院
2020年1月29日

案例7 《食物在身体里的旅行》教学设计

翁 桔

【教材分析】

《食物在身体里的旅行》是教育科学出版社四年级上册《呼吸与消化》单元的第8课。本课主要在学生对消化知识原有理解的基础上，通过绘制、修改完善消化器官图和模拟实验，认识食物在身体内的消化过程及食道和胃的功能，再次感受食物的消化需要多个器官共同参与完成。

本课由三部分组成。

第一部分“聚焦”环节，由“食物在口腔里的变化”一课引入，让学生思考并有依据地推测“食物从口腔进入人体后，会经历怎样的旅行，发生什么样的变化”。

第二部分“探索”环节，在学生提出自己对消化过程的想法以及对照人体消化器官图的活动过程中，肯定学生的合理想法并着重引导学生修正或完善原有认识。然后，引导学生对食道和胃这两种器官的形态与功能进行模拟实验研究，将消化器官的基本结构与功能表现出来。

第三部分“研讨”环节，在经历画图、比对、模拟实验等探索的基础上，让学生交流模拟实验中各消化器官的形态与功能之间的联系，并描述食物在消化器官中所经历的路线与发生的变化。

【学情分析】

四年级的学生已经对消化器官有了一定的认识。他们一般知道口腔、食道、胃、肠等消化器官的名称，对其功能也有初步的认识，如：知道食物从口腔进入，会通过食道到达胃进行消化等。因为这些器官都在人体内，不能直接观察到，平时也很少被关注，所以学生有些认识并不正确，如：他们会认为食物的营养是在胃里被吸收的，对食物先经过小肠还是大肠的认识也比较模糊。

【教学目标】

科学概念目标：

人体的消化器官包括口腔、食道、胃、小肠和大肠，每个器官都有各自的功能。食物在人体内会按顺序进入这些消化器官，然后被消化吸收。

科学探究目标：

1. 在已有的生活经验基础上，完成食物消化过程图，并能够在不断认识的过程中，对自己画的食物消化过程图进行补充完善。

2. 通过模拟实验，探究食道、胃的功能与工作原理。

科学态度目标：

1. 愿意在独立思考的基础上，与他人分享研究结果，合作交流。

2. 善于在反复观察、研究中完善认识。

科学、技术、社会与环境目标

1. 认识到健康生活可以保护消化器官。

2. 感受食物的消化需要多个器官共同参与完成。

【教学重难点】

1. 教学重点：通过猜想食物在体内的旅行过程和比对消化器官图及进行模拟实验，认识主要消化器官及其功能。

2. 教学难点：体验到食物消化的过程是由多个消化器官共同协作完成的，建立系统和有联系的观点。

【教学准备】

1. 教师准备：人体消化器官图、板贴、自制教具——小肠长度探究模型、教学课件等。

2. 学生准备：模拟胃的蠕动实验用的硅胶袋、水、馒头、土豆丁、火龙果丁、西兰花等食物；模拟食道输送食物实验用的透明塑料软管、湿馒头团；人体轮廓图等。

【教学过程】

（一）体验导入

一起吃馒头！

学生吃馒头，感受馒头在体内的“旅行”。根据生活经验进行推测。

【设计意图】学生在之前的学习中已经体验过馒头在口腔内的变化，再次从馒头引入，了解了学生的前概念，也建构了新知。

（二）聚焦

我们刚刚吃下去的馒头到哪里去了？

师生简单交流。

学生小组讨论，并将讨论的结果画在图纸上。

今天就一起跟着小馒头开始探究“食物在身体里的旅行”，并板书。

（三）探索

活动一：画一画人体消化器官图。

1.在我们的体内到底会经过哪些重要的消化器官？分小组讨论，把想法画在实验记录单中。

2.教师巡视时可以拍摄几张学生的记录单，用于交流展示时使用。

3.交流展示，说出本小组的想法。

4.出示科学家的研究结果，让学生进行对比，找出自己画得合理与不合理之处，并且说一说。

5.小结：人体的消化器官包括口腔、食道、胃、小肠和大肠。

学生根据全班讨论的结果，结合科学家的图进行反思，说出自己小组画的合理与不合理之处。

【设计意图】通过正确的图示，完善孩子的知识结构。

活动二：模拟食道的工作。

1.提出问题：小馒头经过口腔的初步消化，接下来它会到哪里呢？

2.食道是怎样把食物运输到胃里的呢？

3.出示为学生准备的实验材料，一根透明的软管，让学生讨论如何把“食道”上端的馒头运输到“食道”的下端，打算怎么做？

4.分发材料，开始小组讨论实验。

5.教师巡视。

6.交流：说说小组是怎么做的？有什么发现？

7.小结：食道通过收缩、蠕动等方式将食物从口腔运输到胃里。

讨论实验方案，进行食道工作的模拟实验，并思考食道的在消化过程中的作用。

【设计意图】通过学生自己的体验与感受，直观地了解食道作用的同时，思考如何能让馒头顺利、快速地被“运输”。

活动三：模拟胃的工作。

1.馒头经过食道的运输，来到了下一站——胃。胃的作用是什么？食物在胃里会发生怎样的变化？一起来模拟一下。

2.教师巡视。

3.交流：你们小组是怎么做的？有什么发现？胃的作用是什么？

4.小结：胃会蠕动将食物消化成食糜。

问：到这里，食物的旅行结束了吗？

讨论实验方案，进行胃工作的模拟实验，并思考胃在消化过程中的作用。

【设计意图】这里采用了煮熟的食物和水，以及具有弹性的硅胶袋，可以更形象地让学生感受胃的作用。

活动四：了解小肠、大肠的结构与功能。

1.观看视频，了解小肠的结构与功能。

并且利用自制教具，让学生直观地感受到小肠的“长度”。观看视频，了解小肠的结构与功能。

2.了解大肠的功能。

观看大肠图片。

教师总结：小馒头在我们体内的旅行结束了，通过这次短暂的旅行，也就完成了在我们体内消化和吸收的全过程，小馒头中营养成分被我们的身体吸收，不能被消化吸收的部分也通过排泄系统排出体外。

【设计意图】通过视频和自制教具——小肠长度探究模型，让学生轻松愉快地看到了最长的消化器官究竟有多长，食物的营养可以在这里被吸收。

（四）拓展

消化器官对我们如此重要，为了保护我们的消化器官我们应该怎样做呢？

师生交流后，教师总结。

饮食卫生要注意，变质食物不要吃。

细嚼慢咽易消化，定时定量有节制。

食物的消化需要各个消化器官共同协作完成，要保护好消化器官。

【板书设计】

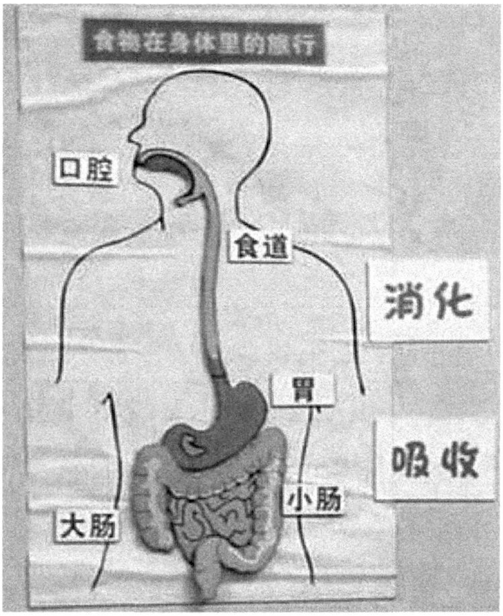

获奖证书

在2021年安徽省学前和义务教育阶段优质课评选中，芜湖市北塘小学翁桔老师荣获小学科学学科一等奖。

特发此证，以资鼓励。

证书编号：20221880132

安徽省教育厅

2022年4月18日

三、我们的教学叙事

程斌：和孩子一起享受探究“蜗牛”的快乐

这是我在2003年前后的一次真实的教学经历，给我留下了极其深刻的印象。

当时的我刚走上范罗山小学的校长岗位，学校正在积极争创安徽省特色示范小学（科技类），我正好教三年级科学课。当我按照教材上“植物”单元时，学生们却对“动物”单元表现出更大的兴趣，纷纷问何时上《蜗牛》这一课。看着他们一张张激动、兴奋的小脸，我不禁地想：何不提前让他们在家预习这课内容，自己先养上几个蜗牛观察观察，到时候也好显摆显摆呢？于是，我提前将“蜗牛”一课的教学活动内容告诉他们，让他们在家仔细观察蜗牛的身体、蜗牛壳及蜗牛喜欢什么食物、又是如何进食的，并约定到时看谁的观察最仔细。当然啦，在课前我也做了充分的准备：在校园角落里捉来了一些蜗牛，把它们装在玻璃器皿里饲养起来，并饿了一段时间，同时为学生们准备了放大镜、培养皿、尺子等观察材料。在教学活动设计时，参照教师用书中的有关内容，我仔细地研读了有关蜗牛的资料，自以为对蜗牛的知识掌握得较好，心想下节课一定会圆满成功的。

这一天，天气格外好，艳阳高照。很多学生都带来了自己饲养的蜗牛，同时带来了一些食物，如水果、菜叶、馒头，还有方便面和糖等各种东西。课前，学生们三个一堆、五个一群吵吵嚷嚷的：有的在比谁的蜗牛大，有的在比谁的蜗牛跑得快，好一个热闹的场面啊。看到这个情景，我想这堂课一定会有与平时不一样的效果。

在课堂活动正式开始时，我首先让学生们报告了在家中的观察情况，随后师生又一次以浓厚的兴趣对蜗牛的身体、蜗牛的壳进行了观察：有用手拿着蜗牛观看的，有把蜗牛放在培养皿透过玻璃观察的，还有用手去触摸蜗牛身体的，用尺子量蜗牛壳的大小的，用笔在壳上做记号数壳的螺线圈数的，一个个兴致勃勃的。经过二十几分钟的观察，他们报告了观察到的情况：蜗牛有头部、腹部、尾部，蜗牛头部有眼睛、触角、嘴，蜗牛壳的螺线的圈数有不同，发现了蜗牛的壳有的较扁平，有的较尖凸，师生都有了较大的收获，我对此感到很满意。一切顺利，我趁势宣布进入下一个教学环节：观察蜗牛是如何吃食物的？同学们叽叽喳喳地开始给蜗牛喂食物，不时传出器皿撞击声、桌椅碰撞声，有的甚至拿着食物往蜗牛嘴里送。可就在这时，没想到的一幕出现了：蜗牛绝食了！许多蜗牛都把身体躲进壳里不出来了，即便有的蜗牛偶尔探出身子，也对身边的食物不加理睬，迅速缩回壳内。为了让蜗牛吃食物，有的学生用了调换食物的办法，有的把蜗牛放在食物中等待，费了九牛二虎之力，蜗牛就是不吃食物。就在此时，下课铃响了，学生感到非常失望，我也为认真设计和准备了的教学活动没有完成感到不甘心，只好让学生带着疑惑到课外再观察。

回到家中，我闷闷不乐，脑子里一直在琢磨这蜗牛为什么不在课堂上吃食物。蜗牛不饿吗？也许学生舍不得按老师课前布置的那样，让蜗牛饿上两天，上课时蜗牛不饿，所以不吃食；可很多学生用的是我准备的已经饿了两三天的蜗牛，同样还是没有看见它吃食物；是食物不合适吗？食物都是养蜗牛的学生自己带来的，水果、菜叶等也是蜗牛喜欢吃的，而且我在实验室、家里养的蜗牛也都是喂的这些食物啊。为什么呢？“别吵了，让我来喂。”“阳光太刺眼了。”“蜗牛真胆小，碰一下桌子就躲进壳里了。”我忽然想起了课堂上的情形，对啊，蜗牛喜欢潮湿、阴暗、安静的环境，有晚上出来活动的习性，而课堂上学生观察时的光影、噪声以及桌椅晃动等都与蜗牛的自然生活环境有着非常大的出入，这会不会就是问题的所在呢？

为了证实自己的想法，第二天，在对光线、噪声、振动等分别做了控制的条件下，我对蜗牛吃食物的情况进行了仔细的观察，发现在比较符合蜗牛自然习性的环境下，蜗牛都可以正常地进食，而强光、学生的噪声、课桌椅的晃动等对蜗牛来说与其自然生活环境大相径庭，都是非常不适应的，难怪蜗牛不吃食物，观察失败呢。

通过这次实验，我参与了探究的全过程，并体验了成功的喜悦。而在此之前，我的很多科学知识仅仅从书本上习得的，很少亲自体验科学探究，即使做实验，也都是照本宣科。很少有自己提出假设、猜想并设计方法验证的完整过程。因此，教蜗牛就要自己养蜗牛；让学生观察蜗牛，教师也要参与观察，并且先于学生观察；教科学就要做科学，培养学生科学素养先要自己具备较好的科学素养，才能胜任科学课教学的需要，正如新课程标准所提出的：教师应和学生一起对科学探究进行积极的体验，并掌握科学探究的基本技能，以便在教学过程中承担起指导者的责任。

把自己的探究结果直接告诉学生吗？不，还不到时机，现在正是一个让学生进行科学探究的好机会，也是实现科学探究目标的好时机。根据我了解的情况，有部分学生在家观察了蜗牛吃食的情况，并知道了蜗牛喜欢吃什么食物，甚至知道蜗牛能在多远的地方发现食物等。分析这些情况后，为了能很好地组织和指导观察蜗牛吃食的科学探究，我又一次研读了课程标准，对科学探究从理论上有了进一步的认识，明确了观察蜗牛进食一课的科学探究具体内容，随后进行了这样一个探究活动：

由于蜗牛在课堂上躲进壳内不出来进食，而在家里饲养时却是大快朵颐，这两种完全不同的进食现象形成的鲜明对比，引发学生对这个现象的思考，并提出了“为什么蜗牛在课堂上不吃东西，而把蜗牛带回家后就要吃东西”的问题。

那么是什么原因造成以上的结果呢？蜗牛的生活环境到底应该是怎样的呢？学生们纷纷把从在哪些地方找到的蜗牛，当时是怎样的环境等列举出来。对照书，了解了蜗牛的生活习性，并和当时课堂环境进行了比较和分析。当有学生提到观察蜗牛身体时，拿蜗牛的手动一下蜗牛就躲进壳里，可能是蜗牛害怕。我就进一步追问：“蜗牛害怕什么呢？”同学们七嘴八舌，各自提出了不同的见解，如课堂上的强光、嘈杂的声音、同学们活动时桌椅的振动等都是引起蜗牛不进食的原因。

学生明确了蜗牛不进食的可能原因后，在老师的指导下，针对不同的可能干扰因素，我设置了不同的实验地点：分别在教室书桌上、教室角落里、窗台上等地方放养殖盆，并将蜗牛放进去。

实验开始后，同学们细心地观察蜗牛的行动并进行记录：在书桌上，嘈杂声较大、振动也比较频繁，蜗牛刚探出头来，桌子振动一下就缩回去了，很久都不出壳，没有吃食的行为；窗台上安静、但阳光较强，蜗牛出来爬行，碰到食物但没吃食物就往阴暗的地方爬去了；教室角落阴暗、安静，蜗牛出来爬行，一会儿就找到食物并吃起来了。

学生在细心地观察后，对蜗牛的生活环境进行比较分析，有理有据地一致提出自己的研究结果："强光、振动、嘈杂的环境不适合蜗牛活动，所以蜗牛在课堂上不吃食物。"

方法正确、手段有效、结论正确，观察实验获得圆满成功，同学们欢呼雀跃，我也不禁长长舒了口气，为完满的探究效果感到高兴。在整个观察实验过程中，学生学习了科学探究的方法，并知道了关于蜗牛的更多知识，对科学的兴趣也更加浓厚。而上次的失败阴影也随之烟消云散，取而代之的是成功的喜悦。

作为科学教师，要想开展好教学活动，必须亲身经历学生将要参与的每一个学习环节，去预设探究中将要遇到的各种问题，去体验探究中的乐趣。科学课的教学过程对于教师自身来说，也是一个体验探究的过程，只有对教学过程有了充分的认识和充足的准备，我们的教学才能有效地进行。

在教学中，教师要打开自己的思路，给予学生更大的学习空间，并注重教学过程中"生成性问题"的价值，既要引领学生有目的、有计划地进行科学学习活动，又要使学生的个性得到充分的发展，这也正是教科版教科书的结构功能之一。

在活动的实施过程中，教师应当是参与者、引导者，而不是单纯的知识传授者，如果教师直接把蜗牛绝食的原因讲授给学生，恐怕培养学生科学兴趣和科学探究方法就无从谈起，科学教学目标也就难以实现。

教师在教学活动中难免有失败的教学环节，难免有做不成功的实验，贵在不断地探索，并将其作为教学资源使用。作为科学教师，我们应该培养自己的“科学兴趣”，用自身亲近科学、体验科学、热爱科学的情感和行动来影响和感染我们身边的学生，同时让学生体验并形成科学实验不论成功和失败都要进行不断探索的科学精神。

2007年，组织上把我调到芜湖市大官山小学担任校长，虽然工作岗位变动了，但我对小学科学教学的热爱有增无减。当我又一次和三年级的孩子一起探究科学时，心中洋溢的是一种纯粹与幸福。对于教材中的那些实验器材和实验记录，我几乎“烂熟于心”。可是，问题总是隐藏在这些“熟练”之中。面对懵懵懂懂的学童，在课堂上与孩子一起探究蜗牛时，我的课堂又一次出现了问题。这节课是对蜗牛进行观察。学生们讨论完观察的内容和要求后，我宣布可以开始观察了。可是蜗牛并不像我们想象的那样，想观察它了，它就会从壳里爬出来。观察活动开始没几分钟，有学生发出感叹：“蜗牛不出来怎么观察呀！”面对突如其来的情况，我一时不知所措，考虑到课时很紧，我急忙说：“观察不到的组到其他组观察吧。”这下教室里炸开了锅，每组七八个小脑袋围在一起，你挤我，我挤你，七嘴八舌，还不时有争吵，甚至为了放大镜你夺我抢。看到这种情况，我想学生的观察结果不可能达到预想的效果，这下该怎么办？恰在这时，有几个孩子跑到我身边对我说：“老师，我们有办法把蜗牛弄出来。”我叫他说说看，听完后我灵机一动，随即要求所有学生在自己座位上坐好，教室顿时安静下来。我面带微笑地说：“你们猜一猜，蜗牛为什么不出来？”一石激起千层浪，学生们议论纷纷：有的学生说是天气干燥，光线太强造成的；有的学生说蜗牛正在休息；有的学生说天气太冷；还有的学生说是因为学生太吵，蜗牛被吓坏了。我表扬了学生的想法，顺势说：“刚才有学生告诉老师他们有办法使蜗牛出来，我们来听听他们的想法，好不好？”刚才那几个学生站起来说：“可以用食物引诱它们。”我说：“这个办法行不行呢？”学生们兴趣激昂，纷纷说可以试试。我又抓紧时机说：“现在小组讨论，还能有什么办法？”学生们积极地投入小组讨论中，想出了许多有可能让蜗牛出壳的办法：有的组认为在蜗牛身上洒一点水；有的组认为用菜叶把它引出来，因为蜗牛喜欢吃菜叶；有的组认为用火烤；有的组认为用笔尖扎壳背面的小孔它会爬出来……想法真是五花八门。我不失时机地说："你们的办法真多，去试一试吧！不过有一点老师提醒大家，刚才有同学说蜗牛可能被我们吓坏了，我们小点声好吗？嘘——开始吧！"学生们有的在蜗牛身上洒水；有的切带来的苹果；有的掰饼干；有的在地上磨蜗牛壳；有的找火柴，小组成员各司其职。不一会儿传来一个兴奋的声音：蜗牛出来了！蜗牛出来了！学生们的注意力一下子被吸引了，这位学生介绍说："他的蜗牛就在潮湿的地方捉的，蜗牛喜欢潮湿的地方，于是他不停地往蜗牛身上洒水，就像下雨一样，蜗牛慢慢就爬出来了。""是的，我家墙上总是在下雨以后才有蜗牛出现。"旁边的同学插了一句话。学生根据自己的生活经历来进行科学探究，这不正是我们科学课所希望的吗？望着那张因兴奋而涨红的小脸洋溢着成功的喜悦，我顿时也有一种说不出的成就感。这节课的教学虽然用"探究蜗牛出壳的方法"代替了课本上的教学内容，但我觉得这更有利于学生科学素养的形成。经过这次教学，我颇有感受：如何处理课堂突发性的问题，教师应根据学生的实际情况来确定处理方法和教学策略。突发性问题一般来源于学生，所以应照顾到学生现有的知识与能力，在教师点拨下，把突发性问题最终还给学生，由学生自己来解决自己提出的问题"蜗牛躲在壳里不出来怎么办"将探究落到实处。长期以来，我们依赖自己已有的知识经验，囿于书本的记载，没有去实践。观察蜗牛，教师要学生养蜗牛，自己也应养，学生观察蜗牛，教师也应观察蜗牛，教科学更要做科学，要先于学生，优于学生，出现意外，教师应给予适时点拨，这样突发性问题就会少一些。教师在科学探究活动实施过程中，应当是先行者、参与者、引导者，真正做到"和孩子们一起走进科学！"

今年我又教三年级，上课的铃声响了，我拿着自己从学校后花园里捉来的蜗牛走进了实验室。孩子们没等我喊"上课"，就纷纷站起来，喊"程校长""程校长"。我努力想办法让他们安静下来，问："这么激动，是不是有什么好事要告诉老师？""老师，我在墙角边抓到了7只蜗牛。""老师，我把蜗牛关在瓶子里，用盖子拧紧，过了一天，它还没死。”“老师，我的蜗牛好像死了。”“怎么回事？”“我把它盖在瓶子里三天了，今天上课前，我发现它的壳里封了一层薄膜，不知是闷死了，还是饿死了？”“老师，蜗牛也要拉屎，我看到了。”……

今天上课的内容是观察、研究蜗牛。为了能让每个孩子对蜗牛有更深入的了解，我在课前布置了任务，要求每组都能找到两只蜗牛。同时为了防止有的小组空手而来，我自己也在课前去找了20多只蜗牛。说实话，为这些蜗牛，我花了不少时间。原来想想，花坛边、墙角、草丛里应该都会有蜗牛的踪影。可是，事与愿违，用了半个多小时，我连一只蜗牛的壳也没见到。后来还是在门卫郑师傅的帮助下，从学校后花园的大树下勉强找到了这些大大小小的蜗牛。今天孩子们这么激动，显然，在找蜗牛的过程中他们也尝到了克服困难后获得收获的喜悦。更让我想不到的是，孩子们上课前已对蜗牛进行了深入细致的观察。

“哪些小组找到了蜗牛？”经过统计，有7个小组。

“哪些小组对蜗牛有了新的发现？”有5个小组举起手。

“哪些小组有自己的问题？”有8个小组举起手。

然后，在学习记录表里，我对这些小组的表现分别进行了记载。我的记录表主要分为课前准备、观察记录、实验探究、总结汇报、课后延伸五个方面，遇到表现突出的小组我就随时记录。由于孩子们在课前准备充分，上课的主要内容也变成了研究、观察孩子们自己想要研究的问题，包括“蜗牛是不是真的死了”“蜗牛拉的屎与吃的食物有关吗”等。

由此可见，儿童天生的好奇心是科学学习的起点。科学家韦钰说：“什么叫科学家？科学家就是长大的孩子。他永远存在那种好奇心，那种进取心去探索。”培养孩子的科学素养，很重要的一点就是要培养孩子对科学的兴趣。评价的目的之一，也就是要让孩子们继续保持对科学的兴趣。对于孩子们在研究过程中付出的劳动，我们要给予鼓励性的评价，让激励扬起学生自信的风帆。教师的肯定性评价更激发了孩子们持久的兴趣。“老师，我发现……”“老师，如果这样做，我想会更好！”“老师，我还有一个问题。”“老师，能把这件仪器借给我吗?”这样的话语在我们的课堂中出现得越来越多了。教师的评价摈除了单一的知识考核，仿佛给孩子们松了绑。这些，不仅增进了师生感情，更激发了他们继续探索的兴趣。

每次和孩子们一起探究“蜗牛”，我都有意外的收获，这就是我的生命课堂，作为一名小学科学教师的职业幸福所在。

文娟：“节外生枝”的一节科学课

在开始上《食物中的营养》一课之前，我和学生们一起讨论了食物营养的种类，如水、蛋白质等，我把这些都记录在黑板上，问学生：“你有什么办法让它们从食物中原形毕露呢?” 学生们想了许多办法，例如：用手摸一摸，看看湿不湿；尝一尝，看看有没有咸味……

通过这个问题，我向学生征集了许多检验食物营养的方案，并让学生根据自己想研究的问题选择相应的一个或几个研究方案开始动手实验。这下可热闹了，以前的实验活动都是“大家齐步走”，而今天却变成了“各走各的路”，课堂一下子沸腾起来了……

我开始在学生们中穿梭，边指导学生进行实验活动，边检验学生的实验结果。这恐怕是学生们第一次敢在课堂上大胆地吃苹果或咸蛋，他们激动地把我围成一团，七嘴八舌告诉我他们自己的体验结果。我发现，他们总能体验到一些我预料之外的东西，像“苹果里除了水分还有糖，因为吃起来感觉很甜”“馒头嚼了一会儿之后嘴里会感到有甜味儿，说明里面有糖分”…… 学生通过亲身体验发现了之前没想到的营养成分；“除了用手挤压，还可以把肥肉吊起来，放在酒精灯的火焰上燃烧，会有油滴下来，说明肥肉里面有脂肪。”“把花生吊起来烧也会出现油，说明花生里面也有脂肪。”……学生们通过动手实践又发现了一些其他的检验办法。

正当我忙于听取学生们一个又一个新发现的时候，热火朝天的实验室里突然响起一个女生的惊叫：“纸里有淀粉！纸里有淀粉！”霎时，课堂一片寂静，我抬起头，所有人的目光都集中在11号桌，一个女同学攥着碘酒瓶，捏着滴管，面颊绯红地盯着面前的一张白纸。那名女生略显紧张地说："我不小心把碘酒滴到纸上了，结果就这样了。"白纸上有一滴蓝色的印迹。这时，几乎所有的学生都不由自主地向11号桌靠过来，我立刻举起那张纸，走向讲台，用实物投影的方式展示给所有的学生，大家都迅速回到了自己的位置上，一脸疑惑地看着大屏幕上那张"不平凡"的纸。

"你们怎么想？纸里到底有没有淀粉呢？"我反问学生们，学生们立刻争论起来，"有""没有"吵成一片。"你们有什么办法向别人证明自己的想法是正确的呢？""我们来验证一下吧！"学生们纷纷把碘酒滴在自己带来的纸上。实验出现了两种结果：有的纸变蓝了；有的纸没有很大的变化。学生们更加纳闷了，"为什么会出现这种情况呢？我们把纸交换之后，再做一下试试？"学生们通过第二次的检验观察，发现了问题在纸上，颜色有变化的纸本身颜色要比没有变化的纸本身颜色白一些。最后，大家一致认为在较白的纸里添加了一些含有淀粉的物质，淀粉是白色的，所以纸才会比较白；造纸时，如果想让纸变得白一些，可以添加一些含有淀粉的物质。

不可否认，"纸为什么遇到碘就会变蓝"这个"节外生枝"的问题的探究对既定的教学计划是有一定影响的，可课堂不就是让学生在教师的引导下自主学习的吗？科学性与人文性相融合是科学教育的发展方向，教师除了关注教材本身的教学内容之外，还应该重视学生的发现，关注学生的独特感受，尊重学生的情感，帮助他们一起研究感兴趣的问题，通过对问题的探究，培养学生良好的科学素养，让学生养成发现问题，抓住问题，探究问题，解决问题的科学思维；而不是发现了问题，因客观情况被迫放弃探究，这样会导致学生在今后的学习生活中发现问题后，主动放弃研究，绕开问题的不作为行为。

彭秀芳：另类评价的运用

Z是一个很特别的学生。第一次到他们班上课时，我就发现他很调皮：课堂上，他会从走廊的一边"跑"到另一边，而且跑的形式也比较特殊，是坐在板凳上挪过去的；他会不停地和周围的同学说话，说的内容天马行空，灵感迸发；他会将实验材料移作他用，用得还挺有创意……因此我常常批评他，但此君的心态很好，不管怎么批评，他都笑脸相迎，让人无法狠心苛责！

常规的正面评价用在他身上基本失效，反而成了他为了凸显自己的与众不同的导火索，和人抬杠的“催化剂”。经过观察，我发现他喜欢实验课，但实验能力很差，经常需要花别人两三倍的时间才能完成实验且失败率极高，关键他还不气馁。于是，我产生了用一种另类的评价方式来改变他的想法，主动挑起了一场只属于我们之间的“战争”……

“通过刚才的实验我们知道通过加热蒸发水分，我们可以让溶解在水里的食盐重新分离出来”“老师！老师！我不同意这个看法！”Z的手举得高高的、嘴里不停地喊着。我的视线掠过他，笑眯眯地落到他旁边的学生身上……随着下课铃声响起，我请小组长们收拾好实验材料后走出教室，Z已经在教室旁焦急地等待着我，看见我走出来立刻就冲了上来：“老师，加热分离出来的不一定就是食盐，我发现它和食盐并不太相似，它上面还有水分，也不是一粒粒的……”“可它尝起来确实是咸的！”“但是咸的不一定是盐，例如、例如……什么东西吃起来是咸的却不是盐呢？”他急得抓耳挠腮。我暗暗好笑、故意装作不耐烦：“既然你有这样的想法，那么你能不能设计实验证明呢？”（直捣软肋的结果是他立刻闭上了嘴巴。）第一回合以我的“胜利”结束。

课堂上，我出示一根小木棒把它横担在酒精灯火焰的上方，结果火焰在小棒上留下了灼烧的痕迹。仔细观察后，学生们发现，小木棒两边被烧黑而中间却没有变颜色，于是得出结论：酒精灯的火焰外焰温度最高，焰心温度最低。“老师！”Z的手显得独树一帜。我盯了他一会儿，鉴于以前的经验，他认为我可能不会喊他了，手开始慢慢放下……（此君愈挫愈勇的劲头被我“打压”得有些过头了，需要调整。）我对他点了一下头：“说说你的看法！”他的眼睛一下亮了起来，举着小棒：“我觉得这个现象并不能说明火焰的外焰温度最高、焰心温度最低！”“哦？那你觉得什么现象能说明？”（我故意扭曲他的意思。）“我是说，火焰不一定是外焰最高、内焰最低。”“你怎么证明？拿出你的实验结果给大家看看。”（再捣软肋的结果是他再次闭上了嘴巴，悻悻地坐回了座位。）N回合的较量还是以我的胜利结束。

一次、两次……渐渐地，他也发现到：几乎每次他提出不同意见，我都拿这个“软肋”来对付他。于是，孩子的倔劲上来了……私底下他付出了怎样的努力，我并不十分清楚。但在课堂上，原本实验能力很差的他每次都会向实验能力比较强的同学学习，每次实验观察的记录都填写得详尽而细致；课后总会留下来收拾实验的材料，会把不同组试验后材料上的痕迹拿起来若有所思地看上半天……

终于，在白糖加热实验时，其他同学都认为“白糖加热会产生新的物质，所以这个变化是化学变化”时，他带着实验的材料自信地走上讲台一边演示一边说：“加热白糖2～3分钟的时候，白糖溶化了，由固体变成了液体，这时马上把白糖从蜡烛上移开，过些时候，糖会渐渐变冷重新成为固体，它的颜色、气味、味道等特征都说明它还是糖，没有产生新的物质，这个变化应该是物理变化。”接着他又将白糖放到蜡烛上加热，4分钟左右后，白糖沸腾，出现气泡、烟气，颜色也由白色到透明再到黄色、棕黄色直至黑色，“当加热到这种程度时，糖的颜色、气味、味道等特征说明它变成了新的物质，这个变化是化学变化。”演示和解释完毕后，他安静地站在讲台前，眼睛出奇地明亮。“啪！啪啪！啪啪啪！……”随着课堂上逐渐热烈的掌声，他的嘴角绽放出了绚烂的花朵。这一回合的较量以他的“完胜”结束。此刻，我带领着学生为他鼓掌，心里无比开心……

那以后，我们之间的较量仍在继续，此君成了我的课代表，我们之间最大的乐趣是抬杠。

孩子成长过程中，教师对孩子的鼓励和正面评价是帮助他们建立自信、实现自我认同的关键，适合大部分孩子。但有些孩子本身就对自己有着高度的认同，甚至这种自我认同存在不客观的现象！针对这部分学生，在确认他们心理耐挫力比较高的前提下，采用一些另类的评价方式反而会起到更大的作用。

针对这个孩子的特点，我觉得首先要让他感受到善意，然后让他感觉老师特别喜欢实验能力强的孩子，因为自己的实验能力不行，所以老师不重视自己的看法，而要想不被老师“挤兑”，就必须提高自己的实验能力！当孩子将注意力放在提高实验能力上后，他必然要静下心来仔细听讲，集中精力多次练习，教师再肯定他因为“静”而取得的巨大进步，孩子必然会想到以往因为“闹”受到的批评，进而在各方面做出改进。“因材施教”不应只用于教学，也应该用在评价上。

第三节　课外实践——来自项目校的案例研究

一、基于整体设计的小学科学实践活动案例研究——来自芜湖市北塘小学的探索与思考

我们的学校

芜湖市北塘小学位于芜湖市镜湖区，是芜湖市窗口学校。目前共有72个教学班，学生3639人，教职员工204人。学校拥有丰富的科普活动阵地、宣传阵地和科普师资队伍。学校目前有机器人工作室、科学探究室、崇德百草园、多功能厅等功能室，能胜任学生各类科普活动的开展。我们长期坚持：树立生本教育的思想，培养学生热爱科学的兴趣，研究青少年普及科学的规律，探索发展学生创新精神和实践能力之路，争创一流校园科普示范基地。学校先后获得了多项荣誉称号：2019—2021连续荣获“全国青少年人工智能活动特色单位”、中国科学技术馆“科技馆里的科学课”全国示范校、2022年全国“‘科创筑梦’助力‘双减’科普行动”试点单位。

我们的探索

我们以创新教（学）具课题研究为抓手，探寻小学科学教育的落脚点。近年我校先后承担了芜湖市教育科学重点研究课题“小学科学自制教具及其应用的实践研究”和安徽省教育装备立项课题“基于STEM理念的小学科学创新教具设计与应用”的研究。课题研究的起点要清晰，这样才能脚踏实地；任务分解要灵活，必须随时调整；目标和方向要明确，这样才有“诗和远方”。在研究路径上，主张研修要“一慢三磨”，坚信教育是慢的艺术。“一慢”即慢读，

阅读是最好的成长。“三磨”：磨课，在课堂中遇到最好的自己；磨文，在打磨文字中讲好科学教师自己的故事；磨器（研究教具学具），支架与方法蕴藏其中。课题研究培训是基础和前提，要把专家请进来，把教师送出去，要加大研究经费的投入，只有高投入才能期待有高水平的结题。课题组成员要深耕课堂和教材，发现教学具背后的育人价值，要重在过程性资料的深度参与，而非成果性资料的拼凑。磨器（研究教具学具）是小学科学教学独有的一道风景，我们在不断寻找可能的解决方法中享受其无穷的探究魅力。一线教师做课题研究，不仅要做得有意义，还要做得有意思。让教师在快乐中研究，是课题研究成功的密码。相信课题组成员只要自觉主动地开展理论学习，研读与课题相关的专著刊物，以保证课题研究方向和科学性。为了保障课题顺利进行，我们要严格按照课题研究的时间表，认真负责地做好各项工作的任务分解和日常活动，积极开展课题研讨和交流活动。

依托“崇德百草园”的规划与建设，提升小学科学教育的实践品质。

规划“崇德百草园”校内科学实践基地。为了贯彻落实学生的素质教育目标，积极推进教育校本课程资源的开发与研究，培养学生探究科学真理的兴趣，提高学生的动手实践能力和观察能力，学校开辟了“崇德百草园”。通过校园各种观察、实践活动园地的开辟，进一步加强小学生的科学教育，创新学校德育的新形式，提高德育的实效性。同时，通过花卉类植物的种植活动，绿化和美化校园，发挥环境育人的功能；通过蔬菜的种植和专题研究，丰富学生研究性学习的素材，培养学生成为有向善、求真、行美、创新意识的人。

拟解决的关键问题：园区设计与课程实施“两张皮”。

“崇德百草园”的规划设计，既渗透生态文明建设又体现生态育人理念，围绕“崇德百草园”开展学生课外活动，不仅可以提升“崇德百草园”的利用价值，而且还增添了其功能。教师课程内容紧密关联“崇德百草园”增加了课程内容的延展性以及趣味性，实现了园区设计与课程实施的动态联系。

整合校内特色社团，将小学科学教育融入学校管理日常。

2023年印发的《关于加强新时代中小学科学教育工作的意见》，对小学科学教育提出了更高的要求，相关的教学实施、评价开展、条件保障、教学队伍建设等需要进一步探索和优化，并且只有作为一个整体进行系统设计，构建科学合理的协同机制，形成持续稳定的良性循环，才能满足学生核心素养发展的需要，培养学生的科学探究与实践能力。

科学教育“主题化”。为了展示日常科学教育的成果，全面提高学生的综合科学素养，多年来，我校一直坚持每学年举办一次有鲜明主题的校园“科技节”活动。根据学生特点和地方特色，我校开展了主题科技节和科技周活动，活动内容丰富、形式多样，渗透到学生学习、生活的方方面面，体现了“综合性”，学生全员参与，人人感受到科技无处不在的魅力。一系列活动，培养了学生发现问题、研究问题、解决问题的能力，培养了学生的科学意识、提高了科学素养。

以全国“科学馆里的科学课”实验校为依托，开设社团课程，推进了学校实验课的系统化和规范化。通过引入校外优质教育资源和校内力量整合的方式，学校成立了多个科学社团，如“LOGO编程”“GOC语言”“无人机”“机器人编程”“开源硬件编程”“乐高搭建”“航空模型”“种植”“德拉学院科学课”等，每年社团学员近800人。学生在学习中收获颇丰，不仅获得了知识，更体验到了快乐。学校通过各类社团形成了丰富的各类科学教育课程体系，努力将科学教育落到实处。同时，北塘小学作为全国“‘科创筑梦’助力‘双减’科普行动”试点单位，我们充实更新了许多新的科学教育内容，如科技制作、科普论文、小发明小创造、七巧板、科技实践、环保调查、模型制作活动等十几项内容，激发了学生“爱科学、学科学、用科学”的热情，赋予科学教育以鲜明的时代特色，培养了学生的科学意识，在科学教育中做出了许多卓有成效的工作。近年来学校积极组织学生参加各级各类科创赛事，在芜湖市小学科学实践大赛，省、市“科技创新赛”，“芜湖市编程设计大赛”，“全国FAST观测方案竞赛”，“全国科技影像节”，“世界机器人大赛”，“全国青少年科技教育成果展示大赛”，等等，均取得了优异的成绩。

家校携手，拓宽了科学教育渠道。我校确立了“以科学教育为引导，以技术教育为主干，以生活内容为取向，以实际项目为载体，以探究学习方法为基点”的教育理念，将科学教育活动延伸到了社会和家庭，形成了整体化的教育力量。北塘小学机器人竞赛有着二十余年悠久历史，从最初乐高FLL到现在各级各类竞赛，我们建立了多个校外实践基地，聘请了多位有特长的校外科技辅导员。历年来，北塘小学均活跃在全国、省、市的竞赛舞台上，在全国白名单机器人赛事中，北塘小学参赛队伍每年均能斩获一等奖，在国际、国家竞赛中均享有盛誉。学校培养了许多优秀学子走上科技创新道路。学校还建立了一个较完善的学校、班级和家庭多层次的科技活动网络。学校成立了由校长任组长，科技辅导员、校外科技辅导员、部分有一技之长的学生家长参加的科学教育校内外活动协调小组，负责学校日常科学教育活动的领导工作。为了保证科学活动的群众性和广泛性，学校定期组织不同社团开展科学活动教学研究，并延伸到家庭，邀请家长参与和指导。同时，我们十分重视相关学科的科学教育渗透，如科学学科进行生物小实验研究，向学生传授生物知识，制作生物标本；美术学科组织学生外出进行植物写生、收集植物标本进行科学绘画等；音乐学科教唱科技节主题歌；语文、数学、英语学科渗透“爱科学、学科学”的思想教育等。

我们的思考

学校将围绕实验教学、人工智能和创客课程、机器人竞赛三个维度开展实验学校的推进工作：

依托中国科技馆“科学馆里的科学课”全国实验校，整合社会力量，继续推进实验科学课，完善该课程体系，将扩大社团学员规模，并推出成果，参加各级各类科技创新大赛。

学校在现有基础上提升人工智能教学水平，从图形化编程，C++，LOGO语言等三个课程体系进行培训，学生力争在编程竞赛，省市信息学竞赛中不断取得佳绩。

学校加大各类“白名单”赛事的培训力度，在机器人竞赛中优化参赛项目，提升参赛水平。

引进创客课程，开设科学教育的第二通道。通过反思，我们进一步明确了今后改革的重点：重在集成，盘活课程资源。整合校内外资源，精准对接学生需求，以菜单自选方式供全校学生自主选择，塑造科学教育新动能、新优势。科学学科教育教学资源类型多、内容多，需要科学教师共同参与完成。为了充分发挥资源建设的作用，我校构建了基于统一理念、统一模式、统一策略的“分解任务—分工合作—共建共享—多元评价—自主优化—学校发展—区域推进”的资源管理体系。教师是最重要的资源，同时也是科学资源开发的主体，建立良好的评价机制是促进教师工作热情的重要方法。首先要让科学教师认识到开发科学资源的重要意义，明确科学资源是线上线下科学教学的重要基础；然后明确科学学科资源建设的类型和标准，制订统一的格式，提高资源建设的标准；最后制定优秀科学资源奖励机制，调动科学教师开发科学资源的积极性。学校可以建立与芜湖市各类科普场馆、在芜科研院校以及科技工作者等社会性科学教育资源的合作机制，为学生的科学探究拓展学习的场所，形成科学资源开发合力。学校可以与科技馆、气象局、水务局、消防局等单位合作，让学生近距离参观实践，开展一些现场科学教学活动，拓宽学生的视野，激活学生的科学探究意识；同时还可以聘请科技人员和某一领域的专家担任学校科学活动的指导教师，邀请他们给学生作科普讲座等，这样就给学生的科学学习与生活实际的联系创造了条件。

北塘小学欲更上一层楼，师资建设是关键。我校拟聚焦综合能力建构，提升科学教师专业水平。做好小学科学教育，要认识到科学教育的重要性，要在课程、教材、教学、评价上狠下功夫，要建立一支高水平、专兼结合、敬业投入的教师队伍。学校需充分调动现有科学教师的积极性，为他们铺设良好的专业发展道路。科学教师既要有很强的教学设计能力，也要有很好的教学组织能力，不仅要善于引导学生开展探究式学习，还要掌握科学的评价方法等能力。

教师教学设计能力的培养至关重要。科学教育内容丰富、形式多样，每个专题都需要精心设计，尤其是开展项目式学习，学习的内容、场景、方式多种多样，特别考验教师的综合能力。许多探究学习过程需要开展科学实验，如何进行实验设计、确保实验安全等，都需要教师认真设计和把关。如果实验失败，教师就还要指导学生反思、分析，找到原因，修正方案，不断迭代改进。尽可能地让学生体验科学家的思维方法和科学发现的真实过程，这是培养学生科学素养最有效的方式。

教师研究能力的促进同样不可或缺。要真正教出具有问题意识和探究能力的学生，教师就要有意识、有计划地提高研究能力，必须先有自己的实践和真实体验，才能在教学实践中实现学生能力的培养和素质的提高。在科学教育中，实验必不可少，我校持续开展实验教学基本功比赛，进一步丰富实验教学案例，激励教师有意识、有计划地提高研究能力。现代技术高度发达，在提出问题和解决问题的过程中，要让学生学会充分利用互联网，发展信息查询、数据收集及分析、利用方面的能力。在日常教学中，一节课很难完整地呈现科学探究的整个过程，可以利用校本课或者连续的实验课，甚至以组织夏令营、冬令营活动等方式引导学生开展探究式学习。

我们还需重视教师资源调动能力的提升。科学教育有时候无法完全在中小学课堂上、实验室里完成，需要进入高校实验室或在野外环境下、社会调查中完成，为此，科学教师应具有良好的资源搜寻、联络和组织能力，有时候还需要聘请校外专家参与其中。

我们需要持续抓好三支队伍建设：第一支是校外兼职科学教育辅导员队伍，由优秀科技辅导员（全市范围遴选）、芜湖市科协普及部的领导、有科技特长的学生家长、在芜高校教授（讲师）等组成，请他们来校作有关科学教育讲座，指导科学教育实践活动，努力提高我校科学教育的水平与质量；第二支是校内专职科学教育教师队伍，由学校科技知识丰富、动手能力强的老师组成，他们是学校科学教育的核心力量；第三支是全体教师队伍，创造条件使他们不断增强科学意识，丰富科学知识，提高动手能力，提高学科渗透科学教育的水平和力度。

二、基于劳动教育的小学科学实践活动案例研究——来自芜湖市高安中心小学的探索与思考

我们的学校

芜湖市高安中心小学，坐落在美丽的乡村，是一所充满活力与希望的学校。作为一所乡村学校，我们拥有得天独厚的自然资源和淳朴的乡村文化。近年来，学校围绕市级重点课题“小学科学实践活动方案的开发与实施的研究”积极开展基于劳动教育的科学实践活动，进行了一系列有益的探索。

我们的探索

在科学实践活动中根植劳动观念。劳动创造了人类，劳动是人与动物的根本区别。劳动分为体力劳动和脑力劳动。学习是脑力劳动，同时，也是体力劳动，是手脑并用的过程。在科学实践活动中，体力劳动占比大，脑力劳动占比小。如科学种植活动中，我们既要播种、浇水、施肥、拔草等体力劳动，也要及时观察、记录、整理、分析、探究等脑力劳动。科学实践活动是复杂的、价值较高的劳动，是技术性劳动。

端正了社团学生的劳动观念，也激发了他们的社团活动参与热情。从2016年科学实践社团组建开始，社团学生一批又一批，每批学生数都是40名满额。40名学生分成几组，每天中午有负责清理水生态系统的小组，有负责栽培种植基地浇水拔草的小组，有负责投喂鱼虾和小鸡的小组，也有负责整个基地环境保护的小组。小组各司其职，确保科学实践基地的平稳运转。

在科学实践活动中培养学生综合技能

1.在科学实践活动中不断提高学生工具使用技能。

学校科学实践基地同时开展了几个实践项目。有水生态系统，有种植和养殖，还有STEM课程。初入社团的学生根据自己的兴趣爱好选择最感兴趣的项

目，在进行项目活动中不断提高自己的劳动技能。比如：水生态系统项目小组，学生学习如何利用铲刀又快又好地清理玻璃鱼缸的水垢等？如何清理过滤设施设备？种植项目小组的同学研究怎样正确使用锄头、铁锹等工具？怎样浇水、掐尖、打侧枝、授粉、磕芽？STEM项目小组的同学学习如何使用热熔枪、电烙铁？如何使用锯子、铁锤、锉刀？等等。

2.在科学实践活动中不断增强学生的体能。

现在学生参加生产劳动的机会少，肩扛手提的能力较弱。在社团活动中，学生需要浇水、搬运、翻地等，经过一个学期的学习活动，连四年级的女同学也能提起十公斤的水桶，极大提高了学生的体能。

3.在科学实践活动中学生的动手能力得到提高。

科学实践活动中对学生动手能力有很高的要求。把钉子钉进木头，看似简单，实际操作起来却不是一件容易的事；锯下一片平整的木板也是特别困难的事；用尖嘴钳磕开葫芦籽对角度选择、力度把控和能使用热熔枪均匀涂抹胶水也不是一件易事。然而随着实践活动的持续开展，学生在动手操作中，积累了经验，能力在不知不觉中得到了提升。

在科学实践活动中学习科学知识

科学实践活动中，各种知识汇集，极大丰富。这些知识，既是科学，也是劳动知识。下面就笔者进行科学实践活动的几个项目具体介绍一下。

1.蘑菇种植活动。

在蘑菇种植活动中，同学们认识了蘑菇是细菌的一种——真菌，它在生长过程中最怕其他细菌的侵扰，所以，蘑菇生长的培养料需要进行无菌灭杀。蘑菇生长全过程养护尽量保证水质洁净，近距离观察时需佩戴口罩，并保持手部清洁。蘑菇的最佳生长温度是15℃～18℃，不能高于30℃。湿度保持在65%。同学们通过调节通风大小和时长来控制菇房的温度，通过增减洒水的频率保持菇房空气湿度。

当蘑菇菌盖基本展开，颜色由深灰色变为淡灰色或灰白色，孢子即将弹射时，是蘑菇的最适收获期。这时采收的平菇，菇体肥厚，产量高且味道美。

采收蘑菇时，要用左手按住培养料，右手握住菌柄，轻轻旋扭下；也可用刀子在菌柄基部紧贴料面处割下。每批采收后，都要将培养料表面残留的死菇、菌柄清理干净，以防止下批生产烂菇。盖上薄膜，停止喷水4—5天，然后再少喷水，保持料面潮湿。大约经过10天，料面再度长出菌蕾。

2.生态鱼缸建设。

生态鱼缸建设科学实践活动源于科学教材“做一个生态瓶”。在生态瓶的基础上，我们预期是模拟构建一个水生态环境。整个环境由生物和非生物组成。非生物主要有水、泥沙、岩石组成，它们为生物提供必要的生存条件。生物主要由水生植物和鱼虾等动物组成，其中，水生植物为鱼虾提供食物的来源和氧气。

同学们通过查阅资料，了解到水生植物的种类有挺水植物、浮叶植物、沉水植物和漂浮植物以及湿生植物。挺水植物常见的有荷花、茭白、铜钱草，浮叶植物常见的有睡莲、菱角，沉水植物常见的有金鱼藻，漂浮植物以及湿生植物常见的有浮萍、水葫芦。各种水生植物在水环境中既相互补充，也相互抑制。比如浮萍的根不生于泥中，株体漂浮于水面之上，随水流、风浪四处漂泊，为池水提供装饰和绿荫，也是杂食性鱼类的食物。它们既能吸收水里的矿物质，同时又能遮蔽射入水中的阳光，所以也能够抑制水体中藻类的生长。浮萍繁殖速度特别快，数量过多，就会遮蔽金鱼藻阳光，影响金鱼藻生长。

生态鱼缸建设后，同学们很快遇到了一个十分棘手的问题——水体中黑藻爆发。由于生态鱼缸建造在暖房中，阳光充足，水体中黑藻呈爆发状态。换水后24小时内，水体就变绿，一周内，水体浑浊，有难闻气味。大家上网寻求办法治理黑藻，经历了黑壳虾、清道夫、泥鳅、田螺抑制黑藻，都收效甚微。关闭暖房房顶和四面墙体幕布遮挡光线效果较好，但生态鱼缸就失去了意义。

我们去学校附近的河流、小溪、池塘寻求答案。最后，我们通过水泵实现水的循环流动，在L形鱼池的中部密集栽种铜钱草构建沼泽环境过滤水体，终于有效抑制了黑藻的生长，实现了生态鱼缸只需补水，不用换水的最佳状态。

3.“生命的诞生——蛋里有一个新生命”小鸡孵化观察研究。

“生命的诞生——蛋里有一个新生命”小鸡孵化观察研究实践活动是社团学生最喜欢的项目。本方案根据2002教育科学出版社小学科学四年级下册第二章第六节“动物的卵”教学内容设计的科学实践活动。通过孵化小鸡的过程观察，初步感知生命孕育诞生的过程，观察其间的变化，丰富动物知识，增加对动物的研究兴趣，弥补课堂教学内容单一的弊端。探究过程中，我要求学生将他们的做法、现象、想法、体会等及时记录下来。

选种三部曲。考虑到学生可能有各种条件下的鸡蛋是否能孵化成小鸡的问题，对于选种采用三个步骤。第一，征求家长建议，学生自由带种蛋，便于学生研究各种类型的鸡蛋是否可以孵化成小鸡的问题；第二，为了提高孵化成功率和学生的成就感，教师作一些建议，如超市里买的、冰箱里存放过的是否合适。第三，让学生学会在灯光下选种蛋，以进一步提高成功率。

观察有方法。怎样观察孵化中的卵的变化？是静静地等待孵化出来还是在这一过程中观察到一些内部的变化？怎样观察里面的变化？

照蛋。用手电筒光照射鸡蛋，仔细观察蛋胚的发育情况。观察过程中，轻轻转动种蛋检查。周围环境要求尽量黑暗，我们采取的方法是将门关闭，拉上窗帘。用以上方法观察，能观察到什么现象？是什么也看不出还是能清晰地看到里面的变化？怎样算是有变化的？采用的方法是对比观察，纵向对比、横向对比。

静听。贴耳朵听，能否听到动静。

轻轻地上下倒置，看有没有悬浮或某一明显游动现象。

观察内容：鸡蛋内部的发育情况；鸡蛋的质量会否发生变化；……

观察时间：要求带种蛋的学生以及有强烈兴趣的学生每天中午仔细观察。

管理有技巧。翻蛋，孵化器会每隔3小时自动翻蛋，孵化期的最后3天自动停止翻动；保湿：孵化器的箱底有一水箱，应每隔几天查看水箱里是否有水，以确保箱内小鸡孵化所需的湿度；保温：采用方法是将孵化器放在大纸箱内，保证温度在37℃至37.5℃。

实践有研究。活动要引导学生带着问题参与研究。在研究过程中，产生问题的途径主要有：学生自己产生，如小组补充问题研究，小组交流自己的问题，选择可行性分析；研究过程中的即时问题，如鸡蛋在孵化过程中质量（即常说的“重量”）会不会发生变化，如果会变化，是怎么变的，是什么原因使它不变或变了等；教师问，如孵化已21天了仍不见有动静，有什么问题，可能是什么原因，怎样观察，供讨论分析。教师可以和学生一起写观察日记，帮助他们深入研究。

在科学实践活动中分享获得感。科学实践活动的过程是枯燥的，充满着艰辛，还会经常遇到失败。我鼓励他们不要被眼前的困难吓倒，付出总会有收获。当然，他们收获更多的是成功，这些又将成为他们不断前进的动力。

劳动教育的第一特性就是实践性，科学来源于实践。实践是检验真理的唯一标准。以科学实践活动为载体，在科学实践活动中，同学们通过动手动脑实践，将知识转化为能力，在实践合作中体验到成功，体验到科学研究的真正魅力。

芜湖市高安中心小学基于劳动教育的科学实践活动案例研究，学生喜爱，也收获良多。

我们的思考

乡村小学应依托当地资源开展科学教育。一方面，乡村拥有丰富的自然资源，如土地、水源、动植物等，可以为科学教育提供真实而丰富的素材；另一方面，劳动教育可以培养学生的实践能力和劳动精神，让他们在动手操作中学习科学知识。

通过这样的探索与思考，我们深刻认识到乡村小学在科学教育方面的独特优势和发展潜力。我们将继续深入挖掘当地资源，不断丰富和完善劳动教育与科学教育相结合的实践活动，为学生们创造更多学习和成长的机会。

让我们携手努力，让乡村小学的科学教育绽放出更加绚烂的光芒！

三、基于传统文化的小学科学实践活动案例研究——来自芜湖市龙山小学的探索与思考

我们的学校

芜湖市龙山小学坐落于经济技术开发区，毗邻轻轨1号线华山路站，于2018年9月正式投入使用。种类繁多的花草果树，错落分布的假山鱼池，独具韵味的亭台廊榭，让其成为城北区域内一所高品质园林式小学。自开办之日起，该校同步开设特色社团十余个，覆盖德智体美劳全方位发展内核。其中，以培养学生实践能力和创新精神为首要任务的科技活动社团稳步发展，吸引了越来越多的科技爱好者参与其中。

五年多以来，龙山小学始终将育人作为学校的第一发展目标。为了赋予社团更多的科技属性，学校科技辅导员团队陆续组织学生开展了小学科学系列实践活动。孩子们积极参与并乐在其中：制作动力飞机，感受十足的工程科技感；经历科学种植，感受神奇的自然生长力；观察水果电池，感受奇妙的物质能量源。与此同时，以提升青少年核心素养为导向的主题活动接踵而至，众多的社团教师渐渐成为该项理念的积极倡导者和执着追随者。其间，我校科技活动社团紧紧围绕学校发展规划，以培育“灵雅少年”为主线，将关注的视角转向中华传统文化。

我们的探索

作为世界四大文明古国之一，华夏的古老文明绵亘几千年，早已浸润在每一个中国人的灵魂深处。直至今日，弘扬中华优秀传统的各类活动从来不曾在这片富饶的土地上缺席。不仅如此，为了让学生形成适应个人终身发展和社会发展所需要的正确价值观、必备品格和关键能力，传统文化已经悄然走进学校教育的舞台。

有关传统文化的教材内容梳理：

纵观《科学（教科版）》教材体系，我们发现和传统文化有关的内容不在少数，具体分布情况以表格形式呈现如下：

表1　有关传统文化的教材内容梳理统计

载体类型	相关内容
古代生产工艺	古代农具、豆腐、微生物酿酒、养蚕抽丝技术、杂交水稻等
古代技术成就	杆秤、指南针、孔明灯、造纸、印刷术、日晷、圭表、水钟
古代著名工程	造船、造桥等
古代传统技能	皮影戏、玩具、民族乐器等
古代时令节气	二十四节气、农业谚语、风俗习惯等
古代诗词歌赋	能解释科学现象或者能概括科学规律的诗句

有关传统文化的小学科学实践案例：

案例一：体验皮影戏。

实践背景：《影子的秘密》一课出自教科版《科学》三年级下册第三单元，教材在遵循学生认知规律的前提下依次安排产生影子、让影子产生变化、手影游戏三个层层递进的活动。

实践准备：为了充分发挥学生学习的主动性，我们利用硬纸板和伸缩杆制作了“影子的秘密”演示装置。此装置一物两用的特点解决了手影游戏受教室座位等空间限制的短板，让学生随时随地能感受手影游戏的快乐。

实践过程：

聚焦部分，教师利用皮影戏提出核心问题，随后引导学生借助该教学具逐一探究。

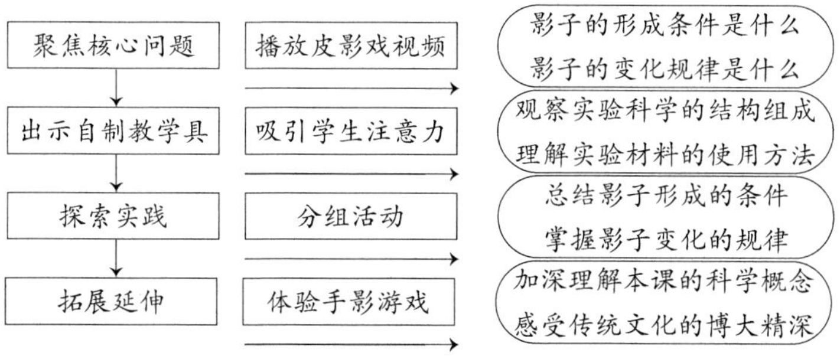

图1　利用皮影戏提出核心问题

拓展环节，教师鼓励学生运用影子的变化规律编排皮影戏，从而将科学探究延伸至生活实际，让学生轻松地理解学以致用的真正道理。最后，组织学生通过游戏展示不同的手影，帮助学生理解皮影戏的科学原理，促进学生感悟传统文化背后的强大魅力。

案例二：体验养蚕抽丝。

实践背景：《科学》（教科版）三年级下册第二单元以科学养蚕为主线贯穿始终，从观察蚕卵特点到记录抽丝剥茧，循序渐进地引导学生参与养蚕活动的全过程。在执教之初，教师已经明显地感觉到学生对此活动有着极大兴趣。从达成教学目标的角度审视学情，这份学习主动性无疑是个难得的催化剂。

实践准备：为了充分发挥这份教育资源的作用，我校采用了课堂教学与课后拓展相结合的教学模式，鼓励学生在家庭里将养蚕活动进行到底。其中，实践前的准备是非常关键的，学生在家长的陪同下购买了健康的蚕卵，同时储备了放大镜、桑叶、羽毛等辅助工具。在此基础上，教师介绍本次实践活动的相关要求，并提示将以“蚕的一生”为主题的手抄报确定为活动成果的重要评价材料。

实践过程：

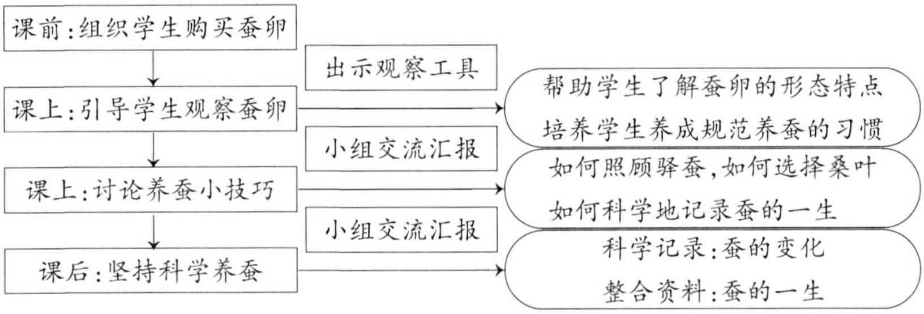

图2　体验养蚕抽丝之实践过程

一段时间后，孩子们的劳动成果显见成效，一张张照片记录着蚕宝宝的成长与变化，一个个视频展现着生命的神奇与力量。遵循自然规律，陪伴蚕的成长，记录蚕的蜕变，学生感悟传统文化的心境也慢慢地得到升华。古人养蚕时的辛苦，抽丝时的紧张，制衣时的喜悦，此时都一一重演，传统文化的历史厚重感扑面而来。

案例三：体验活字印刷。

实践背景：六年级上册的“工具与技术”单元依次介绍了几种常用的简单机械，包括斜面、杠杆、车轮等。其中推动社会发展的印刷术也作为工具与技术的代表出现在单元结尾，旨在让学生意识到不断改进的技术推动了社会发展。聚焦时的那幅肖像画像仿佛被激活了一般，指引学生“穿越时空”，去“拜访”那个曾推动印刷术进步的主人公——毕昇。

实践准备：

材料准备：模拟活字印刷的全套材料。

教学准备：活字印刷视频、课件等。

实践过程：

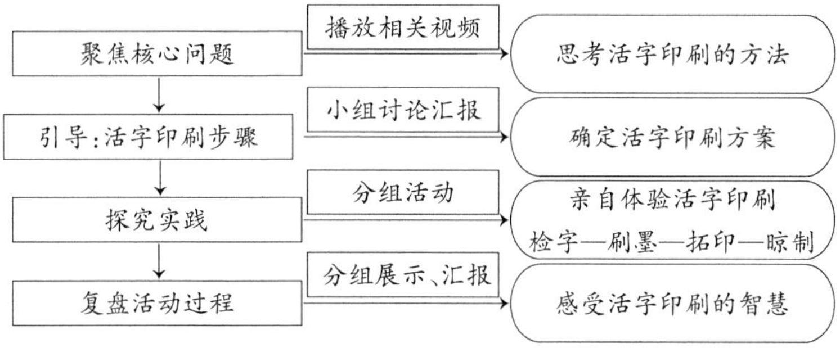

图3　体验活字印刷之实践过程

检字—刷墨—拓印—晾制，清晰明了的四个步骤显然难不倒高年级的学生。经历一番试错之后，孩子们发现活字印刷远没有想象中的简单，那一首顺序颠倒的《静夜思》就是最有力的证据。这个年龄段的孩子总有一股不服输的劲头，调整心情，寻找原因，从头再来。果然，功夫不负有心人，一张张齐刷刷的古诗跃然纸上。

在古代，使用活字印刷是创新改进，在现代，体验活字印刷是文化传承。正如我们期待的那样，孩子们经历这一番操作之后，对中华传统文化的认同感和自豪感正在不知不觉中自主提升。

我们的思考

1.巧妙融合，知行合一。

对比传统的教学模式，新型的教育要立足学情，遵循学生发展规律，践行立德树人这一根本任务。为此，在各个教育环节中渗透传统文化已经成为义务教育的重要命题，小学科学的课堂自然也不例外。经过一系列的尝试和探索，我们发现学生面对这类活动时的积极性始终未减，这无疑是件让人欣慰的事情。

就上述三个案例来说，活动本身自带典型的科学味道，又能与传统文化有机融合，每一次的探索都好似跟随着古代科学家的脚步前行，这让学生不禁感叹古人的智慧和探索精神。更为重要的是，孩子们带着自己的思考投入真正的行动里，不畏困难，身体力行，保持热爱，这恰好符合我们关于育人的理想期待。

2.未成体系，缺乏归纳。

解读课标，钻研教材，创设情境，让科学课堂不仅具有科学味道，还要彰显传统文化的味道，这是我们作为一线教师义不容辞的责任和义务。按照最初的设想，我们计划按照载体类型进行分类研究并将其整理成册，由于时间关系，本次案例研究所选三个相对典型的实践主题暂不满足归纳的要求，期待在后续的社团活动中达成愿望。

第三章

深度思考　理论言说

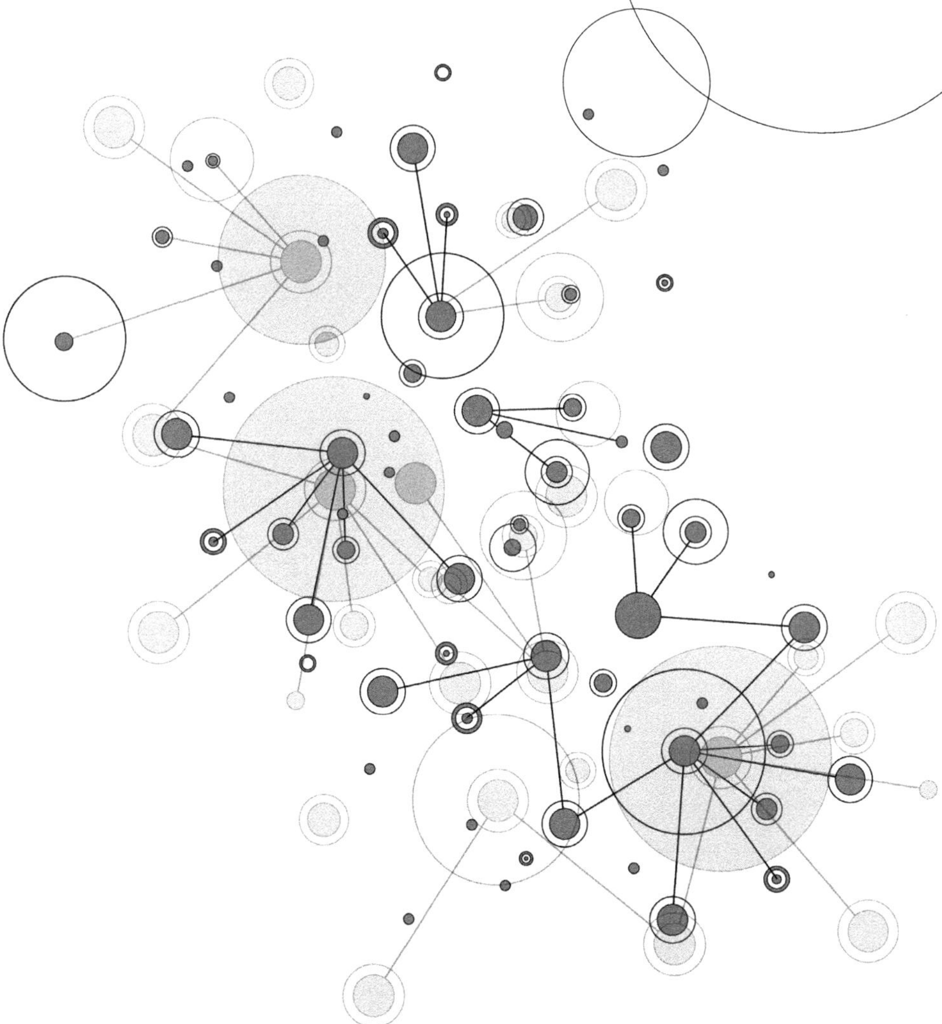

第一节 草根讲述 行微旨远

一、听程斌讲述小学科学课程理解的心路历程

记得2019年在北师大学习，有一个论坛：我是谁？我站在北师大神圣的教育殿堂，第一次向全国教育界同仁们介绍自己，我是安徽省芜湖市北塘小学的校长，程斌，课程的程，文武斌，我不能文不能武，只是很温柔。有人会问那你来干什么呢？我有一点教育的情怀，有一点解决教育实际问题的能力，我秉承陶行知生活教育理论，愿意为安徽教育鼓与呼，代表安徽基础教育的一股草根力量。

2010年1月18日我曾经在镜湖小学对全区骨干教师进行过一次类似的表达，从兴趣爱好到专业视角——一名草根校长对教师专业发展的感悟。多年之后，面对同样的话题，感到很纠结也很汗颜，当初我曾高调宣扬过自己的教育梦想——与有志者共同打造徽派名师，如今再回首依然在起跑线上。虽然我深知这是一个凭借一己之力无法完成的梦想，但我依然梦想不灭，我依然在逐梦的路上。这期间，我写过2篇短文《我心目中的徽派名师》和《岁末再论徽派名师的使命》，出版了2本专著《且行且思——我的教育生活》和《碎思与印记——芜湖市镜湖区校园长访谈录》，特别是2014年11月6日在合肥，我代表安徽省参加第四期长三角名校长高级研究班成果展示，发表的主题演讲就是“我的教育理想和实践表达”，那是我发自心灵深处的声音。

曾几何时，我独坐灯下，梳理我从教近30多年的经历，感叹教育催人老，岁月已渐渐染白了我的双鬓；怀念那个作为青年教师的我，充盈着温馨、纯真，不惧清贫和苦难，这是属于一群草根教师的集体记忆。教育如一泓清泉，

让我们保持水的清澈、水的活力、水的自由和水的生命。从教30多年我一直在教自然，现在是科学，我和哪些人一路同行？我们相遇到哪些美好？我们是一群默默无闻的小学自然（科学）老师，为什么还教得那么有滋有味？

我的专业成长足迹三阶梯：小学科学高级教师—特级教师—名师工作室主持人。

1988年8月，从教之初，歪打正着，我成了一名小学自然老师。我在范罗山小学工作了十九年，前十年主要是潜心研究自然教学，和师大教授编写心理教材、做课题研究，在1999年之前，完成了我专业发展的第一次三级跳：区教坛新星、市优质课一等奖、省教科研成果一等奖，相对提前晋升为小学高级教师。1999年走上行政岗位后，主要是做学校管理，创建了芜湖市首家少年科学院，把一所薄弱学校发展成为安徽省特色示范小学，范罗山小学校名由神舟五号总设计师戚发轫院士题写，范罗山小学少年科学院院名由中科大原校长、中科院院士朱清时题写，主编的一本45万字的专著《创造适合儿童的教育——范罗山小学特色发展之路解读》由合肥工业大学出版社出版，学校的办学实践入选当代中国陶行知教育思想实验研究典型案例，同时被收录的还有本人的学陶实践。2002年新课改以后，经市教科所推荐，我一直在为省教科院编写省级教材，参与了安徽省所有版本的综合实践活动课教材的编写和教师培训工作，是经安徽省中小学教材审定委员会审定通过的《中小学公共安全教育》的分册执行主编，《心理健康教育》分册主编。本人主编的《创造心理训练》（上下册）由安徽大学出版社出版，2007年11月被全国青少年科学教育师训计划领导小组评选为科学教育校本教材全国一等奖。

55年的人生经历，我的履历很简单，一直生活在学校。我出生在教师家庭，从小就住在学校，长大了求学住在师范学校，参加工作分配到范罗山小学，也住在学校，直到结婚生子，一直没有离开过学校。学校的生活对我来说，并不像其他人那样单一。作为教师的父母及他们的生活方式给我影响巨大。我和我的父母一道经历着、感受着教师的完整生活。我的生活，在很大程度上就是学校的生活。

在我简单的人生履历中，2007年注定是一个重要的拐点。那一年，组织上把我调到大官山小学，我离开了范罗山小学，那个我曾经挥洒过青春和汗水的地方，那个曾经承载着我许多教育梦想的地方，我有些黯然惆怅。由于我不断研究，在全省范围积累了一定的人脉，也不断开阔了自己的视野，在全国特级教师路培琦、章鼎儿和安徽省特级教师吴福雷、郑家凯、庄庆松、孔祥明等感召下，我的教师专业发展也突破了一个高原期，进入了一个快车道，在我做了多年学校管理之后，在自己钟爱的科学教学领域又开始了一次新的攀登，完成了我专业发展的第二次三级跳：2007年8月在新疆乌鲁木齐市执教《各种各样的岩石》，被评为中国教育学会小学科学教育专业委员会优质课一等奖，2008年9月获安徽省第三届教坛新星；2009年6月获安徽省第九批特级教师称号；2014年12月有幸成为芜湖市第二批名师工作室主持人。在专业成长的道路上我感到充实与欣慰。2016年3月调入北塘小学，2016年被授予芜湖市首届名校长工作室主持人。我在平凡的教育岗位上，收获着属于自己的酸甜苦辣，痛并快乐着。

我是从小学自然教师做到副教导主任、教导主任、副校长、校长的，对小学科学学科有很深的感情，这对小学科学学科建设非常有益。校长重视，愿意投入，这也是一种学科影响力。

我的专业成长有三境界。

境界一：博观约取，宁静致远——读书与反思，专业发展的指南针

1988年我从芜湖师范学校毕业后，就天经地义地有了教师从业的资格。似乎做了很多年的教师，就已经掌握了做教师的真谛和窍门。这几年我经常追问自己：我凭什么当教师？这个问题看似很简单，却未必每个教师都能想清楚。因为单单靠在师范学校有限的书本上学到的知识和年轻人的热情，来做教师是远远不够的；同样，单凭做了多少年教师的经验而确定一个人做教师的水平，也是逻辑不严密的。

教师的从业资本是知识，作为教师，更重要的、更易获取从业资本的途径

就是读书。读书本该是教师重要的生活状态。对于教师来说，最难的，也是最重要的，就是超越个人，汲取他人的智慧。只有博览群书，才会让教师超越个人和校园的局限。苏霍姆林斯基说："每天不断地读书，跟书结下终生的友谊。潺潺小溪，每日不断，注入思想大河。读书不是为了应付明天的课，而是出自内心的需要和对知识的渴求。"当读书成为生活，才具备当教师的资格。就我自己来说，20年来，东买西购，已有4000余册各类教育图书，主要涉及科学、教育、文化、管理等方面的书。我从90年代开始就自费订阅了所有能订到的小学科学杂志和许多教育杂志，有《教育理论与实践》《小学教学设计（语文·品德版）》《小学教学设计（数学·科学版）》《教育随笔》《北京教育》等，我最引以自豪的是我收集到了从《科学启蒙教育》创刊号到《小学自然教学》再到如今《科学课》的各期杂志，共计有两百多期，使我受益匪浅。我还收集了新中国成立以后各种版本的自然常识、自然和科学教材。

要驾驭教育实践，很大程度上取决于教育理论的功底。要有理论功底，首先要读名著。你不读《论语》、不读陶行知、不读杜威、不读苏霍姆林斯基，是很难真正读懂教育的。其次，要多读自己研究领域里有影响的专著，读专业期刊等。只有抓紧时间广学深研，才能了解科研动态、把握热点难点、借鉴他人经验。对于文学类和文化类杂志，有时间多阅读一点，可以提高自己的文化品位。

按照窦桂梅老师的观点，好教师的知识结构应当由三块组成，即精深的专业知识、开阔的人文视野、深厚的教育理论功底。古典文学修养和哲学修养的不足，决定了我必须靠读书学习进行自身的弥补和进修，要像永不干硬的海绵一样不断地吸收和纳取。随波逐流，循规蹈矩是自己成长的最大敌人。

感悟：坚持"学术独立，思想深刻"理应成为我们为师的座右铭。

境界二：实践至上，笔耕不辍——研究与写作，专业发展的助推器

"在研究状态下教与学"是教师开展教育教学工作的一种境界。这种境界，体现了教师的专业精神，体现了教育科研在教育教学中的价值，体现了教育科

研的常态化。

我的教育科研之路，起步比较早，中间没歇脚，一直在进行，至今也还在研究着。记得是1995年，一个偶然的机会，我走上了教育科研之路。当时，芜湖市新芜区教委与安徽师范大学心理学教授张履祥组成联合课题组，承担了全国教育科学“九五”规划国家教委重点课题“优化学生心理素质结构，全面提高基础教育质量”，开设了系列心理素质教育训练课程，并着手开发配套的心理训练教材。新芜区教委在全区范围内抽调了一大批语文、数学、英语学科的名师参与开发，在编写学习策略训练时，遇到了瓶颈，一时无从入手，编写进度缓慢。作为一名自然学科老师，我被时任范罗山小学的校长韦自胜推荐参加了一次编写会。抱着试试看的心理，我很快完成了“学会想象”的编写，深受当时课题组组长张履祥和钱含芬教授的赏识和提携，从此走上了教育科研之路。

于是，我一边学习教育科学理论，一边跟随张履祥和钱含芬两位教授在学校里搞起教育科研来。当时学校条件很差，张教授和钱教授还从自己的工资中拿出1000元购置了图书，捐助给范罗山小学开展教育科研。当时我很年轻，浑身有股使不完的干劲，为了感谢两位教授的知遇之恩，交给我一个星期的科研任务往往我只用一天就圆满完成。为了按计划进行暑期培训，原定四人编写一周的学习策略训练教案，我冒着酷暑一人仅用了两天一夜就完成了任务，让教授们感到非常吃惊。这样的事例还有很多，随后的几年中我就是在这样的兴奋、喜悦和辛苦中快乐地成长着，直到课题顺利结束。由于和多位教授的合作，我的文章也得以出现在权威刊物上。在长期的教育科研中，我逐渐悟出了这样的道理：科学需要默默地探索，长期积累，偶然得之。教育理论如果没有实践的基础，便会失去它的价值，而教育实践如果没有理论作指导，便会导致盲目地实践。必须走理论与实践相结合之路！论文不是“写”出来的，而是“干”出来的，只有不断实践、不断研究、不断探索才能不断出成果。当丰富的理论与生动的实践有机结合之后，我的教育科研之路也越走越宽，研究范围也越来越广，2009年我正式被安徽省教育科学规划办公室聘请为安徽省教育科研规划课题咨询专家。

偶然的机会，并非都有必然的结果；而必然结果的产生，是需要探索者抓住机遇、锲而不舍、不断超越的。

感悟：论文不是“写”出来的，而是“干”出来的。

境界三：转益多师，厚积薄发——坚持与追求，专业发展的动力源

只有坚持才会拥有。自我感觉能力比较差，普通话比较差，字写得也比较差，但是勤能补拙，我一般总是很努力，瞄准一个目标，长期积累、探索、思考。我生活的嗜好比较少，2013年学会打掼蛋，2015年学会抢红包，如果真正算是爱好的话，可能就是教育。

当作为一名自然和科学教师时，我瞄准的目标多为教学法。从美国兰本达等的“探究—研讨”教学法，到芜湖本土的中学语文点拨教学法，再到“点拨—探究”教学法，我关注了十几年，可能还要再研究十几年。

当范罗山小学校长时，我瞄准的目标多为学校管理和创造教育。比如，研究创造教育，我就研读所能获得的涉及创造教育方面的书和文章，并进行对比思考，结合范罗山小学的实际，在学校管理中进行实践，或在某些方面进行新的尝试。这样，有理论、有实践、有“他山之石”、有“校本探新”，学校的特色就自然形成了。

在教师职业规划中要有自己的专业追求。教育是培养人的工作，作为教育的实施者，教师要有自己的专业追求。事实上，教师对自己专业追求从本质上就是自己德行的成长。一个获得成功的教师，教学工作在其生命价值中具有举足轻重的意义，因为他们热爱的教育事业，不仅是其人生价值和生命价值的体现，更是他们人生幸福和快乐的源泉。骨干教师、学科带头人、特级教师、教坛名师是一种追求，课程观、教学观、育人观也是一种追求。

徽派名师呢？这是我下的一个定义：徽派名师是安徽教师群体的代表，有浓郁的地域特征，是对徽州文化的传承和全方位的关照。因为在这块土地上诞生了思想、学问大家朱熹、戴震，更有新文化运动领军人物之一胡适和大教育

家陶行知。在我的眼中，他们应该是一群书生，有强烈的文化自觉，他们对教育教学有自己独到的理解，他们清明而敏锐，低调而儒雅。他们用一种安徽教育人特有的执着痴迷以及坚持，用一种简单的善心和爱，从自己的生命追求出发，用思想捍卫教育的尊严，用行动提升教育的品质，用激情抒写教育的人生。他们用自己的教育智慧，推动中国基础教育一路前行。徽派名师代表的是一种教师专业形象，他的专业不是由徽州名师荣誉本身赋予的，它是由一群具有专业水准和忘我工作的教育人赋予的。

与之关联的是徽州文化和徽商精神，徽州文化博大精深，值得大家去了解。2015年安徽省政府提出了重拾徽商精神，凝聚建设美好安徽的正能量，我写了一篇短文：《自强不息　逆境开拓　仁爱致和——我对徽州文化浸润下徽商精神的草根表达》，徽州，青山环抱，秀峰叠翠，粉墙、黛瓦、马头墙，怡然自得，清淡文雅。对我而言，徽州就如一个婉约的梦，时隐时现，有时如海市蜃楼，虚无缥缈；有时又像多年生活在其中，举手投足间陡生一种难以割舍的情愫。

我的籍贯是屯溪，更准确地说应该是在徽州休宁的乡下，当我父亲小的时候，全家就住在屯溪黎阳老街（上黎阳第一家），后来举家搬迁至芜湖长街做布匹生意。新中国成立前，一把大火将店铺烧光，家道中落，也算是半个徽商后裔。在我有限的徽州记忆中，还有一个叫阜上的村落，是祖父最后终老的地方。据说，我从未谋面的祖父深谙治学经商之道。他吃苦耐劳、为人低调，靠一己之力奋力打拼，生活节俭、尊师重教且家风极严。而我的血管里虽然流淌着徽州人的血液，但骨子里却缺少徽商的精神和从商的天赋。徽商一如我对祖父的印象，富庶而内敛，沉郁而滞重。在我看来，徽商精神的精髓，是自强不息，厚德载物，在逆境中顽强拼搏，凭借坚如磐石般的勇敢，最终实现自身的凤凰涅槃。徽商精神的灵魂是在绝境中的开拓，是一种“敢入未开发之新疆”的执着，其一以贯之的秉性是脚踏实地、流落失所与奋斗不息。徽商精神向世人昭示的是“诚实、勤劳、仁爱、致和”的基本立场，徽州先贤的精神清辉也凝练成一段中华优秀传统文化的华章。徽州是青山绿水小桥中的一段传奇，徽商是风云跌宕历史中的一朵奇葩。安徽教育唯有见微知著，才能有所秉承，用徽商精神办教育是我的一个最新主张。

在我看来，中小学教师最重要的不是“前沿理论”，不是“先进模式”，也不是“国际视野”或“职称证书”，而是良知、人性、博爱和教育者应有的人道主义情怀！

这就不由使我想起了2016年比较火的一个视频《教育的意义》，芜湖市教科研会议上进行了播放，新东方教育科技集团演讲师、培训师董某某在2016年北京卫视《我是演说家》（第三季）全国四强争夺战，现场演讲《教育的意义》，受到热捧。他认为教育的真正目的：第一层面，通过获取知识，能够提高个人修为，增加我们对生活的感受力，从而认知自己，并不断提高自己。第二层面，为天地立心，为生民立命，为往圣继绝学，为万世开太平。这是教育的终极目标，说的实际上是一个道理。

感悟：只有坚持才会拥有，只有专业才会赢得尊重。

在南美洲安第斯高原海拔4000多米人迹罕至的地方，生长着一种花，名叫普雅花，花期只有两个月，花开之时极为绚丽。然而，谁会想到，为了两个月的花期，它竟然等了100年。

100年中，它只是静静伫立在高原上，栉风沐雨，用叶子采集太阳的光辉，用根汲取大地的养料……就这样默默等待着，等待着100年后生命绽放时的惊天一刻，等待着攀登者身心俱疲时的眼前一亮。

在我看来，小学科学老师或者说所有的中小学老师都是一朵朵普雅花，需要的是平和的心态，像普雅花那样，在平凡的教学实践中积聚力量，在等待孩子成长的过程中实现自己教育人生的灿烂绽放。

二、听李震讲述优质课筑梦路上的故事

我第一次参加优质课比赛，是2004年，那年我28岁，教科学9年。我拿到省优质课一等奖是2013年，总共参加了3届比赛，两次到省赛，一次到国

赛。优质课比赛这个事情，最大的好处是磨炼人，最大的害处是磨损人。磨炼人的意志品质，磨损人的时间精力，看你怎么选择吧。第三次参赛的时候，我已经37岁，是那一届省赛中年龄最大的选手。怎么说呢？既不为评职称，也不为长见识，就为了心头那一点点小小的执念。我总觉得，拿一次优质课国赛的国奖项，这样的教育生涯才算完美。我在2013年完赛以后，写了两篇QQ日志，今天整理了一下，刚好能给师傅的书稿添砖加瓦。

故事发生在2013年9月，我从育红小学到柳春园小学交流，同时参加全国、安徽省、芜湖市的优质课比赛。那段时间，我的生活状态是比较恍惚的，脑子里面都是优质课比赛的事情。电话给G老师报名市赛后，就开始准备。各种备课，各种材料。后来才知道，X老师给的六个题目，就是省赛的题目。优质课比赛，是我心头一个纠结的痛。三年一届，今年我是第三次参赛。每次都想赢，每次都输了，今年反而感觉输赢已经不应该是一个“奔四”的人应该考虑的了。但是直到省赛结束，胜负的焦虑仍然在心头时不时萦绕一下，无欲无求真的是一种很难达到的境界。

市里选拔，六选一现场抽题，抽到“光和影”。备课很快，材料整理也很快。老Z和老D，从头到尾陪着，心头暖暖。回到育红小学简单试教了一下，被两位抨击得比较厉害，忍痛修改自认为十分精心的设计。晚上拿老婆和丫头当学生，试教了两遍，第二天就匆忙上阵了。话说“24小时备课”这种模式，我比较喜欢，不太折磨。上课的感觉跟预设差别不大，北塘小学的学生有点安静，活泼度不够。临场组织调动，即兴发挥生成，是我的长项，也算是多年来走南闯北上课的积累，所以课堂整体感觉让评委们一致认为我可以代表芜湖今年水准了。于是，我人生第二次走上省优质课的舞台。市级选拔的第二天，X老师电话通知我把这课送到繁昌去。于是，我跟G老师、X老师、Z老师去了一趟繁昌。明显感觉这一版本的设计更熟练了，驾驭得更自如了。两位教研员在市里比赛时没听我的课，这次听了，认为几个评委没有选错我，我心头油然而生一种自以为是的得意。

从国庆假期开始，我就过着一种精神上备受折磨，肉体上却漫无目标的生活，就是很紧张，却不知道要忙什么。省赛虽然还是这六个课题，但是我还有五个课题没有试过。于是，继续准备材料，继续备课，有的课题还在课堂上简单试了试，除了“光和影”，其他课题没感觉。我是多么盼望抽到“光和影”啊。10月17日早上，我带着我的一个特大号整理箱，手提电脑，就出发了。合肥不远，于是开车去。一路上强迫自己不要想比赛的事，高速的车子比较多，仿佛长假堵车没完全结束，安全到达是最重要的。

17日中午时分到达，报到。见到了钟老师。这是我省生物教研员，分管小学科学。以前没见过，今天第一次。头发白多黑少，个头挺高，身材挺瘦。合肥口音，有点慈祥，话不多，整体看是个做学问的人。简单寒暄几句，到房间整理东西。下午就是选手会议，17个选手加上陪同的，坐了满满一屋子。

抽题结果跟所有以前参加各种比赛一样，手气很臭。一是17个课题里面有3个“光和影”，没抽到；二是17个课时安排里面只有两个是下午最后一节，我抽到了。又一次“心比天高命如纸薄”。回想一下，手气不好的原因有两个：一是女选手多，不好意思冲上去抢；二是男选手里面我比较瘦，抢也抢不过。于是，我上去的时候，只剩下一个纸条。钟老师面带微笑看着我，我故作深沉地在纸条上写下自己的名字。

运气来讲，我不占优势了，回房间好好备课吧，自我安慰着：《运动起来会怎样（1）》难度不大。后面时间里，我不停地用这个概念给自己洗脑。从备课来讲，芜湖的Z和D两位老师都上过，刚好D老师一起来合肥听课了，二话没说，去他们房间聊了两个小时。吃过晚饭，心里有底了。教学设计在一个小时内搞定，晚上芜湖那边Z老师把他的课件和设计也发过来了，电话指挥我接文件。可是酒店该死的网络却断了，我只好独自在自己的大箱子里面整理材料。装着一百多斤材料的箱子，只用到一点点，真的是一点点，一点气球，一点保鲜袋。铜陵的参赛教师来找我求助，他抽的《电和磁》，要借我的电流实验盒和磁铁实验盒。二话没说，借了，箱子被拿个二分之一，心说我这一百多斤就是给您运来的。晚上老Z从芜湖赶过来了，刚好把课抠一抠。我是强烈要求领导把老Z从百忙之中派过来帮我的，这里隆重感谢校领导和老Z。

第二天早上网络恢复了，赶紧下载Z老师昨晚发来的材料，把自己的课件简单搞一搞，洗了个澡，就准备下午上课了。那两天食欲不好，没心思，随便吃了点水果。对着镜子把头发理了一下，出门了。到了合师附小实验室门口，里面的课还没结束。门口定定神，做做深呼吸，碰到合肥选手年轻有为的F老师，简单聊一会，下课铃就响了。我走进教室，人好多，老师们有不让我进去的意思，大概是你这么迟来干啥还往里面挤。我不管四八五十六就往讲台走，其间碰到三个老师的头，踩到一个老师的脚。一边赔不是，一边还往里面挤，其间白眼无数。把课件装上，材料放好，就在教室中间站定，刚才闹哄哄的教室立刻安静了，我这气场啊。

准备上课了，我开始跟学生们搭茬。一般情况下，公开场合上课，快速进入自己的节奏是最重要的，我一般需要五六分钟。所以，我特别在意课前跟学生的交流。一是让自己能在铃声响起后快速进入状态，二是摸摸学生的底。这个班学生昨天见了一面，大概5分钟。今天我用这句话打开话匣子。“同学们，你们想我吗?”孩子们异口同声：“想!”我又问：“真的假的？我们昨天就认识了5分钟!”“真的想!”好吧，有底了。这几句话给了我这样几个信息：一是他们都是老江湖，见过的场面多；二是他们不怯场，我的课堂导入要调整。我的原先设计是“利用呼吸来调整紧张情绪”，预设泡汤。

我紧接着问：“怎么证明你们想我?”他们无语了。嘿嘿，我暗自窃喜，生姜还是我辣！我心平气和地继续说：“上课的时候多跟我说说话，那就证明你们想我；要是你们上课时候都不搭理我，那就表示你们想我是假的!”孩子们笑了。后来上课事实证明这段对话很有效果。

《运动起来会怎样（1）》这课，是研究人体呼吸系统和人的呼吸过程的内容。简单讲，是要孩子们知道人体在运动时呼吸速度为什么会加快，然后就是培养锻炼身体的习惯。从知识层面讲，难度在于认识人呼和吸的气体有啥不一样，进而知道为什么呼吸会在运动时加快。我预设的导入是做深呼吸，大多数老师也是这么设计的。我设计是从课堂中感受学生是否紧张，然后来做深呼吸，进而感受刻意控制的呼吸过程和自然平静的呼吸过程。结合人体器官，认识呼吸过程。再测量自己平静时和运动时的呼吸次数，从数据对比感受运动时呼吸的速度加快。从课前交流中，我就已经发现这帮老江湖根本不紧张！做啥深呼吸？

好吧，抽签的时候我手臭，但是手臭有手臭的好处。一天当中的最后一节课，娃娃们，你们累不累啊？刚好比赛是周五，这节课也是这星期的最后一节，哈哈，果然他们累！那我们做做深呼吸，调整一下自己的状态吧，再加上你们都说想念我，那我们就把自己的状态调整好，上好这最后一节课吧！

备课的时候，预设到几个难以突破的拐点。一是怎么从呼吸加快的现实过渡到为什么会加快，二是我对实验的处理是以前很少有人冒险的做法。出门在外上课，材料不可能像在家里上课那样面面俱到。另外，我的时间非常有限，重点在于课堂的把握，复杂的器材准备，时间成本就太高了。事实上，这也是我这节课缺憾的伏笔。我让学生反复呼吸塑料袋里面的空气，然后让他们感觉到袋子里面呼吸越来越困难。接着从他们手中拿来一个袋子，“排空法”直接把袋子放进玻璃杯，点燃火柴，原计划是快速熄灭，实际上，比较慢。对比不明显！完美的计划是：为什么袋子里面的气体我们吸入后越来越不舒服？进而研究袋子里的气体，认识二氧化碳和氧气。实际课堂中，对比效果不好。一般上这课，老师们都会采取排水收集嘴巴吹出来的二氧化碳，每组准备一套吸管、水槽、集气瓶等。我想用最少的备课时间获得最大的收益，选择了一个塑料袋做实验材料。

这堂课最大的亮点离不开两个与众不同的孩子，课后老师们反映这堂课精彩的原因，我认为也在于此。课堂上的教学时间是有限的，尤其是公开比赛课，这次还是我非常看重的省级比赛。大多数人可能会抛弃他们的纠缠。为什么是纠缠呢？因为他们反复举手强调自己的错误方法和错误概念。事情是这样的：在感受平静呼吸之后，我们测量了呼吸的次数。我特别强调，一次呼和一次吸记作一次呼吸。运动后我们再次测量，全班大多数都高喊呼吸次数增加了，这两个孩子与众不同，坚决高喊次数减少了！而且两个人坐在一起，同声高呼！在场好多老师都笑了，这种笑声实际上是在等着看我怎么处理！好吧，既然你们是来砸场子的，那么哥就奉陪到底。我告诉他们，或许你们测量的方法有问题？他们说，绝对没问题，绝对！我说或许你们运动能力很强，这点运动量是小意思。他们说，呼吸次数不但没有增加反而减少了！其实我蛮喜欢这两孩子的，我喜欢这种明显错误出现。课后听课老师告诉我，他俩根本没运动，另外他们是呼吸一次，数一次，数数的时候那次呼吸就忽略不计。我首先问了一句："你们同意他们的结论吗？""不同意！""如果你们的前后数据有差别请举手！"全班除他俩都举了。"同学们，科学研究本来就是有争议的活动！无论你是科学家还是小学生，咱们都要允许不同意见的存在。有时就是因为有人有不同意见，科学研究才能发展，才能不断进步！"然后我走到他俩跟前，跟他们说了一句："李老师非常喜欢在课堂上说'不'的孩子！下课有兴趣的话，咱们三个一起测量一下行不行？咱们找找问题究竟出在哪里？""好！"到这里，我看看表，我在他俩身上多耗费了将近5分钟。现在想一想，如果我当时冷处理或者不处理，可能也不会对课堂有太多影响，后面肺活量的测量活动还可以挖深一点。但是，教学就是预设和生成的随机产物，也许这种真实的活动才是最有价值的活动。最后对比我和菲尔普斯的肺活量的时候，我还特地把他俩的数据拿出来表扬，说他俩有可能是爱运动的孩子，这俩孩子可开心了。

课上完以后，教室里面很喧闹。孩子们跑上来跟我说话，看得出来他们挺喜欢我，最后一个一个被班主任拖走了。听课的老师好多都不愿离开，走过来跟我交流，要QQ号什么的。总体感觉，同行们可能比较认可我的教学方法。

这次优质课比赛，就这样结束了，一切回归常态。用老话说：过了三天年，还是原还原。今天把这些事情用这种杂乱无章的模式记录下来，留着以后写论文的时候用。写到这里，我脑海里又在揣摩比赛结果，立刻打住，这不是我的事，让专家们讨论去吧。

以上的讲述写作于2013年10月，记录在我的QQ空间里。今天翻出来，已经时隔多年了。一边整理，一边回忆，浮想联翩。今天我已经成了小学科学学科带头人，有了高级职称，在教师这个行业里，也算是个发育在前端的人了。多年的教学生涯，我参加过无数比赛，唯独这一次一直走到了全国，拿到了国家级一等奖。结尾就用两个字概括吧：圆满。文本发给师傅，希望能在他的专著里添上徒弟准备用的“一块砖”，表达尊重和感谢，也表达敬重和推崇。

三、听王兵讲述农村小学科技实践活动的“难”与“解”

自1998年9月走上教师岗位以来，我教过小学语文、数学等多门学科。多年来，我曾梦想着有一天能成为“优秀教师”，为了实现梦想，我二十多年如一日坚守在教学第一线，辛勤地耕耘着。

2001年一个偶然的机会，我接到执教科学课的任务。一转眼多年过去了，这期间，我虽然兼任着小学语文或数学以及其他学科，但凭着对科学课的执着和热情，凭着一颗对学生浓浓的爱心，我努力地备好每节课，认真地准备每组实验材料，不厌其烦地与学生一起做实验，搞科技小发明、小创造，引领孩子们到广阔的科技世界里遨游。我深深地感觉到，在注重素质教育、培养学生科技创新能力的今天，科学课显得尤为重要，我们科学教师应义不容辞地担当起教好科学课的责任。

为了让自己快速地成长，我积极地参加各项科学教研活动。在校领导和老师们的支持与帮助下，我进步很快，逐渐从兼职教师走向一名成熟的专职科学教师！

这些年来，我积极参加市、区教育部门组织的各类教科研活动。特别是“双减”政策的出台，以及教育部等部门发布《关于加强新时代中小学科学教育工作的意见》（教监管〔2023〕2号）文件，强调了科学教育的重要性。2023年8月，我有幸到武汉参加全国科学教育暑期学校2023年中小学教师培训（武汉分会场）及安徽省“国培计划（2023）”——小学骨干校长提升研修外出培训参观，让我对城乡科学教育有了进一步的认识。在走出去的过程中，我充分感受到地域及城乡科学教育的差异。小学作为学生学习与成长过程中至关重要的起步阶段，在这一阶段，中小学生的学习能力、认知能力以及理解能力都处于初步发展阶段，因此他们需要教师进行积极和耐心的引导。近年来随着社会的发展和时代的变革，为了拉近城乡小学教育质量的差距，农村小学教育效率的提升也在不断地创新教学模式。基于此，我们开展了芜湖市教育科学研究重点规划课题“农村小学科技实践活动的开发研究”（项目编号CK34）的研究工作，结合课题研究的内容和课题实施过程中的调查，对农村小学科技实践活动落实的“难”与“解”进行简要的分析。

农村小学科技实践活动由于学校硬件设备和基础条件有限，再加上部分教师教学观念过于传统和学校领导对科技实践活动开展的重视程度不足，这些都是影响小学科学实践活动难以落实的症结。农村小学条件有限，让科技实践活动的整合存在一定的困难，也对活动方案的设计和学生作品的质量提升带来一定的难度；同时，由于农村小学开展科学实践活动的教师并不都是科学教师，这对于科学实践活动的开展和研究也会产生一些不利的影响；再次，在农村小学科技实践活动的研究过程中，教师由于受到传统观念和思维定式的影响，可能会将自己的主导地位看得比较重要，不够尊重学生的主体地位，在科学实践活动的开展过程中，不能对学生完全地放手，无法将活动过程放心地交给学生，这给农村小学科技实践活动的开展和研究造成了一定的阻碍，而且不符合最初科技实践活动研究的目标；况且科技实践活动很多是需要外出考察的，对师生外出安全责任的担心也限制了教师主动开展科技实践考察的积极性；最后，研究成员对科技实践活动的反思不够及时，也是开展活动的主要症结之一。

更新观念，反复学习，不断优化活动形式。教师和相关研究人员一定要不断地更新观念，通过反复学习来提升自己的专业能力和研究水平，不断优化农村小学科技实践活动的开展形式，为学生营造一个积极、和谐的学习和参与环境，从而有效提升学生参与的积极性。相关教师及研究人员要及时研判科技实践活动的可行性，从而让教师能够充分把握农村小学科技实践活动的开展意义，并且通过优化形式逐步将这一工作落实。教师要通过更新观念来让学生认识到学习并不仅是为了应试，还是全面提升自身能力的重要途径。在农村小学科技实践活动的开展中，教师一定要通过共同研究活动方案来加强活动开展的有效性，注重学生观察能力、理解能力、思维能力、口语表达能力等综合能力的提升，为学生健全人格的培养和综合素养的发展奠定坚实的基础，同时教师在进行科技实践活动的研究中，要适当地带领学生走出课堂、走向户外，在大自然中进行一些集体活动，让学生认识到科技实践活动的重要性。

注重学生实践探究能力的培养。在农村小学科技实践活动开展的过程中，教师要充分认识到学生主体地位的重要性，注重学生在科技实践活动中自身探究意识和能力的培养。因此，教师在设计科技实践活动时，一切要以学生为主体去思考，充分考虑到学生的兴趣爱好、性格特点、年龄特征等，设计一些小学生能够接受的科技实践活动内容。教师可以分成各个小组，每一小组针对不同的科技实践活动课题进行研究，并且争取学校方面的支持和帮助，在出现研究问题的时候也可以共同处理，加强小学科技实践活动落实的有效性。例如我校开展的“校园周边旅游景点调查”（组织学生深入六郎湿地花海和珩琅山展开实地调查研究），给不同年级不同时期设定不同的探究内容，这就充分考虑到学生的差异性以及研究项目的深入程度，避免无效的重复。

完善评价体制，激发科学教师的研究热情。学校领导除了要注重研究的过程，更要注重完善评价机制来激发科学教师的研究和教学热情。因此，相关学校一定要在一些政策上加强对科学教师的鼓励，让科学教师认识到研究的价值和目的，从而促使教师对科技实践活动的研究产生一定的积极性和工作动力。因为科学这门学科以及科技实践活动的开展具有一定的特殊性，有时教师为了上好一节实验课需要提前好几周做准备，而这些背后的辛苦却往往被忽视，学校领导过于重视主要学科教师的福利待遇，却忽视了科学教师研究中的不容易，导致科学教师的心中容易出现一些消极的心态。因此，学校必须给所有教师营造一个公平公正的工作氛围，这样才能有效提高科学教师在科学实践活动中的参与热情。

有效利用本地资源拓展学生科技实践活动的形式。作为乡村科学教师，我了解到科学实验室里器材的不足。为了让学生像科学家一样进行科学探究，我想尽一切办法，利用农村得天独厚的自然条件，带领孩子们到广阔的大自然中寻找资源、搜集材料，认认真真地上好每一节实验课。各个地区都有自己的特色与特点，如何发掘这些资源，需要科学教师的智慧。如现在推进的美好乡村建设就是一个难得的资源，教师可以因地制宜开展科技实践考察活动。

随着社会的发展和时代的变革，农村小学教师及领导必须认识到当前科技实践活动难以落实的主要症结，并且通过对于这些症结的分析来不断地研究，采取科学的对策进行解决，充分推动小学科技实践活动的有效进行，为学生的学习和成长提供一个良好的环境。

第二节　理论探微　积淀素养

一、“点拨—探究”：小学科学实验教学的核心架构——基于安徽省芜湖市小学科学课堂教学实践的一种草根表达

小学科学是以培养学生科学素养为宗旨的科学启蒙课程，也是一门以实验为基础的探究性课程。实验教学在小学科学课中，有其独特的功能。实验教学不仅让以探究为核心的小学科学学习成为可能，而且也符合儿童喜欢尝试、在好奇心的驱使下能主动探索的心理特点，符合儿童需要经过动作感知建构具体表象才能进行抽象思维的认识发展规律。实验教学所呈现的更多的是学生思维的外显过程，它对于培养学生的动口、动手、动脑能力，对于培养学生的科学探究能力，对于培养学生的创新意识都具有着积极的作用。教师如何组织和安排学生的实验，决定着是否能让学生真正经历获得科学知识的全过程，通过支配材料发现意义，而不是形式上的探究。芜湖市小学科学课堂对此进行了十多年的有益尝试，并最终将“点拨—探究”确立为芜湖市小学科学实验教学的核心架构。

理论源起：“点拨—探究”实验教学架构的前世今生

课堂教学点拨思想最早源起于中学语文点拨教学法，它是由芜湖一中原副校长、中国当代卓有成就的语文教育家蔡澄清先生创立的。该思想是在中国基础教育的肥沃土壤里生长、发展并渐趋成熟的一种教学方法，其核心是“适时点拨”。按照蔡先生的观点，适时点拨就是：教师针对学生学习过程中存在的知识障碍、思维障碍与心理障碍，运用画龙点睛和排除故障的方法，启发学生开动脑筋，自己进行思考与研究，寻找解决问题的途径与方法，以达到掌握知

识并发展能力的目的。点，就是点要害，抓重点；拨，就是拨疑难，排障碍。这种点拨，是根据学生在学习过程中的心理特点及其活动规律，适应培养能力、发展智力的实际需要，在教学过程中，教师针对教材特点和学生实际需要，因势利导，启发思维，排除疑难，教给方法，发展能力。它是运用启发式引导学生自学的一种方法，蔡先生的教学理想和小学科学教学所倡导的鼓励学生自行探究是息息相通的。

科学学习要以探究为核心，这对我国目前的小学科学课程的改革来说既是一个新的理念，又是近二十年小学自然教学改革所一直推崇的教学思想。小学科学教学中所指的科学探究是从科学家研究自然界的方式中引申出来的。现在在讨论科学教育的文献中，一般指学生像科学家那样学习、研究，指学生构建知识，形成科学观念，领悟科学研究方法的各种活动。新课程将“科学探究”作为学习的目标和学习的方式，提到了核心地位，有其历史的必然。众所周知，在小学科学教学领域，从1981年教育部决定开设自然课起，在以刘默耕先生为首的一批有识之士的努力下，通过对当时“世界东西方主要国家改革小学科学教育的理论、实践和发展的动向趋势”的分析，通过对美国兰本达等的“探究—研讨”教学法中所蕴含的“珍宝”的搜寻，奠定了中国小学科学教育的哲学基础，使自然教学改革一开始就走到了我国各科教育改革的前列。从20世纪80年代以来，美国哈佛大学兰本达等所倡导的“探究—研讨”教学法，对我国小学科学教育改革起着重要的影响，在这一时期出现的众多成功的自然课例中，我们都可以找到“探究—研讨”教学法的踪迹和理论渊源。老师通常把课堂教学分为多个环节，其中以探究环节为重点。该环节由教师提供给学生探究的课题和实物材料，让学生自由地感知，丰富学生的直接经验；之后由学生发表意见，交流在探究阶段的发现。教师适时地给予启发诱导，鼓励学生对不同看法进行争论，一些难以明白的问题，教师进行讲解指导。类似这样的既注重借鉴研究，又不盲目照搬的生动事例在自然课的改革中处处可见。这种精神形成了我国自然课改革的基本特色，也深深扎根在芜湖科学教学的实践之中。

随着对“探究—研讨”教学法研究的深入，老师们的教学观念都有了很大转变，非常关注学生的主动学习，自主探究，但有些时候往往矫枉过正，一味强调自主，忽视了老师的指导，因此反而出现学生不知所从或盲目探究，收效低微的情况。究其原因，一方面我们面对的毕竟是小学生，由于他们的已有经验、动手能力、思维发展等一系列方面还不成熟，因此在他们探究活动中常常会遇到困难，甚至是不可解决的；另一方面学生在其他学科的学习中多是接受式学习方式或接受式探究，突然面对开放式科学探究，他们的情绪是兴奋的、兴趣是高涨的，但是探究质量成反比。先进的教学理论和实际的教学实践产生的矛盾，引起了我们的困惑，怎样的科学探究对学生是适合的？教师应该为学生有效的科学探究做好什么样的准备？恰好此时，世纪之交，伴随着新一轮课程改革的到来，机遇和灵感仿佛一架彩桥，使“适时点拨”和“科学探究”在小学科学的百花园中意外相碰撞、相融合，并逐步形成了适合芜湖小学科学实验教学现状的核心教学理念：“点拨—探究”。对每一个科学教师而言，应尽可能“还原”“点拨—探究”这种获取知识的“自然途径”，并为学生创设相当的环境，“再现”未知到真知的发展过程。

解决问题：“点拨—探究”实验教学架构的起点和归宿

“点拨—探究”实验教学应以富有儿童情趣为心理价值取向，以既有科学价值与能力训练价值、又有社会价值的科学问题为主干，始终坚持从探究问题开始，教学生用科学的眼光去发现问题、解决问题。

1.“点拨—探究”实验教学应从探究问题开始。

引发问题，可根据学生不同的年龄特征，采用不同的方法。可以运用悬念、实物、故事、录像、描述、游戏等富有趣味性的教学手段；可以由教师直接提出具有启发性的问题；也可以在教师的引导下，让学生通过观察某种现象发现问题，自己提出问题。目的是让学生在头脑中形成问题。如在《植物新生命的开始》一课中，教学“观察植物的种子”环节时，教师可先出示干种子，让学生观察后，再提供用水泡过的种子，让学生进行比较，符合“有层次地提供探究材料”这一原则，学生自然会提出“种子里面有什么”的后续探究问题。又如在《物体在水中是沉还是浮》一课中，通过演示“重的木块在水中浮着，而轻的橡皮却沉入水中”，与学生原来的认知水平“重的物体在水中下沉，轻的物体在水中上浮”相矛盾，从而激起学生提出进一步的探究问题：“物体在水中的沉浮到底与什么有关系？”

值得注意的是，教师提出的问题或任务要贴近学生的生活和认知水平。学生的学习是一个循序渐进的过程，如果教师所提问题高于学生的现有认知水平，超出学生最近发展区，学生会感到高深、困难，或者不知从何入手，产生畏惧心理，会出现退缩、呆滞的情况；反之，如果重复甚至落后于学生的生活经验和认知水平，学生也会觉得没挑战性，对新的问题或任务不感兴趣，缺乏探究欲望，失去探究热情和积极性。学生的学习内容或主体本身要贴近学生的生活，尽量联系学生周围的、身边的，他耳闻目睹的，看得到、听得见的内容。

对学生因好奇而提出的任何问题，我们都要真诚地予以赞扬、鼓励，把问题写在自己的观察记录本上。同时，巧妙地引导学生去关注更有价值的问题，让学生感觉到老师对他提出问题的重视和对他提问题能力的信任，从而激励学生更积极地去留心观察，去发现更多的问题，使科学课堂成为孩子们放飞思维的广场。

2.“点拨—探究”实验教学应以问题解决为目标。

教师充分利用儿童的生活经验和已有的知识，适时引导、从扶到放、循序渐进并注意提问质量和解决问题的过程引导，科学探究也就会事半功倍，明快而高效。

下面是教师在执教教科版《科学》教材之“混合物”单元时，采用“点拨—探究”实验教学问题解决流程对教材进行取舍和整合，形成的教学案例。执教教师首先引领学生从身边的混合物入手，认识混合是物质存在的一种重要方式，初步建立混合物的概念。再通过亲自动手制造混合物，着重引导学生用观察、推测、实验、解释等手段对物质混合前后所发生的变化进行了探究。课堂上，孩子们相当兴奋，他们大胆假设和猜测，主动向老师质疑问难；他们奇思妙想，精心制作混合物；他们周密设计实验方案，一丝不苟操作实验。从他们那激动的笑脸上，我和我的同事再次感受到科学探究实验的美丽，再次领略到点拨—探究实验教学带来的教学魅力。

支配材料："点拨—探究"实验教学架构的引导框架

美国的哲学教授李普曼认为：开展教学首要的任务就是把"课堂转变成为一个探究的群体"，即把个体的学生和松散的课堂整合成一个内在联系紧密的、兴趣和目标一致的学习组织。探究群体为孩子学习提供了良好的组织形式、工作平台和学习氛围。建构主义强调在学习中应让学习者试着像科学家那样去思考问题。虽然学生的认知水平和思考的对象不可能达到科学家那样高深，但在学习中使用的科学研究方法却是一样的。因此，教师提供的有结构的学习材料，应更多地取材于现实生活，并且在最大程度上与问题解决联系在一起，让学生感受到问题的存在，并学会利用材料中提供的各种现象去进行分析、思考，展开探索，提出假设，进而检验假设，得出结论。

我们通过对学生主动探究实验过程的动态研究，抽象出"点拨—探究"实验教学的引导框架为三个环节和一个贯穿始终的引导策略，构成一个相对完整的实验教学过程。从框架中我们可以看出，该过程以学生的探究性实验为主要线索，在这条线索的每个环节中，都落实了教师的适时点拨，教师和学生形成了一种实验探究共同体的关系。其中学生支配材料处在一个相对核心和基础的地位，它是建构概念和拓展应用的前提，是有效实施"点拨—探究"实验教学引导框架的关键。因此，教师只有精心设计、选择、提供相应有利于学生探究实验的典型材料，减低学生实验的难度，使他们较容易发现问题，解决问题，获取新知，从而能够感到成功的喜悦和创造的愉快。

1.给学生提供的实验材料要科学。

在实验材料的准备中，为得到与教学有关的现象，让学生建立起概念，要尽量排除干扰因素，教师提供的实验材料要具有科学性。

在教学《水能溶解一些物质》一课时，让学生再现“食盐在水里逐渐不见了”和“沙子在水里逐渐沉到水底”的现象。通过对比把两种自然现象联系在一起观察研究，建立起溶解与不溶解的概念。而实验中“沙”的选择是很关键的，必须是洗干净晾干后的沙。若随意取沙，结果杯中的水是混浊的，影响实验效果。另外沙子体积和食盐体积应差不多，以便进行对比。而且这个体积要适当，如一小匙，既观察明显，又便于食盐较快溶解。

2.给学生提供的实验材料要有结构。

准备有结构的实验材料，就是所选择的材料通过实验（即材料的互相作用）要能揭示与实验目的有关的一系列现象，体现所要学习的知识、概念。如在《油菜花开了》一课的教学中，芜湖师范附小文娟老师设计了一张实验记录表。与众不同的是，在这一张表里有一栏“我来摆一摆”，上面贴有双面胶。这样做，对于学生解剖油菜花的实验来说，便于学生对花朵的各部分进行分析整理。这里的油菜花和贴有双面胶的实验记录表就构成了有结构的材料。

3.给学生提供的实验材料要充足。

没有充足的材料，在较短的时间内想组织学生开展探究是比较困难的，即使激起了探究活动，也难于开展和深入。因此，在每一次探究实验活动前，我们都要精心钻研教材，预测探究活动中学生将要用到什么活动材料和工具，并组织学生也参与到有结构材料的准备活动中来。如在《物体在水中是沉还是浮》一课教学中，由于材料是引起实验活动的直接因素，材料数量的多少决定了实验的效果，所以在材料的选择上主要是立足于“生活实际”取材，以学生常见的易获的有结构的材料为主要认识对象，除了必备的水、水槽以外，还选择了木块、玻璃珠、石头、泡沫块、铁钉、乒乓球、铅笔、鸡毛、橡皮、直尺、橡皮泥、牙膏皮等材料。

4.给学生提供的实验材料要有趣。

在学生的探究过程中，还必须培养学生的实验热情，而要使学生有着高涨的实验热情，教师准备的探究材料不仅要有结构，而且要有趣。《我们周围的空气》一课，学生对塑料袋里装有空气这点是深信不疑的，因为学生是通过捕捉得到的。那么给学生一个杯子，或者给一个去底去盖的瓶子，又不经过捕捉，这杯子里或瓶子里会有空气吗？学生是有点迷茫的。有的说有，也有的说没有，还有的说空气是有的，但只有一点点，反正没有装满等。那么怎么知道瓶子或杯子里到底有空气还是没有，是满的还是只有一点点呢？这个问题是学生想知道的并经常接触的一个生活问题，再加上老师给学生提供了一定的可供选择的又非常好玩的有结构的材料，学生很感兴趣。通过教师的引导启发，学生就会根据自己的设想设计实验方案，积极进行实验探究。有的在木塞的孔里插上哨子，有的插上玻璃管，有的插上纸龙，有的涂上肥皂泡……再把塑料瓶底朝下放在水面上按下去，这样哨子就会响，纸龙会伸直，玻璃管会喷出气流（把脸凑近玻璃管感觉），如果在玻璃管上涂上肥皂水，还会吹出肥皂泡，并对实验产生的现象提出解释。

设计实验："点拨—探究"实验教学架构的基本策略

指导学生设计实验，应从两个阶段进行：第一阶段是运用各种思维方式，探寻设计实验原理的突破口；第二阶段是为验证这一原理，选择合适的方法和材料，使实验得以实施。

1.从已有经验入手，采用移植法指导设计实验。

大多数学生经过几年的科学课学习，对科学实验已经积累了比较丰富的知识和生活实践经验，因此，我们可以从这些已有的知识入手，采用移植法指导学生设计实验。在2007年教科版修订前有一课是《淀粉的踪迹》，学生很感兴趣。其中有一个教学环节是"辨别出淀粉和滑石粉"，当教师为学生提供了"有结构的材料"后，学生根据生活经验在小组中自己讨论实验方案，结果学生自行设计的实验方案多种多样、丰富多彩。有的采用碘酒实验，会变蓝的是淀粉，不会变色的是滑石粉；有的采用先用手摸，觉得比较滑的是滑石粉，后来又滴入碘酒试验，证明自己的判断是正确的；还有的同学先取少量稀释，再加热，发现加热后会变成糊状的是淀粉，不会变成糊状的是滑石粉。这样，学生在全身心体验过程中，思维能力、实践能力、创新精神得以充分地展示和培养，而且他们对科学课的兴趣超出预料，他们的做法有条不紊，他们的表达条理清晰。

2.从熟知器材入手，采用组合法指导设计实验。

有些模拟实验的设计是比较困难的，但它所使用的器材又都是学生所熟知的，因此，这类实验可以通过提供实验器材，让器材之间的关系来帮助、启发学生重新组合出新实验。

例如要让学生设计《模拟雨的形成》的实验，教师首先是让学生寻找实验设计原理。即根据加热的蒸锅盖上盖子有水滴落下来的事实，对雨的形成作出如下假设：

蒸锅水→水蒸气→水珠落下

江河湖海→水蒸气→雨

其次是思考创造什么条件才能呈现上述原理。因为雨的形成是水蒸气受冷，水蒸气是水受太阳的热形成的，所以形成雨的必备条件是水、太阳的热、冷空气（冷物体）。第三是挖掘出提供的器材与这些条件的关系。酒精灯作用是加热——可模拟太阳，烧杯装水——可模拟江、河、湖、海，盘子未受热时是冷的——可模拟锅盖或天空，等等。第四是让学生重新组合各仪器，进行实验。

3.多角度入手，采用发散思维点拨学生设计实验。

实验设计多样性，体现了学生多方位、多角度的思维方式。如在“比较水的多少”的实验中，学生设计了很多路径：用一个瓶子分别倒来倒去，用尺子量高低；用天平称；先在原来的瓶子上画一条线，然后把大瓶中的水倒在一个空杯子中，再把小瓶中的水倒在大瓶中，看谁多；用大注射器去抽水，看哪一瓶中抽到的水的次数多；用一个有数字（刻度）的玻璃杯（筒）量一量就知道了……

4.从逆向思维入手，采用反证法指导设计实验。

逆向思维就是从事物的反面去思考，这种思维方式属于演绎推理的范畴。对于一些验证实验，所要解决的问题比较明确，通过运用逆向思维，采用反证法，很容易寻找解决问题的办法。

在《声音是怎样产生的》一课教学中，当学生得出“声音是由物体振动产生”的结论以后，要求学生设计实验检验结论是否正确，思维的方式可以是这样的：既然声音是由物体振动产生的，那么，只要物体振动就一定发出声音；如果物体停止振动，就不会发出声音；如果物体不振动，也不会发出声音。这样，实验的设计思路就限制在“使振动的物体停止振动”和“使各种不振动的物体振动”上，学生就不难想象出解决问题的办法了。

另外，非语言信息也是“点拨—探究”实验教学架构的一个值得关注的研究视角，由于篇幅限制，我们将另文进行探讨。总之，随着小学科学学习以“探究”为核心的教学理念逐步达成共识，以“点拨—探究”为基本特征的小学科学实验教学，也从稚嫩走向成熟。它秉承以提高学生科学素养为宗旨，以探究科学问题的过程为中心，以主动参与、亲历过程、协同合作、发展个性为主要标志，努力彰显小学科学实验教学所追求的综合性、实践性、开放性的目标。

二、概念解构与多维度探查学生的概念发展——基于教科版小学《科学》教材的实践探讨

我们在进行相关的课题研究中发现：目前小学科学概念教学的实践效果参差不齐，学生对概念的机械记忆明显优于对概念意义的建构。如何有效解决这一困扰概念教学的问题，笔者认为只有让更多的小学科学教师了解学生前概念水平的特点，探查学生前概念水平与科学概念的联系点，才能制定有效的教学策略。

根据小学科学课程标准对现行教科版科学课中的科学概念进行解构，帮助教师梳理科学概念。小学科学课程标准在学生能够感知的物质科学、生命科学、地球与宇宙科学、技术与工程四大领域中，遴选了18个核心概念，分解成75个学习内容，分布在低、中、高三个学段的课程内容中。我们依据“课标”第三部分“课程内容”描述的知识结构图，对现行教科版科学课中的科学

概念进行梳理解构，建立了每一单元的模块概念分解和科学概念结构图。以四年级下册第一单元电模块为例，我们进行了如下的解构：

表1　教科版《科学》四年级下册第一单元概念与事实统计

课　题	科学概念	科学事实
1.生活中的静电现象	静电现象 正电荷和负电荷电流	塑料梳子梳干燥头发后接近碎小物体或头发用充气的气球和头发摩擦后产生的现象
2.点亮小灯泡	电路短路	观察小灯泡的构造，尝试连接电路，让小灯泡亮起来
3.简单电路	电从电池的一端经过导线和用电器返回到电池的另一端，就组成了一个完整的电路	观察电池盒和小灯座，尝试使用电池盒和小灯座连接电路。
4.电路出故障了	完整电路与电流中断	用电路检测器查找故障产生的原因
5.导体与绝缘体	导体绝缘体 导电性是材料的基本属性	将木条、铁钉、橡皮、硬币等接入电路，观察灯泡是否被点亮，了解物体的导电性
6.做个小开关	开关	观察各种开关，了解控制电路的方法，制作简单开关
7.不一样的电路连接	电的通路与断路 串联和并联	解暗箱：里面是怎样连接的，比较不同的电路连接

单元学习结束后，形成四年级下册第一单元科学概念结构：

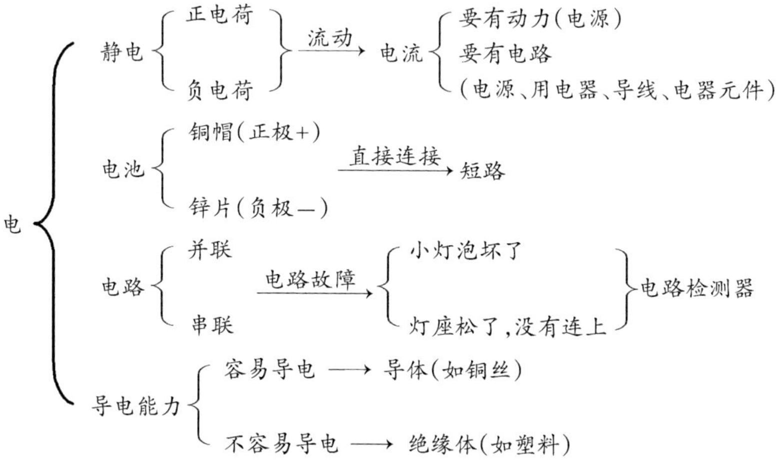

图1　教科版《科学》四年级下册第一单元科学概念结构图

教师在教学中，可以根据课程标准、每一单元的模块概念分解和科学概念结构图，指导学生在探究过程中将这些分解的科学概念联系起来，进而为逐级建构18个核心概念奠定基础。

根据特定的学生实际，利用可行的手段与方法，对学生概念的发展进行有效的探查，是改进和调整我们教学方法的主要依据。探查学生概念的发展就要深入分析科学概念，根据概念的适应性，采取相应的探查手段。要善于针对科学概念设计一些问题情境和流程，通过师生互动，从中获取学生最原始、最真实的想法和认识，即学生的前概念。探查学生概念发展，既要有问题引导为主要手段的定性分析，又要有以课堂观察为主要手段的定量分析。我和我的同事在教学中摸着石头过河，进行了一些粗浅的尝试。

1.课堂提问。常见课堂提问有两种：一种是面向全班提问，集体作答，可以粗略地诊断出全班对有关概念的认识水平；另一种是个别提问，可以诊断出不同学生可能拥有的前概念。

2.课外访谈。访谈能了解学生对生活中某些现象的认识，特别是深层访谈可以收集学生真实的前概念，为教师有效的概念教学打下基础。我们可以抓住与学生共处的机会，在学生无拘无束的状态下，倾听学生真实的表达。教师在谈话前要有充分的准备，这样才能提高了解学生前概念的实效。

如在学习“宇宙”单元前，我就结合课外活动的机会与学生谈月食、日食的现象及古代关于月食、日食的传说。当学生把自己所了解的关于日食、月食的情况表述出来后，我们就可以和学生交流宇宙中是否真的存在“天狗”等，如果不是这些传说中的原因，那么又是什么原因造成了日食、月食？这种轻松的谈话氛围，加上学生感兴趣的谈话内容，就能帮助教师获得学生关于日食、月食最真实的前概念。

运用课外访谈收集到大量学生真实的想法之后，教师还必须进行深度加工，思考学生前概念有什么特点，对学生的各种想法进行分类，尝试弄清各类想法的成因，研判学生错误概念对教学的负面迁移。

3.问卷调查。问卷的题型可以是简答题，也可以是单项或多项的选择题。

前者可以收集学生较为细致的想法，而后者则更利于统计。我在教学“植物”单元前，为了解学生对“植物生命特征”的已有认识，尝试着对芜湖市某小学三（3）班41名学生进行了一次开放式问卷调查：

关于“植物”单元科学前概念的调查

班级：　　　　　　　　　　姓名：

1.你能辨认哪些植物?
2.植物生长需要哪些条件?
3.植物与动物有哪些区别?
4.植物不会走动,它有生命吗?

根据问卷汇总统计的信息可知：学生能辨认出的植物并不多，主要集中在大蒜、豆芽、菊花、梧桐树、桃树、梨树、柳树等叶或花具有明显特征的植物，只有1位学生提到青苔。对陆生草本植物有13位学生知道狗尾草，有5位学生知道三叶草；对水生植物有11位学生提到荷花，有4位提及睡莲；植物的生长条件罗列出阳光、空气、土壤、浇水、施肥等；植物的特点，一些学生提到了形态结构，有4位学生提到了植物可以净化空气，还有部分学生回答不完整。学生都认为植物有生命，因为跟我们人一样会长大，还有岁数。只有3位学生提及植物会发芽、开花、会结果、最后死亡。

在《我们身边的物质》一课教学中，为了对学生概念发展进行探查，分别对学生进行了前测和后测。其中前测一次，后测两次。参与调查的班级是该校六（2）班，学生人数为38人。评测结果如下：

第一次对学生概念发展探查是在上课前，属于前测活动。通过分析学生概念发展探查量表一发现：知道直接观察到的东西是物质并举出实例的学生为33人，占86.8%，其中能用“直接观察到的东西是物质”语言表述具体概念的为12人，占31.6%。知道直接或间接观察到的东西都是物质的并举出实例的占14.2%（如分别提出空气、火、电、风是物质），其中能正确用语言表达的学生有2人，占5.3%；认为物质会变化，并能说出具体事例阐述科学道理的有6人，占15.8%；认为物质会变化，但不能说出具体事例阐述科学道理的有28

人，占73.7%。

第二次对学生概念发展探查是在完成新课教学的第一环节（世界是由物质构成的）之后，属于后测活动。通过分析学生概念发展探查量表二发现：在回答“你知道有哪些物质构成了我们的教室”“请你再举出我们身边的物质有哪些”时，能写出直观物质（窗户、桌子）和间接观察到的物质（空气、光、声音、火、风、电）的学生有31人，占81.6%；只能写出直观物质（窗户、桌子）的学生有7人，占18.4%。在回答“现在你认为什么是物质，用你认为准确的一个词或一句话来表达”时，能用“所有能看到的，感觉到的，世界就是由物质组成的”“肉眼所能看见的，器官能感受到的，我们身边的一切都是物质”等语言完整表述的学生有19人，占50%；用“我认为人们能够感觉到的都是物质”等语言不完整表述的学生有15人，占39.5%；没有回答的4人，占10.5%。

第三次对学生概念发展探查是在完成新课教学所有环节之后，属于后测活动。通过分析学生概念发展探查量表三发现：能通过具体实验，体验纸片和蜡烛这两种物质的变化，并体验到物质是变化的，描述完全正确的学生有32人，占84.2%，其中能通过实验记录，进行分析、概括“世界是由物质构成的，物质是变化的”的学生有26人，占68.4%；体验到物质是变化的，但不能正确区分什么情况下产生新物质的学生有6人，占15.8%。

4.查阅学生听课笔记。每学期开学，我都布置学生每人准备一本听课笔记，用以记录学生课前的原始想法和课中、课后学生对科学概念的理解情况，学期结束计入学生学业成绩（成长档案）之中。在学生的记录中，我发现中高年级学生利用涂鸦的方法更简易地表达他们的真实想法；而对于学生一些似是而非的模糊认识，我们可以通过他们的涂鸦还原学生更深层的想法。五年级上册《阳光下的影子》一课，新课伊始，教材让学生根据自己的理解，把物体的影子添画在指定的插图中，并要求学生说说推测及理由。这实际上就是一次对学生前概念的探查。在这里，有不少学生根据地面温度的高低来判断太阳距离地面的距离，他们认为太阳高低就是太阳距离地面的距离，而不会想到角度。

这往往让授课教师始料未及。而课程设计的科学概念是：太阳位置最高时影子最短，位置最低时影子最长。学生的前概念认为：太阳位置最低时，离地面最近，温度高。而气温一般在一天中正午时最高，所以这时太阳位置是最低的，进而影子是最短的；如果太阳位置最高时，离地面远，影子也就最长了。更早之前我曾对学生关于鱼鳍在鱼体表位置的前概念进行探查，我让学生画"鱼鳍"的位置。通过对学生涂鸦的分析，我发现原来学生还没有鳍和鳃的概念，鱼鳍的名称大部分学生不知道，只有个别学生知道；有一部分学生把尾鳍和尾部混为一谈等。这同样证明了查阅学生听课笔记对探查学生前概念的重要性。

5.使用课堂观察量表。从2003年参加华师大组织的教科研培训，第一次接触陈瑶先生著的《课堂观察指导》算起，和课堂观察结缘已有十几年，之后跟踪研读了崔允漷团队出版的《课堂观察：走向专业的听评课》《课堂观察Ⅱ：走向专业的听评课》《课堂观察LICC模式：课例集》，张菁主编的《教学过程设计的价值取向与实践成效——课堂观察报告集》，以及国外学者出版的一些专著。因为课题研究的原因，也断断续续进行了一些观察实践。在复杂的课堂情境中进行学生概念发展探查，必须借助于一定的课堂观察量表才能进行有效的观察记录，这是不言而喻的。但就教师个体和团队而言，所耗费的时间成本很高。教师要设计有针对性的观察量表，对观察量表进行现场记录、信息收集，之后的数据统计和整理，形成相应的观察分析报告。我通常采用的课堂观察工具是观察量表（记号体系观察表）和2台摄像机，1台用于记录教师课堂行为，1台用于记录学生课堂行为，尽量在学校的录播室进行，收集更多的课堂信息。国内外研究者已经开发了大量的记号体系观察量表，教师可以直接使用，也可根据研究目标进行微调。通常我们使用的是《学生前概念展现量表》《学生对核心概念的理解量表》《学生对核心概念的运用量表》《学生思维能力的提升量表》《师生对话方式量表》《学生的错误和教师的处理量表》《学生活动与概念达成量表》《学生前概念和教师的迁移策略量表》。这些量表，也是八个不同的课堂观察点。通过这八个不同的课堂观察点，完成诊断分析报告，提供相应的教学改进建议。

探查学生概念发展是教学干预的基础，研究学生概念转化其目的在于发展适合的教学策略，并以此为基点，帮助学生将其前概念和科学事实、认知水平相关联，进行同化与顺应，从而建构新的概念，并在新的场景中拓展与运用。

第三节　课题研究　攻坚克难

一、小学科学课堂学生概念发展探查及教学干预

芜湖市程斌名师工作室于2015年10月承担了“基于‘点拨—探究’为核心的小学科学课堂学生概念发展探查及教学干预”课题研究，在原有立项课题的基础上，又历经近两年的实证研究，如今终于完成了各项预定任务。

研究背景

科学学习要以探究为核心，探究既是学生的学习目标，又是重要的学习方式，可见其在科学教学中的核心地位。小学科学教学中所指的科学探究是从科学家研究自然界的方式中引申出来的，一般指学生像科学家那样学习、研究，是学生构建知识，形成科学概念，领悟科学研究方法的各种活动。随着对“探究—研讨”教学法研究的深入，老师们的教学观念都有了很大转变，非常关注学生的主动学习，自主探究，但有些时候往往矫枉过正，一味强调自主，忽视了老师在科学教学活动中对学生概念形成的点拨引导，因此反而出现学生不知所从或盲目探究，收效低微的情况。在学生科学探究学习过程中，科学概念形成是一个重要目标，而前概念在学生的探究学习中扮演着重要的角色。有些学生不理解新的学习内容，不是因为他们智力低下，而是由于他们的已有认识和新内容之间存在着不协调因素，造成了认知上的困难。

学生在学习科学概念之前，他们对这些概念大都有了一定的认识和了解。这种已有的认识和了解即为科学学习中的前概念，而新概念的形成建立在它的前概念基础之上。当科学概念和前概念比较一致时，学生就容易理解；反之，

他们就会觉得很难。在实际的科学教学中，如果教师能够把握学生的前概念，就会使得教学有的放矢，就能更好地提高教学效果。因此研究和调查学生的科学前概念是一项非常有意义的工作。目前国外对于学生的前概念研究已有一定的历史和经验，已取得了丰富的成果；而现在我国的一些科学教育工作者也越来越多地开始关注学生的前概念研究，但是还都处于探索阶段。如何在科学教学活动中，探查学生的前概念，给予适时、适当的点拨，帮助学生形成正确的科学概念，是我们进行此次课题研究的主要目标。

研究内容

1.探查学生前概念的策略研究。

2.帮助学生克服前概念不利影响的策略研究。

3.促进学生前概念向科学概念转化的策略研究。

研究原则

1.主体性原则。在研究中始终“以人为本”，把学生放在主体位置上，尊重学生的自尊心，关注学生的需要、情感、发展，为每个学生创设参与锻炼及展示才能的机会，让每个学生以主人翁的姿态参与到以“点拨—探究”为核心的小学科学教学活动中去。

2.创造性原则。以“点拨—探究”为核心的小学科学教学立意在“创”和“新”上，我们要求教师创造性地教，学生创造性地学。在教学中，我们要始终注重激发学生求知欲望，创造条件让学生独立思考，积极探索，让学生去感悟和理解知识产生和发展的过程，提出自己不懂的问题，形成独到的见解和新奇的想法，通过思维碰撞、合作探究、比较辩论，引导学生形成科学正确的科学概念形成，帮助他们形成创新精神和能力。

3.针对性原则。以“点拨—探究”为核心的小学科学教学针对每个学生的发展，小学生的前概念中感性的成分很多，我们要从学生发展的趋向出发，因势利导。

研究方法

1.实验研究。对基于“点拨—探究”为核心的小学科学课程实施运用预测—观察—解释法，先由学生就给定情境做出预测（他们会以自身的前概念作为判断标准），再在观察实验之后，由学生对其判断和现象之间的差别做出解释。

2.行动研究。以小学科学课程改革中的新问题为研究起点，在行动中寻找问题解决方法，并在解决过程中进行理论概括；按课题研究计划一步步开展活动。

3.个案研究。这是研究的主要方法，一一记录课例中学生概念发展的细节，对教学课例进行讨论分析，发现教师在点拨引导学生概念形成过程中具体问题所在，找出规律性的问题，并进一步寻找解决问题的途径，归纳成功的做法。

4.访谈研究。通过设定好的科学概念问题对实验对象进行访谈，探查学生前概念的呈现情况，分析学生前概念形成原因和发展轨迹，掌握其规律。

研究过程

工作室承担了“基于‘点拨—探究’为核心的小学科学课堂学生概念发展探查及教学干预”课题后，立即在工作室内进行了分工：程斌负责制定课题研究方案，全面落实课题的组织实施和课题学校的协调工作；李震配合课题负责人做好课题实验教师的培训，负责联络课题学校开展活动，收集汇总课题各项资料；彭秀芳负责开展课堂教学实验研究和学生活动组织，收集与概念探查相关的信息资料；杨正安负责进行课堂教学实践研究，收集汇总鸠江区凤鸣实验小学课题资料；王兵负责进行课堂教学实践研究和学生活动组织，收集汇总赵桥中心学校课题资料；钱芳负责进行课堂教学实践研究，收集汇总经开区育瑞实验小学课题资料；杜文明负责进行课堂教学实践研究，收集汇总芜湖市南瑞实验学校课题资料；孙彩云负责进行课堂教学实践研究，收集汇总繁昌县孙村镇孙村小学课题资料；杨家祥负责进行课堂教学实践研究，收集汇总三山中心小学课题资料。在广泛调查研究、查阅资料的基础上，拟定了具体的课题研究方案，一步一个脚印地加以实施。具体表现如下：

1.积极参加各种教研培训活动，提高课题组成员的理论水平，明确研究方向。通过参加各种课题培训和研讨活动，我们对与课题相关的一些理论概念有了一定认识：何为“前概念”？学生在学习科学概念之前，他们对这些概念大都有了一定的认识和了解，这种已有的认识和了解即为科学学习中的“前概念”。学生生活在丰富多彩的科学世界中，在正式学习科学之前，就已形成了一些“概念”（前概念）或者说经验。这些概念来源于学生自己的生活经验和直观感受，通常以他们的生活常识为主，是在日积月累的生活中形成的，缺乏引导。这些生活经验有些是正确的，有些则是片面的，甚至是错误的。何为“科学概念”？“科学概念”就是用一句完整的话，表达对事物或现象的理解和解释，反映了事物或现象的联系，体现的是一种科学观念。郁波老师在一次教材培训会议上曾经说过“科学概念是以事实为基础的，是对事实的超越”。并且“根据概括程度的不同，科学概念可分为核心概念、具体概念等不同的层次”。依托前概念完成概念重组，是小学生建构科学概念的基础。学生的前概念大多数感性的成分居多，而且带有一定的稳定性。当科学概念和前概念比较一致时，学生就会容易理解；反之，他们就会觉得很困难。所以，不能忽视学生大脑中形成的前概念，对正确的应加以利用，对错误的要认真引导消除，否则正确概念难以形成。如何依托学生的前概念，借助科学课堂教学中教师的点拨，引导学生进行自行探究，从而帮助他们建构科学概念正是我们的课题实验所要解决的任务。

2.对小学科学课中的科学概念进行了梳理，帮助实验教师明确科学概念，探寻影响学生概念发展的因素。我们对标课程标准，对各自所教年级的科学课科学概念进行了认真梳理，对小学科学教材中各课科学概念进行了汇总，并人手一份，便于教师全面把握科学教材的概念体系。同时，在整个课题研究中，我们对影响学生概念发展的因素进行了初步研究。我们认为，学生科学概念的发展过程遵循着“熟悉事物—小观念—大观念—更大的观念—理论和原理系统”顺序，这个过程不会反向而行。我们通过自己上课、听市区级研究课，发现影响学生科学概念发展的因素除了学生的前概念外，教师如何通过一定的策略来进行点拨引导，帮助学生逐步形成科学概念至关重要。

课例1《测量水的温度》：学生自行探究后，教师引导学生进行必要的信息收集汇总和分析，可以帮助学生科学概念的建构。如在《测量水的温度》课例中，当学生通过自己亲自的实验获得水温数据后，发现各组水温不一致，学生对水温的概念有了矛盾冲突。这时，教师通过“水温的测量统计表”引导学生进行分析，学会获取平均数值，从而科学认识水温的变化的科学概念。

课例2《用显微镜观察身边的生命世界》：提供给学生必要的探究条件，让学生亲自尝试，通过自己的眼睛看到的比教师说的、画的都要容易接受，学生对细胞的概念和洋葱是由细胞构成的概念的建构水到渠成。

课例3《各种各样的岩石》：指导学生科学的归类观察等探究方法，是学生形成科学概念的基础。结合教师画龙点睛的板贴点拨，学生前概念才有了向科学概念质的转变。

3.概念探查及教学干预案例素材的收集记录。在平时的科学课教学中和听课过程中，课题组的老师珍惜每一次课堂实践的机会，进行了一系列的案例收集记录，除了图片记录外，还设计了表格记录，对学生的概念发展进行了不同维度的记载留存，为后期的分析研究提供了丰富的原始素材。同时，通过问卷探查学生在教师的干预下科学概念的发展。为了更多了解学生对科学教材中涉及的科学概念的认识，我们分别通过问卷前后测对部分年级学生科学概念进行了探查，了解学生科学概念在教师的干预下的发展。

如在四年级上册部分科学概念的前后测问卷中，学生对涉及的科学概念“溶解”的回答是：我们有时候会用到“溶解”这个词，还会把食盐、糖等溶解到水里去。对“根据你的理解说说溶解到底是怎么回事”，在前测问卷中学生的回答基本“化了”“溶化了”或“不知道”，对于“溶解”的实质过程并不认识。在教师通过分组实验，让学生仔细观察实验现象，在后期进行的科学概念后测问卷中，学生就能够用“均匀地分散在水中”“不会沉淀”“不会漂浮”

来解释，并知道可以通过一定方法来帮助加速溶解。

同样，我们对“你认为声音是怎样产生的”进行探查时，在前测问卷中学生的回答五花八门：“不知道”“是我们的气管产生的”“是两个物体的碰撞打击产生的”“是碟片放入播放机后碟片快速旋转之后从扩音器里出来的”……通过学生实验后，他们对此的概念有了质的变化：“声音是两个物体相互摩擦撞击产生的”“声音是物体振动产生的”等。

4.帮助学生克服前概念的不利影响。学生学习科学概念实际上是学生原有知识、经验的重组。学生头脑中的前概念是自发的、隐含的，往往是无意识的、不自觉的，它建立在直接经验基础上的，与个体的直接经验相关联。因此所形成的前概念也是非常原始的、简单的、零碎的、朦胧的，有时甚至是错误的。前概念会对学生科学概念的形成和发展带来困难。那么，如何促进学生克服前概念所带来的不利影响呢？此时，教师要及时“搭建脚手架”，引发学生的认知冲突，再加以适时地点拨。在教学前，一定要让学生充分暴露出自己的前概念。当老师充分了解学生的前概念之后，就可以通过问题情境的设置，“搭建脚手架”，进一步激发学生相互间的认知矛盾，让学生在猜测环节对于相互之间的“为什么”进行争辩；让某些学生充分暴露自己前概念的不合理性；当科学概念与学生的前概念产生冲突，当学生无法用自己已有的前概念来解释、回答看到的现象，就不得不对已有的前概念进行反思，经历思想上的冲突和震撼。

在《磁铁的磁性》一课教学时，教师在展示了探究材料之后，首先让学生猜测哪些材料能够被磁铁所吸引，让学生在原有的认知基础上做出选择，并阐述自己的理由。

生1：能被磁铁吸引的有铁珠、铁钉、铜片、回形针。因为他们都是金属。

生2：我认为纸片能够吸引。因为纸片在头上摩擦后能吸上来。

生3：铁螺帽也能被磁铁吸引。因为是铁做的，磁铁是有磁力的。

生4：还有铝片。我用磁铁去吸过，能够被吸起来的。

…………

以上学生的回答让执教老师及时了解到了学生对于磁铁磁性的前概念认知，为后续教学奠定了基础，也为教学策略的有效选择奠定了基础。

在进行浮力单元教学前，教师对班上同学就“你认为物体的沉浮与什么有关”的问题在课前做了调查。从回收的答卷来看，答案五花八门：有的认为与物体的轻重有关系，重的沉轻的浮；有的认为与物体的大小、轻重都有关系；有的认为与物体是不是空心有关；还有的认为与空气、压力、密度及承受力有关。从回答中可以看出，学生对于物体在水中为什么会浮沉的原因，确实是不全面的，有的甚至是错误的。

大部分同学都认为“重的沉，轻的浮”。真的是这样吗？

教师拿来较重的木块，和分量很轻的回形针分别轻轻放入水中，学生所看到的恰恰是重的浮，轻的沉，事实与学生的前概念发生了冲突，从而有效地激起了学生的探究欲望，引得他们更深的思考：我原先的认识是错误的，那物体在水中的沉浮究竟与什么有关呢？难道和重量没关系，与体积有关？那与体积又存在着怎样的关系？是“体积大的浮，体积小的沉，还是体积小的浮，大的沉？”这时的学生内心充满了疑惑，他们既对自己原先的认识产生了否定的态度，但同时又无法寻找到合适的答案，探究欲望强烈。

通过在教学中适时地“搭建脚手架”，为学生建立这样的一种认知冲突情境，并适时加以点拨，促使了学生不断地对已有的观点（前概念）产生怀疑，不断发现新的疑问，不断做出新的假设，从而使得他们的探究欲望越来越强烈，学习状态也从“要我学”进入“我要学”的境界。

教学中如能抓住机会，顺着学生思维的发展，为学生提供新的有结构的材料，搭建不同层次的脚手架，及时帮助、点拨，就能促进学生克服前概念的不利影响，也必将对学生科学概念的建构起到事半功倍的效果。

5.为学生的科学概念形成规划一条清晰、明确的轨迹。苏霍姆林斯基曾经说，任何一种教育现象，孩子在其中越少感觉到教育者的意图，它的增长效果就越大。我们把这条规律看成教育技巧的核心，是能够找到通向心灵之路的基础。”为了在教学中实现学生的概念转变，仅仅指出学生的前概念错误，或仅仅提供正确的解释、科学的概念是远远不够的。学生科学概念的形成需要教师为他们规划一条清晰、明确的轨迹，然后放手让他们自己去探索，路的前段我们可以在暗中提供帮助和保护，当他们走出经验后，我们就可以真正放手。

减少学生科学概念形成中的干扰因素。这一做法主要针对学生完全没有认知或只有少量的、模糊认知的情况。点拨教学认为点拨有一个前提，就是先让学生“入轨”“入规”“入门”；不管是“轨”“规”还是“门”，都应当是清晰、准确，没有过多枝节的。

以《食物链和食物网》中教师对食物链概念教学的处理为例，由于学生在学习本课之前对食物链的概念几乎没有，为了给学生一个清晰、完整的科学概念，教师在本节课的教学设计中尽可能地排除了学生概念形成过程中的干扰因素，如：对花丛中的生物之间食物关系的认识，教师并没有一开始就将教材中所有的生物显示出来，而是挑选了有代表性的一二条食物链的动物进行展示，在学生完成对食物链的书写、分析后再展示全部的生物强化学生的概念，同时为食物网的学习埋下伏笔；另外，食物链的书写中有一个箭头指向问题——从被吃者指向吃食者，教学中多数教师会在学生书写食物链时把这个问题着重指出来，强调不要把方向画反了，人的记忆有一个非常奇怪的现象——越是想忘记或纠正的事情越是记忆深刻。所以，很多学生在教师的一再强调下箭头还是画反了。而教师的处理是规避错误的示范、不强调箭头指向问题，不断地展示正确的食物链的书写，强化科学概念，给学生规划了一条清晰、明确的科学概念的形成轨迹，学生在这一轨迹的引导下顺利地获得“食物链”的概念。

顺应学生已有的前概念补充完善。这一做法主要针对学生已有前概念且前概念基本正确但有小偏差或不够完整深入的情况。这是学生前概念向科学概念转化过程中，教师最希望遇到的一种情况。教学中教师只要唤起学生的前概念，再强化、补充、完善即可，强化、补充、完善的方式可以是语言、图片、实验等。在教学《食物在口腔中的变化》中牙齿的作用时，为了保证学生的体验更为清晰，教师下了比较大的工夫，用到的模型和食物都起到了很好的作用：模型可以帮助学生非常清晰地认识牙齿的形状、分布，比学生彼此观察或用镜子观察自己的牙齿方便一些；黄瓜脆嫩可以帮助学生观察门齿切开食物和臼齿磨碎食物作用；甘蔗皮硬可剥可以帮助学生观察犬齿撕咬食物和磨碎食物的作用；黄豆小有咬劲可以帮助学生观察臼齿磨碎食物的作用。这样的材料就是我们说的有结构的材料，点拨的意识和目的都非常明确。

6.为学生的科学概念形成架桥修阶、铺平道路。道路设定完成后，学生在前行的过程中会遇到障碍。这些障碍会阻挠学生科学概念的形成，教师要做好清扫障碍、铺平道路的工作。

架设“桥梁”，帮助学生跨越鸿沟。这一做法主要针对需要概念迁移问题的。学科知识这种奇妙的本质属性保证了它们之间是可以融通的，特别是同类知识更是如此！所以，在学生概念的形成中，我们可以利用知识的这种属性进行概念的迁移。

以《电磁铁》中对电磁铁基本性质的认识为例：

(1) 师生交流：磁铁有哪些性质？

怎样判断某个物体是不是磁铁？

当把两块磁铁的磁极相互接近时，会有什么现象？

怎样弄清一个没有标明磁极的磁铁哪端是北极？哪端是南极？

(2) 板书：磁铁——吸铁，有南北极，同极相斥，异极相吸。

(3) 出示电磁铁（不讲名称），不接电源，用它接近大头针。

提问：它是磁铁吗？为什么？

(4) 将电磁铁连接电源，再用它接近大头针。

提问：你看到什么现象？这说明什么？（这个装置有了磁性。）

(5) 将电磁铁电源切断，再用它接近小铁钉。

提问：你看到了什么现象？这说明什么？

(6) 分组制作电磁铁并实验。

课件显示——电磁铁的制作。

①用小刀把导线两端的绝缘漆刮掉。

②把导线沿同一个方向缠绕在铁钉上。

③把导线两端分别接入电池的两极。

④用此装置的任意一端接近大头针或回形针，观察现象。

⑤断开电源，再次靠近大头针或回形针，观察现象。

（7）汇报、交流：

①我们是怎样做的，发现了什么？

②认识这个装置的组成（铁芯与线圈）。

（8）教师讲解：由铁芯和线圈组成的装置叫电磁铁。

（9）师生交流：与普通磁铁相比，电磁铁有什么特性？

（10）小结：电磁铁接通电流产生磁性，切断电流磁性消失。

教师与学生的互动活动中一起回顾了磁铁的性质，强化“磁铁有磁性”“磁铁能吸引铁制的物品”，认识到判断一个物体是否有磁性的简易方法就是看这个物体能否吸引铁制的物体，为知识的迁移做好准备。环节（3）到环节（5）是在引导学生比较现在的这个装置和磁铁有什么相同和不同。环节（6）到环节（10）其实就是在强化学生对电磁铁基本性质（接通电流产生磁性，切断电流磁性消失）的认识，同时让学生认识到电磁铁与磁铁的区别在于是否有电，为后期研究电磁铁的性质做好知识迁移的铺垫。教师在这种类型课的教学中如果都能做好这种知识的迁移，那么这类课的教学就会比较顺畅。

搭建“台阶”，让学生拾阶而上。这一做法主要针对不需要概念迁移且难度较大问题的处理。在实现目标的进程中，要确立近距离目标和远距离目标乃至终极目标等是点拨教学的基本环节。这种处理目标的方式在科学课的概念形成中也同样适用。如在《食物的营养》中学生对食物中营养的认识难度较高，我们就可以在学生前概念和科学概念中搭建几个平台，让学生沿阶而上。在《食物的营养》一课中，教师需要在指导学生认识到“食物中有蛋白质、水、维生素、矿物质、糖类、脂肪”后，给20多个食物进行分类。教师给学生提供了两个线索：一是卡片背后的关于这个食物的说明；一是网页上显示的各个食物的成分含量。前者是对一个食物营养成分具体的描述，后者则是多种食物营养成分的对比。教师应该要考虑学生的思维和认知特点——在他们还没能完全熟知食物营养成分的情况下让他们给教材上那么多的食物进行分类难度太大，学生肯定会形成思维凝滞。所以，需要给他们搭建几个台阶：首先抛出“哪些食物中有脂肪？”这个问题的原因是，相比较其他几种营养成分，学生的前概念中对“脂肪”是比较熟悉的（当然在他们的认知中“脂肪=肥肉”），可以此帮助学生降低难度；根据学生的回答，顺着学生的思路，媒体显示“肥肉”，并将其放到“脂肪”的分类框中，然后媒体显示《食物的营养成分分析表》，师生互动寻找、分析肥肉的成分数据，引导学生发现肥肉除了脂肪以外也含有“水、蛋白质、维生素和矿物质”，提问：既然肥肉中不止一种营养成分，我们为什么要把它放在“脂肪”这类营养成分中？这样的设计是为了让学生意识到，把肥肉放在“脂肪”分类框的根本原因是它的营养成分中，脂肪含量最大；接下来教师让学生“以同样的方式给葡萄分类”，实际上是为了巩固这种分类方法。通过这样的教学设计变难为易、变“陡”为“缓”，让学生比较轻松地完成学习任务，获得概念的构建。

研究成果

1.运用基于“技术—合作—研究”的方法探查学生前概念和科学概念取得新进展。课题组对促进学生前概念向科学概念转化的策略进行了较为深入的研究，对小学科学课中的科学概念进行了全面梳理，帮助实验教师明确了科学概念，提高了教师理论水平和教科研意识。在整个课题实验中，对影响学生概念发展的因素进行了初步研究，形成了学生科学概念发展线路图：自发概念—前科学概念—科学概念，这个流程不可逆，但可以螺旋式上升。

2.初步形成了一个较为完整的小学科学课堂学生概念发展探查及教学干预模式。课题组设计了学生科学概念的探查问卷，建立课堂观察合作体，从学生学习的纬度、教师教学的纬度、教材的纬度和课堂环境（课堂文化）的纬度，探查在课堂上如何促进小学生科学概念发展的策略。课题组设计了系列量表来收集教师在课堂上对学生的概念发展进行有效干预的证据，探查学生概念实际发展的状况，梳理在科学课学习中相关的重要概念框图，解释理解这些概念所需的智力结构以及学生参与探究的广度、深度等。

总之，在实际科学教学过程中，一定要把握住学生的前概念，针对学生的前概念设计教学、采用各种手段进行教学，使教学行为有的放矢，并适时地加以点拨，才能做到事半功倍，更好地提高教学效果。此外，我们感觉到，课题在深入的研究中，仍需加强系统的理论学习，提高理论水平，要进一步加强对个案深入的研究。通过“点拨—探究”教学法干预探查学生的科学概念发展规律在个体身上表现不尽相同，如何对学生个体进行有效点拨、指导，还需要寻找更多的具体方法。同时，要加强研究成果的提炼，从研究对象、研究过程、研究现象、采集的样本、数据中找出更加精炼、准确的一般性规律，才能将课题研究成果提升到一个更高的层次。

二、小学科学自制教具及其应用的实践研究

芜湖市程斌名师工作室始终以课题为抓手，促进学员的专业成长。2021年1月，工作室申报的课题“小学科学自制教具及其应用的实践研究”，被芜湖市教育局批准为2020年度教育科学研究重点课题。我们也开始了新一轮的课题研究之旅。为保证研究的质量，我在现有工作室研修学员的基础上，还精心挑选了室外成员，吸纳了少量观念新、功底厚、热爱小学科学教学和自制教具的教师为课题组成员，努力探索“研训一体化”的队伍培养模式。为了找出自制教具的主题，以及进一步确认自制教具的价值，我们设计了学生问卷和教师问卷，通过学生问卷来获得学生对自制教具的需求情况。通过教师问卷了解目前学校教具配备情况以及小学科学教具的教学效果，教师对于教具的研究和自制的情况如何，以及当前有哪些教具是值得开发的。问卷调查给课题研究指明了方向，为最终实现本课题研究目标打下了坚实基础。

以下是我们对调查问卷进行的分析判断：

1.对区域内科学教师进行问卷调查，很多老师会研究实验室教具的优缺

点，开发与优化教具的目的大都是辅助实验教学。

老师意识到自制教具可以提高学生科学探究的积极性，但是涉及动手去制作或优化教具时，只有一小部分老师会完成教具制作并运用教学实践。这不仅是教师制作教具能力弱的反映，更重要的还是思想认识不足。大家觉得科学课堂重要的还是把每个知识点讲到即可，没有着眼于培养学生科学素养这一终极目标，做教具是一件辛苦的事，能不做就不做了。所以老师要加强理论学习，增强开发与优化教具的意识。

2.部分科学老师有意识去做一些教具，但是缺乏技术支撑和必要的工具以及经费保障，希望能得到更多关于自制教具方面的业务培训。各级教育装备中心以及教研部门应高度重视老师们的需求，定期对科学教师开展自制教具的技术培训和交流。

3.学生喜欢科学老师使用自制教具来上课，因为自制教具很容易引起共鸣，能促使学生专注科学探究活动和对科学学习产生热情，是吸引学生学习科学、组织探究活动、体验成功愉悦的有效手段之一。学生对未知世界是好奇的，很想亲历自主探究过程，体验科学知识的形成过程，在参与实验过程中提高科学素养。学生的科学学习是一个主动的、富有个性的和创造性的过程。让学生拥有充足且富有科学性、趣味性强的教具和足够的时间进行科学探究是学生学习的主要方式之一。所以，要求小学科学教师备课时精心准备实验器材，认识到教具是小学科学教学重要的组成部分。

从2021年1月11日获知课题申请通过立项开始，我们发放调查问卷，确定研究思路，搜集相关资料，深钻教材挖掘创新点，研读相关理论文献；在专家指导下按计划、分步骤实施研究；定期召开课题研究会议，总结交流，及时进行阶段性小结和阶段性成果展示。这期间，我们梳理教材，列出每册教材实验目录，根据实验内容挖掘教具创新元素。每个探究实验都需要实验仪器来完成，教育装备中心或电教馆以及网上购买的教具并不一定能够满足教学需求，高效的科学课堂需要有创新的教具。课题组根据教材实验内容进行研讨，选定有创新元素的实验内容进行研讨，形成教具制作方案。再根据教具制作方案，教师自行或者借助专业力量制作成品教具。我们用自制的教具进行课堂教学，在实践中检验并完善其功能和效果。在原创自制教具的基础上，逐步完善每年级系列教具箱。两年的课题研究时间稍纵即逝，课题组全体成员在工作室主持人的带领下，群策群力、共同努力，圆满实现既定研究目标。

课题研究从自制教具开始。全体老师铆足干劲，在实践中不断改进，在省、市自制教具比赛中取得了不俗的成绩。文娟老师“光学多功能教具”、江松柏老师“颜色与吸热能力实验演示器”、方宇老师“环氧树脂标本”获得省一等奖；周阳老师“彩虹成因及影子变化规律演示仪”、翁桔老师“声音的产生及放大可视装置”、张晶晶老师“光影演示器”、杨国强老师“呼吸以后氧气含量变化演示器”、张智磊老师“月相模拟及四季成因演示仪”、周维老师“泡沫块浸入水中的体积与浮力大小测量装置”获得省二等奖；丁利霞老师“傅科摆”获得省三等级。

自制教具在课堂实践中加以检验。课题组成员张智磊、文娟、朱时骏、翁桔、周维、丁永刚等老师先后用课堂来验证教具能否突破教学重难点。自制教具的新颖性、趣味性以及贴近生活的特点赢得了学生的喜爱，并激发学生利用身边材料制作一些简易的学具去探究科学的奥秘。

在2021年度芜湖市小学科学优质课比赛中，工作室成员有5人参加。我们多次举行针对性研讨活动，为参赛老师献计献策。经多方努力，比赛结果喜人，参赛选手全部获奖，其中3人获市级一等奖、2人市级二等奖，1人最终代表芜湖市参加安徽省优质课评比并获得省级一等奖的殊荣。

实验说课比赛也是一项重要的成果应用实践。主要是利用自制教具对实验教学进行创新，有效突破教学重难点，提升课堂效率。课题组从2022年3月份开始就积极筹备实验说课，从选材、选人进行慎重挑选，经过不断地磨炼，也喜获佳绩。

制作教具是小学科学老师必备的基本功，说起来容易，实际做起来困难也不小。在课题研究过程中，我们采用多种方法提高课题研究的实效。我们积极组织跨区交流、研讨分享、实践操作等，提高研究人员的参与度、积极性与实践动手能力。在疫情期间，为了不让课题研修中断，采用了线上形式，让课题研究不中断，研修热情不降温。工作室成员均制作了教具，经过课堂教学实践应用，就有了很多反思，把教具制作的灵感、实验的数据分析以及教具应用后的反思予以提炼、总结，就成了一篇篇很好的论文。专家的引领指导和课题组内部分享，不仅提升了老师们的写作水平，也让老师们撰写的论文在教育论文比赛中成绩斐然。在安徽省教育厅组织的中小学教育教学论文评选中，江松柏老师论文《自制颜色与吸热能力实验演示器及引发的思考》获得省一等奖，翁桔老师论文《自制教具“声音的放大可视”对小学科学教学实践的影响》获得省二等奖，周维老师论文《小学科学“浮力”一课的创新与思考》获得省三等奖。此外，周阳老师的论文《开发与优化小学科学自制教具的实施策略》发表在《实验教学与仪器》杂志2022年第9期。

摘录部分研究论文要点以飨读者：

周阳：深入研究教材，在生活中寻找自制教具新思路

在小学科学教材中，一些探究活动只有一张简易图片或者是一段简短的文字，教师可根据教学内容提示开发与优化系列教具。例如：教科版《用水测量时间》一课中的古代水钟，教材仅有示意图，学生很难从图片中明白水钟的工作原理，也无法理解水钟的精确度是如何控制的，进行这样的探究活动没有具体教具可用，教师教学仅凭语言描述，实效性大打折扣。教师可以根据古代水钟原理，利用亚克力面板、齿条、齿轮、玻璃管、泡沫块等制作“泄水型”水钟和“受水型”水钟，让学生在课堂中实际操作，教学效果明显提高。在小学科学教材中有部分探究实验，使用的材料不合理或者是受到条件的限制，在实际教学活动中实施起来难度很大。例如：五年级下册《浮力》一课，教材中使用橡皮泥固定滑轮方式，这在教学中很难实现，市场上的橡皮泥大多是水溶性的，遇水即化。教师可以弯曲铁丝做一个简易装置，使动滑轮减少摩擦，轻松解决了这一难题。在《金属的热胀冷缩》一课中，教材采用加热过的铜球能否通过铁环来验证金属的热胀冷缩，在教学中有两个弊端：一是加热铜球需要的

时间特别长，学生观看时间久了就失去了兴趣；二是这个实验比较危险，过热的铜球在遇冷水时，容易造成水沸腾溅起水珠烫伤学生，无法实现分组教学。教师可利用加热两根钢锯条，受热膨胀后形成电路通路，点亮小灯泡原理，制作一个金属热胀冷缩演示器。操作简单，现象明显，可以分组实验。在五年级上册《怎么得到更多的光和热》一课中，分组实验“不同颜色的吸热能力”，教材中采用把温度计插入不同颜色的纸袋中，观看温度计的温度变化情况。在实际操作中，一是受天气的影响，二是等待的时间比较长，才能看到温度的差异。此探究实验教具可以改进，使用不同颜色的沙子作为吸热媒介物，沙的比热小升温快。用白炽灯来代替太阳光，克服需要在室外阳光下等因素限制，在教室内就能完成实验。

在小学科学教材中，都是以主题为单元编写教学内容，每课之间都紧密联系，很多探究活动是连续且关联的。如果把单元探究活动所需要的教具整合到一起，那大大节约老师实验前材料准备时间，同时也能缩短学生实验时间，提升课堂效率。例如：在《斜面》一课中，共有三个实验。实验一：测直接提升物体的拉力和沿斜面拉升的力。实验二：相同高度，不同的斜面长度，斜面坡度是不一样的，拉升相同重量的物体使用力的大小情况。实验三：不同高度，相同的斜面长度，测量的拉力也是不一样的。三个实验关联性强，准备材料较多。可利用木板（长度约70厘米）当底板、宽度10厘米线槽当斜面、两个直角铰链、两个定滑轮等制作一个方便折叠收纳的斜面教具。优化后的教具可随意组合完成这三个实验。

一件优秀教具一定会燃起孩子们的探究欲望，在追求科学性、易操作之外，增加一些趣味性会让学生着迷，探究的效果也会更好。例如：在《声音的产生》一课中，利用尺子和橡皮筋振动让学生明白声音是靠物体的振动产生的。实验中，尺子往往按压不紧，容易导致尺子和桌面碰撞产生非尺子振动声；此外，尺子振动和橡皮筋振动产生的声音比较微弱，不易辨别。这个教具开发与优化，可采用拾音器连接音响，放大振动产生的声音，方便学生辨别。在教具中增加声音节奏灯带，把声音转换跳动的灯光，学生可以根据跳动的灯光观察声音的强与弱，听觉转换为视觉，实验变得更加有趣。

当今，技术与材料的更新日新月异。小学科学实验室配备的仪器大多比较低廉，精准度也比较低。比如温度计，出于安全考虑，实验室中一般都是煤油或酒精温度计，相同的被测量物体，不同的温度计显示的读数不相同，这给实验数据分析带来了困难。市场上有很多数码显示温度计可以用于教具的开发与优化，例如：比较不同颜色的吸热情况，可以用带有热传感器的数显温度计来测量，清晰地看到温度的细微变化，实验的精准度大大提高了。

开发与优化自制教具，不仅要钻研教材，勤于思考，还要做一位“废品收集员”。生活中很多丢弃的物品都可以用来制作教具。例如：饮料瓶、易拉罐、吸管、塑料油壶、PVC管和PVC线槽、PVC发泡板、KT板、亚克力板等。功夫不负有心人，自制教具，热爱生活，乐在其中，其乐无穷。

江松柏：自制颜色与吸热能力实验演示器及引发的思考

我在教学小学科学五年级上册《光》单元教学中发现，学生在做颜色与吸热能力实验时，实验的难度高、效果不好。原因一是实验时一定要有充足的阳光；二是实验耗时长，学生户外管理难度大。教材中是这样描述的：物体的颜色与吸热的本领有关系吗？把下面这些不同颜色的纸对折做成袋状，分别插上温度计平放到阳光下。在具体实验中，学生在室外操作时受到风的影响，纸袋不稳定；阳光下长时间实验，学生的耐力不足等，各小组实验数据差异较大，实验效果不好。为此，我自制了一款“颜色与吸热能力实验演示器”。

“颜色与吸热能力实验演示器”制作材料和制作方法：一块直径为40 cm的圆形PP板作底座，底座上固定高23 cm的PVC管做成的支架，正中悬挂90 W白炽灯。设计为圆形底座是考虑到每个采热点和光源是等距离的。为了增加实验数据的客观性，我设计了两组实验同时进行。左右半圆随机摆放装满蓝、绿、黑、红、黄、紫、白7种颜色沙子的试管作采热装置。底座上支架两边内径35 cm处平均摆放14个塑料弯头并固定，实验时插放试管。这样的设计主要考虑仪器的存放和搬运，在进行多次验证实验时可以方便地随机调换位置。14

支试管分两组，分别装满蓝、绿、黑、红、黄、紫、白7种颜色的沙子，插上温度计。选择彩砂是因为沙子吸热能力较强，能在较短时间内取得明显的实验效果。相同规格的试管，相同数量的沙子，温度计摆放在相同高度，把各个采热点的差异尽量缩小，增加实验的客观公正。

“颜色与吸热能力实验演示器”操作方法：放好底座，把两组带有温度计的7色试管插在支架两边的弯头上。7色试管在每侧插放是随机的，不要两侧按相同颜色顺序。在实验前分别记录每支试管的温度。接通电源，点亮支架上的白炽灯，开始计时。分别记录每支试管3分钟后、6分钟后、9分钟后的温度。实验结束后，通过实验数据整理分析，得出颜色与吸热能力的关系。

A组实验，黑色沙子吸热能力最强，绿色沙子吸热能力最弱，各种颜色的沙子在相同时间内温度上升不相同，不同颜色吸热能力不一样。

B组实验，黑色沙子吸热能力最强，白色沙子吸热能力最弱，不同颜色的沙子吸热能力不一样。

“颜色与吸热能力实验演示器”教具创新点：克服需要在室外阳光下等因素限制，在教室内就能完成实验。以太阳作光源，首先需要晴好天气在室外才能进行实验。“颜色与吸热能力实验演示器”以白炽灯作光源不受天气因素影响，在教室内就可以完成实验。利用彩色的沙子作吸热媒介，吸热效果好，色彩区分明显。沙子比热小，升温快，有效节约课堂上的时间；装在试管中，规格统一，便于保管。利用圆形PP板做底座，PVC线管制作支架，塑料宝塔弯管作试管底座，教具完整度高，结构科学，提高实验精确度。教具不仅设计要科学规范，也要外形美观。这样的设计，制作材料容易获得，制作难度不高，方便他人效仿，具有较高的推广普及价值。经过数次实验调试，利用90瓦白炽灯作为光源，实验效果最佳。

“颜色与吸热能力实验演示器”教具主要应用及成果：小学科学五年级上册《光》这一单元教学，可研究不同颜色的物体吸热能力不一样的实验，以及激发学生探究欲望，提高学生学习科学兴趣。“颜色与吸热能力实验演示器”参加2021年安徽省中小学优秀自制教具展评活动获一等奖。

自制教具引发以下思考：

1.努力践行“用教材教”新理念，摒弃“教教材”旧思想。基础教育课程改革中，我们应树立这样一条新理念：“用教材教”，而不是“教教材”。要做到“用教材教”，要研究教材，研究课堂，研究学生。教学小学科学五年级上册《光》这一单元第6课《怎样得到更多的光和热》时，这课的主要学习任务由探究“颜色与吸热”“阳光直射、斜射与吸热”和“分析我们获得的信息”三个部分组成。前两部分内容又由三个实验探究活动组成的：“颜色与吸热实验”，“直射、斜射与吸热实验”，“表面光滑和表面粗糙同种材料吸热实验”。第三部分是指导学生整理分析数据。完成这课教学，困难主要有三个：其一，根据教材要求，每个实验探究活动至少采集10分钟实验数据，实验占时30分钟，指导整理分析数据，这节课容量很大，也是根本完成不了的。我第一次教学本课两课时才勉强完成的。其二，这课实验探究活动一项主要的实验条件是阳光。根据学期课程进度，教学本课大概在十月底十一月初，长江中下游地区大概率进入绵绵秋雨阶段，能不能恰逢其时只能看老天爷了。其三，户外实验活动，组织风险大，课堂效率不高，实验效果不好，数据采集不精确。为破解该课教学难点，我采取了以下策略：自制“颜色与吸热能力实验演示器”，克服了天气制约因素；以微课形式课前完成“直射、斜射与吸热实验”“表面光滑和表面粗糙同种材料吸热实验”，增大课堂容量，提高课堂效率；同时鼓励学生课下自己动手做一做，保护学生实验探究的兴趣。

2.一名成功的科学教师一定是位动手实践能力强的教师。“小学科学课程是一门实践性课程。”作为一名科学教师，动手实践是必须具备的能力之一。自制教具是提高动手实践能力的有效途径。自制“颜色与吸热能力实验演示器”前，我根据实验要求设计了教具的结构：圆形结构，能有效地规避光源到采热点之间的距离差异。采用什么材料制作教具呢？木板薄了容易变形，厚了笨重，而且不美观。选择塑料，容易加工，用胶水就能固定黏接。结构尺寸多少合适？灯泡直径6 cm，7种颜色，同时进行两组，14个采热点。教材用彩纸制作纸袋插上温度计，我怎么设计？纸袋不易固定。用试管，颜色怎么办？最后孩子玩的彩砂给了我启发。沙子的比热小，温度上升快，效果明显。我最终选择直径40 cm圆形PP板作底座，PVC线管制作支架，正中悬挂白炽灯，PP板上用501胶水黏接塑料宝塔弯管作试管底座。光源选择了热源效能高的白炽灯。用多少功率的白炽灯最合适呢？60瓦灯泡实验后，温度上升缓慢，区分度不高。150瓦灯泡实验后，温度上升均很明显，区分度也不高，且对灯头、导线和插头要求高。90瓦灯泡实验后，实验效果好，区分度较高，满足实验要求。

自制教具的过程是一个艰难复杂的过程。从整体到细节，从材料到结构，从加工制作到组装调试，都需要教师有高度的责任心和科学精神。可以说，科学教师自制教具的过程就是打磨自身科学素养的过程。

周维：小学科学“浮力”一课的创新与思考

科学探究离不开物质材料的支持，精心设计的教学具可以帮助学生更好地理解抽象、难懂的科学知识。我在设计执教“浮力”这一课时，发现课本提供的实验方法和流程存在一定的不足之处。针对问题和学生的认知特点，按照“点拨—探究”的教学方法，如何点拨学生做好探究前的准备？如何运用有“结构的材料”让学生的探究更便捷、准确？这些都是我们希望解决的问题。

教材中对于测量浮力的实验设计部分，采用学生讨论的方式开始。学生首先讨论：“当泡沫块压入水中时，它受到的浮力有变化吗？”得出有变化的结论后，接着讨论如何“用弹簧测力计测出浸入水中泡沫塑料块受到的浮力大小”。

在教学实践中我发现，即使学生已经知道了“漂浮在水面的泡沫塑料块受到的浮力大小等于重力大小”，当我问到“如何测量此时泡沫塑料块受到的浮力大小”时，学生仍然是不知道该怎样进行操作。他们有的按，有的称，无法将测量浮力与以往的知识结构关联，因此我对这部分的教学进行了修改：

实验步骤改进：我在测量变化的浮力之前，增加了一个学生实验“设计并测量浮在水面上的泡沫塑料块受到的浮力大小”，并将本实验代替了课本中测量“小部分浸入水中”的泡沫塑料块受到的浮力大小实验。这样改进的好处是，很多学生会立刻回想起来，刚刚学习的“平衡力”的知识点，从而顺利地设计出实验，得出此时泡沫塑料块受到的浮力大小。接下来再讨论“如何测量出浸入水中不同体积的泡沫塑料块受到的浮力大小”，方便学生对知识进行垂直迁移。

实验方法改进：教材中在测量“浸入水中不同体积的泡沫塑料块受到的浮力大小”时，采用的是使用弹簧测力计加滑轮的设计，对泡沫塑料块施加向下的压力；再根据“浮力大小=重力大小+拉力大小”的公式，以及记录的实验数据，计算出浮力的大小；在学生得出浮力大小与排开的水量的关系后，统一“浸入水中的多少”这一变量，测量大小不同的泡沫塑料块完全浸入水中时所受到的浮力大小。

如此设计的优点是：学生对弹簧测力计的使用方法已经比较熟悉；这样的实验设计逻辑清晰，既然无法在水下使用弹簧测力计，那就使用定滑轮，改变拉力的方向，按照学生的思路，这一点很容易想到，能够充分地发挥学生在设计时主动性。第二组实验，作为第一组实验的补充，从两个角度对浸入水中的体积进行阐述，加深印象。并且学生在熟悉了实验操作后，再进行实验，既可以锻炼学生的操作能力，又能提升学生对于实验严谨性的认识。

但我认为，设计也存在不可忽略的弊端：拉力的方向是导致实验误差最大的问题。实验中涉及的三个力分别是重力、浮力以及拉力，这三个力是同一作用点、竖直方向上的三个力。但是在实验操作中，由于操作难度大，学生不免会出现拉力不在竖直方向上的问题，这对实验数据的影响很大。

通过实验我们发现，当“理论拉力”的方向与“实际拉力”的方向的夹角越大，拉力的误差越大。泡沫塑料块的体积越大，越难达到理论拉力的方向。

水对滑轮和绳子的阻力：由于水压，滑轮在水底的转动有一定的阻力，绳子与滑轮之间也有摩擦力，都会导致实验的误差变大。

关于表格中“排开的水量”，这一实验数据无法根据教材提供的实验得出。“排开的水量”这一概念指的是排开水的体积，要准确测量排开水的体积，需要用到烧杯、量筒等一系列的仪器。这不仅增加了实验的内容和难度，还延长了课堂实验的时间。

如何改进呢？我的做法是：原理改进，将向下的拉力改为向下的压力，浮力大小=重力大小+压力大小；仪器改进，直接使用可以测量压力的推压力计，测量向下的压力。该仪器既可以测量压力，又可以测量拉力，使用方便，操作简单，数据准确易读；实验记录表格改进，用表格里面的图片和等式，指导学生进行实验操作和计算。

翁桔：我的自制教具实践和数据可视

在教育教学的实践中，经常会涉及购买一些配套的教具。教师在反复演示实验的过程中，经常会因为现象展示不够清楚，而导致学生理解不了实验的本质，所以我觉得一个能让学生“看得见”的教具是十分重要的，这样才能让器材发挥最大功效。为此我设计了一个教具，名为“声音的产生及放大可视装置”。

声音的强弱是声音的一个重要属性。在教科版小学科学四年级上册第一单元《声音》中的第五课《声音的强弱》的探究活动中，学生将用不同的力度拨动他们熟悉的钢尺和橡皮筋，用不同的力度敲击鼓面，探索影响物体发出强弱不同声音的本质。学生通过观察不同物体振动幅度不同时发出声音的强弱不同，从而认识物体的振动幅度与声音强弱的关系。这种关系的建立，通过教学以后，我发现学生容易将尺子触碰桌面的声音与尺子本身震动的声音混淆，同时外界的声音也会造成很大的影响，所以我设计了此教具，主要是让学生便捷地用不同的力度来拨动钢尺，不用受到手压力度过小和尺子击打桌面的声音影响，让学生听听尺子发出的声音有什么不同，观察尺子的振动状态有什么不同，并让学生将听到的声音和看到的尺子振动的幅度对比后，通过光感条看到实际的数字，并且用详细的数据描述出来。在橡皮筋发出强弱不同声音时的变化活动时，把橡皮筋固定在制作好的长短不同的螺丝位置上，用不同力度拨动两根橡皮筋，让橡皮筋发出强弱不同的声音，观察橡皮筋在发出强弱不同的声音时振动幅度的变化。

上面两个活动，均会用到可收声的光感条，一接收到声音就会随着声音跳动，还有扩音器可以放大尺子震动的声音以及拨动橡皮筋的声音。

本教具借用扩音器和光感条，让产生的声音达到放大及可视的同步状态，光感条侧面标上了1—30个数字，光感条上1为最低值，30为最高值。使用时将本教具放置在水平桌面上，使整体呈水平态，利用滑轨将电路接收板移动到最前端。“用不同力度来拨动钢尺”时，一只手扶住木块，拨动尺子前段，观察光感条的最高点位置是哪里，可以做上标记，并观察钢尺的振动情况，以及看看光感条跳动的最高点数字，听到的声音和钢尺振动的幅度有什么关系，至少重复实验三次。“用不同力度拨动橡皮筋”时，将橡皮筋固定在角铝外侧的螺丝上，分别用力拨动和轻轻拨动，观察光感条的最高点位置是哪里，可以做上标记，同时听听声音高低，且用详细的数据记录下来，至少重复实验三次。

实验得出结论：轻轻拨动时光感条数值较小，用力拨动时光感条数值较大。

学生通过对收集的信息进行比对，发现了物体振动幅度不同，发出声音强弱也不同。声音的强弱可以用音量来描述，物体振动的幅度越大，声音越强，音量就越大；物体振动的幅度越小，声音越弱，音量越小。通过使物体发出强弱不同的声音，学生观察物体振动幅度的不同，把物体的振动状态和发出的不同声音联系起来，再通过可视光感条的数据进行巩固验证，提高实验操作能力和归纳总结能力。

科学是为了认识和解释已有的客观世界。科学探究是指科学家用以研究自然界并基于此种研究获得证据、提出种种解释的活动。亲身经历以探究为主的学习活动是学生学习科学的主要途径。小学生还处于直觉动作思维和具体形象思维阶段。他们的学习就是在一个个典型的、有结构的、具有发展意义的探究活动中，通过自己摆弄、操作具体的器材，获取知识、领悟科学思想观念（如科学态度、科学精神、科学价值观等）、领悟科学家研究自然界所用的方法的。正因为器材在发展学生科学素养中起着重要作用，所以科学课程要求教师带领学生开展各种活动，需要为学生准备大量的活动器材和实物材料，自制教具、学具。

用教材教，而不是教教材，材料的准备也是如此。教师应因地制宜，在深入解读教材、正确把握教学目标的基础上选择更有效的教学材料。

参考文献

[1] 中华人民共和国教育部.全日制义务教育科学（3—6年级）课程标准（实验稿）[M].北京：北京师范大学出版社，2001.

[2] 中华人民共和国教育部.义务教育小学科学课程标准[M].北京：北京师范大学出版社，2017.

[3] 中华人民共和国教育部.义务教育科学课程标准：2022年版[M].北京：北京师范大学出版社，2022.

[4] 兰本达，布莱克伍德，布兰德韦恩.小学科学教育的“探究—研讨”教学法[M].2版.陈德彰、张泰金，译.北京，人民教育出版社，2008.

[5] 刘默耕.默耕小学自然课改革探索[M].武汉：湖北教育出版社，1998.

[6] 张红霞.科学究竟是什么[M].北京:教育科学出版社，2003.

[7] 蔡澄清.中学语文点拨教学法[M].北京：人民教育出版社，2004.

[8] 陈瑶.课堂观察指导[M].北京：教育科学出版社，2002.

[9] 沈毅，崔允漷.课堂观察：走向专业的听评课[M].上海：华东师范大学出版社，2008.

[10] 崔允漷，沈毅，吴江林.课堂观察2：走向专业的听评课[M].上海：华东师范大学出版社，2013.

[11] 王晨光.义务教育小学科学课课程标准：科学概念·术语·实验[M].北京：北京师范大学出版社，2019.

[12] 蔡铁权，姜旭英，胡玫.概念转变的科学教学[M].北京：教育科学出版社，2009.

后　记

本书终于完稿，这也算是对一起研修多年的两期学员有了一个交代。依稀记得芜湖市程斌名师工作室于2014年12月1日由芜湖市教育局命名，这既是荣誉，也是压力，更是动力。在这个过程中，我不断地追问自己：小学科学教育的价值取向是什么？提高学生的科学素养无疑是一个重要目标。小学科学课堂应该让学生拥有一个童真、童趣、享受快乐成长的空间，在生活中了解科学，学有用的科学。多年探航路，虽然艰辛，但我们也乐在其中。既有高光时刻的欢喜，又有面临困境的沮丧。流逝的时间，退后的风景，邂逅的人，终究渐渐远去。

我们是平凡的小学科学教师，但是我们勤奋、自信，坚持走自己的路，让别人认为这是一条可以走的路。面对两期研修生成的100万字的资料，我坚持认为浓缩才是精华，忍痛割爱，删繁就简成了如今模样。做人做事做学问。因为热爱，所以执着。多年探航路，给我带来了太多的思考和感动。别人能干成的事，我们坚持不懈，哪怕花上双倍时间，也能取得成功。一切的成败得失都成为记忆，祈求在时间的积淀下让我的教育教学能不断增值，守住心中小学科学教育那份独有的风景。

我要感谢我们这个团队！多年探航路，我们在一起勤奋学习，切磋教技，互相搀扶，人尽其才，各尽所能。我们寻找国际小学科学教育的前沿芳草；我们深耕，让芜湖本土的教育品牌发扬光大，枝繁叶茂。感谢安徽师大周守标教授、孙影教授对我们的学术引领，感谢师长们对我的细心呵护，那些有缘铭记的人和物，因易逝而更弥足珍贵，沉淀下来的那份情愫却挥之不去，随着年龄的增长而越久越浓。感谢陈明、李震、王兵、周阳、邓海、邓金莉、彭秀芳、文娟、江松柏和研修伙伴们的辛劳付出和一起笔耕不辍，他们秀美的文字为芜湖市程斌名师工作室的报告增色不少。感谢儿童漫画达人朱玉平，他是芜湖市育红小学一名美术教师，为我绘制了漫画肖像，终于让我的肖像有了一种我喜欢的表达。感谢我的夫人樊利群女士对我的默默支持，她的担当使我有更多的精力得以全身心地潜心、醉心于小学科学教学。

无思想，不论教，做一个有温度、有态度、有高度的小学科学老师，是我不变的梦想，愿梦想成真。

程 斌

二〇二三年冬

于润安草堂